Themen und Probleme der Geschichte

Arbeits- und Quellenhefte für die Kollegstufe



# Der National-sozialismus

Herausgegeben und bearbeitet
von Dr. Thomas Berger

Cornelsen

## Inhalt





Umschlagbild: Fackelzug begeisterter Anhänger Hitlers am 30. Januar 1933. Tausende feiern die Machtübergabe an Hitler. Das Bild ist nicht authentisch. Es wurde am 3. Jahrestag der Machtübergabe für einen Propagandafilm nachgestellt. (Bilderdienst Süddeutscher Verlag)


1. Auflage Druck 8 7 6 5 Jahr 99 98 97 96

Alle Drucke dieser Auflage können im Unterricht nebeneinander verwendet werden.





Satz: Hurler, Notzingen
Druck: Fürst & Sohn, Berlin

ISBN 3-454-59690-4

Bestellnummer 596904

gedruckt auf säurefreiem Papier, umweltschonend hergestellt aus chlorfrei gebleichten Faserstoffen

Bilder: Alle Bilderdienst Süddeutscher Verlag: außer: Gesine Asmus, Berlin 35 – Deutsche Presseagentur, Frankfurt/M. 52 – E. Schmidt-Verlag, Berlin 37 – Ullstein Bilderdienst 18, 39, 68, 95 u. – Zentralinstitut für Kunstgeschichte, München 51
Karten und Grafiken: Brita von Schenck, Kronberg
Umschlagentwurf: Atelier Krist/Böttcher, Frankfurt/M.

**Abb. 1 Standartenträger der SA, 1935.** Alle NS-Gliederungen trugen bei Aufmärschen vor den einzelnen Einheiten Fahnen und Standarten.

## 1. Einleitung

Bei der Beschäftigung mit der Geschichte des Nationalsozialismus muß man sich der strukturellen Schwächen der Weimarer Republik erinnern. Diese ermöglichten erst die Machtübertragung an Hitler und die NSDAP. Zu den strukturellen Problemen der Weimarer Republik gehören

- die Folgen des Versailler Vertrages, der dauernde Streit um die Reperationen und um die Kriegsschuld-These,
- die schwach verankerte demokratische Ordnung in einer durchwegs antidemokratisch verfaßten Gesellschaft und die institutionellen Schwächen der Weimarer Reichsverfassung, insbesondere die Machtfülle des Reichspräsidenten,
- die wirtschaftlichen Probleme von 1918–1923, die in der Inflation von 1923 mündeten, und die Auswirkungen der Weltwirtschaftskrise von 1929–1933 in Deutschland,
- die besondere Rolle der Reichswehr als Staat im Staat
- und schließlich die bewußte Zerstörung der Parlamentsherrschaft im Jahre 1930 durch die Bildung der ersten Präsidialregierung Brüning, die gegen das Parlament gebildet wurde und die sich des Art. 48 Weimarer Reichsverfassung als Dauerregierungsinstrument bedient.

Das Zusammentreffen der Auswirkungen der Weltwirtschaftskrise mit einer bis dahin in Deutschland nie gekannten Massenarmut und dem Zerfall der demokratischen Institutionen bildeten die Voraussetzung für die „legale“ Machtübertragung der Reichskanzlerschaft an Adolf Hitler.
Die Nationalsozialisten hatten ihre Ziele und Absichten, die Weimarer Demokratie zu zerstören, immer wieder offen propagiert. 1928 hatte der spätere Reichspropagandaminister Goebbels erklärt: „Wir gehen in den Reichstag hinein, um uns im Waffenarsenal der Demokratie mit deren eigenen Waffen zu versorgen. Wir werden Reichstagsabgeordnete, um die Weimarer Gesinnung mit ihrer eigenen Unterstützung lahmzulegen. Wenn die Demokratie so dumm ist, uns für diesen Bärendienst Freifahrkarten und Diäten zu geben, so ist das ihre eigene Sache … Wir kommen als Feinde! …“

**Abb. 2 Adolf Hitler,** 1889 bis 1945, Sohn eines österreichischen Zollbeamten. In Wien prägte sich das politische Weltbild Hitlers: germanische Herrenrasse, jüdische Weltgefahr. Ab 1913 in München, 1914 Kriegsfreiwilliger, mit dem Eisernen Kreuz 1. Klasse ausgezeichneter Meldegänger an der Westfront. Gefreiter, mehrfach verwundet. Nach 1918 setzt die Reichswehr den vom Kriegsende tief Enttäuschten als „Vertrauensmann" zur politischen „Aufklärung" heimkehrender Soldaten ein. Er stößt zur Deutschen Arbeiterpartei, wird bald deren Führer. Selbstmord.

**Abb. 3 Hermann Göring,** 1893 bis 1946, der „zweite Mann im Dritten Reich", Sohn des Gouverneurs der deutschen Kolonie Südwest-Afrika, Offizier. Im Ersten Weltkrieg war G. erfolgreicher Jagdflieger, letzter Kommandeur des Jagdgeschwaders Richthofen. Bis 1922 war er als Flieger im Ausland tätig. Ende 1922 trat er – hoch dekorierter Kriegsheld, mit guten Beziehungen zur Aristokratie, zur Reichswehr und zur Hochfinanz – der NSDAP bei und wurde Führer der SA. Im April 1933 wurde er preußischer Ministerpräsident. Seiner Hinrichtung in Nürnberg entging er durch Selbstmord.

**Abb. 4 Joseph Goebbels,** 1897 bis 1945, Reichsminister für Volksaufklärung und Propaganda; Sohn eines Buchhalters. Prägend waren: eine katholische Erziehung in Elternhaus und Schule, eine Körperbehinderung durch Kinderlähmung, das Studium der Philosophie und Germanistik mit dem Ziel, Schriftsteller oder Journalist zu werden. Mit scharfem Intellekt und überragendem rhetorisch-demagogischem Talent schuf er gezielt den pseudoreligiösen Führermythos und rief das deutsche Volk nach Stalingrad zum „totalen Krieg" auf. Er beging mit Frau und Kindern Selbstmord.

**Abb. 5 Baldur von Schirach,** 1907–1974, Reichsjugendführer (1933–1940); entstammt einer alten Offiziersfamilie mit künstlerischen Neigungen (Vater: Theaterdirektor in Weimar). Seit 1925 Mitglied der NSDAP, versteht es, mit Organisationstalent Studenten für die Partei zu gewinnen, für ideologisch vereinnahmte Begriffe wie Ehre und Tapferkeit und Ideale wie Kameradschaft zu begeistern; mit romantischen Feiern und vaterländischer Schwärmerei fasziniert er die Jugend. Während des Krieges verliert er bei Hitler rasch an Ansehen und wird Gauleiter und Reichsstatthalter in Wien.

**Abb. 6 Rudolf Höß,** 1900 bis 1947, in Nürnberg hingerichtet. H. meldet sich mit 15 Jahren als Kriegsfreiwilliger. Nach Kriegsende – Unteroffizier mit EK 1 und 2 – kämpft er in einem Freikorps im Baltikum, im Ruhrgebiet und in Oberschliesien. 1923 ist er an einem Fememord beteiligt, sitzt bis 1928 im Zuchthaus. 1934 tritt er der SS bei, wird Blockführer im „Schutzhaftlager" Dachau, dann im KZ Sachsenhausen. 1940 leitet er den Aufbau des KZs Auschwitz und wird zum Organisator des Massenmordes, wobei er sich später vor Gericht auf Befehle „von oben" beruft.

**Abb. 7 Heinrich Himmler,** 1900–1945, Reichsführer SS und Chef der deutschen Polizei. Der Sohn eines Gymnasialdirektors und Prinzenerziehers wird erst gegen Kriegsende Soldat und kommt nicht mehr an die Front. 1918–1922 studiert er Landwirtschaft. 1923 nimmt er am Marsch auf die Feldherrnhalle teil, 1925 tritt er in die wiedergegründete NSDAP und die neu geschaffene SS ein, wird 1929 deren Reichsführer und baut diese Elite der SA zu einer parteiinternen Polizei aus, die – von der SA unabhängig – die Kontrolle über die gesamte Polizei gewinnt. Selbstmord 1945.

**Abb. 8 Reinhard Heydrich,** 1904–1942, Chef des SD, u. a. Der Vater hatte in Halle ein Konservatorium gegründet, der Sohn huldigte früh dem Rassenfanatismus. H. diente seit 1922 bei der Reichsmarine; wurde 1931 als Oberleutnant wegen „ehrenwidrigen Verhaltens" entlassen; trat der NSDAP und der SS bei, wo er rasch zu höchsten Ämtern aufstieg. Der hervorragende Fechter und Reiter, Flugzeugführer und gute Violinspieler war auch ein eiskalter „Techniker der Macht". V. a. betrieb er die „Endlösung der Judenfrage". Ein Attentat beendete sein Leben.

**Abb. 9 Martin Bormann,** * 1900, 1945 verschollen, Sohn eines Militärmusikers und Beamten. Gegen Kriegsende Soldat geworden, tritt er bald in ein Freikorps ein, wird wegen Beteiligung an Fememorden 1924 zu Haft verurteilt, tritt 1927 der NSDAP bei, wird 1933 Stabsleiter bei Rudolf Heß. Während des Krieges wird er zu einem der engsten Mitarbeiter Hitlers und zu einem der mächtigsten Männer nach diesem. In seinen Erlassen fordert er rücksichtslose Gewalt gegen Juden und gegen die Bevölkerung der besetzten Ostgebiete.

## 2. Geschichte und Struktur der NSDAP

Die 1919 als Deutsche Arbeiterpartei gegründete, 1920 umbenannte Nationalsozialistische Deutsche Arbeiterpartei war lange Zeit eine der kleinen, auf Bayern begrenzten nationalen und völkischen Bewegungen, in denen sich die Gegner der noch jungen Weimarer Republik sammelten. Die Nationalen und die Völkischen waren sich einig in der radikalen Ablehnung des Versailler Vertrages und der darin festgeschriebenen Ergebnisse des Ersten Weltkrieges, besonders der These von der Kriegsschuld Deutschlands, einig auch in der Behauptung, Sozialisten und Sozialdemokraten fiele die Schuld am Untergang des Deutschen Reiches zu. Die extrem rechte Politik der NSDAP zielte auf einen Putsch, durch den die verhaßte demokratische Republik gestürzt werden sollte. Bis 1924 beteiligte sich die NSDAP nicht an Wahlen, ihre extremen Thesen propagierte sie vor allem durch Vortragsveranstaltungen in Wirtshaussälen. Der italienische Faschistenführer Mussolini, dem 1922 nach einem Marsch auf Rom die Macht in Italien übertragen worden war, galt als Vorbild.
Seit 1921 war Adolf Hitler als Vorsitzender die bestimmende Person innerhalb der NSDAP. Der 1889 in Braunau, Österreich, geborene Sohn eines Zollbeamten nahm immer stärker die Rolle eines charismatischen Führers ein, der durch seine außergewöhnliche Begabung als Redner und Propagandist die Mitglieder seiner Partei, aber auch bald breitere Teile der Bevölkerung in seinen „Bann" ziehen konnte. Von 1908 bis 1913 hatte Hitler ohne festen Beruf und ohne abgeschlossene Schulbildung von Gelegenheitsarbeiten als freier Künstler in Wien gelebt. Anerkennung als Kunstmaler blieb ihm dort versagt. In dieser Zeit erarbeitete sich Hitler durch Lesen zahlreicher Bücher und den Besuch von Vorträgen die Grundlagen seiner späteren „Weltanschauung". 1914 meldete er sich in München als Kriegsfreiwilliger. Durch die Niederlage Deutschlands und die Novemberrevolution wurde der wegen Tapferkeit mehrmals ausgezeichnete Gefreite Hitler, wie viele Frontsoldaten, tief getroffen. Er faßte den Entschluß, Politiker zu werden, um die ihn tiefverletzende persönliche Kränkung und, wie er glaubte, die Kränkung aller Deutschen, zu rächen.
Hitlers provokatorische Reden, seine Anklagen gegen die „Regierung der Novemberverbrecher" und seine fanatischen Beschuldigungen der Juden, am Unglück Deutschlands Schuld zu sein, beeindruckten die Menschen. Viele seiner Zuhörer, vor allem ehemalige arbeitslose Soldaten, glaubten „einer neuen Wahrheit und Gewißheit" (Broszat) teilhaftig zu werden. Hitler sprach ihre innersten Gefühle der Demütigung und des Betroffenseins über die nationale Niederlage von 1918 an und wies ihnen einen vermeintlichen Weg, der die verletzte „Ehre" Deutschlands wiederherstellen sollte.
Im November 1923 versuchte Hitler in München durch einen Putsch die Reichsregierung zu stürzen. Der dilettantische Versuch blieb bereits im Ansatz stecken. Der Demonstrationsmarsch ins Regierungsviertel, der einen Marsch nach Berlin einleiten sollte, endete an der Feldherrnhalle unter den Schüssen einiger beherzter Polizisten in einer ziellosen Flucht aller Beteiligten. Der anschließende Hochverratsprozeß vor dem Münchener Volksgerichtshof gab Hitler die Möglichkeit, im großen Stil seine politischen Ziele zu propagieren. Die wohlwollende Behandlung vor Gericht und während der kurzen Festungshaft 1924/25 zeigten Hitler, daß das Bürgertum für seine Ideen und für seine Person eine gewisse Sympathie hegte.
In der Haft diktierte Hitler sein Buch „Mein Kampf", in dem er seine „Weltanschauung" niederlegte. Dieses .Buch wurde für die 1925 wiedergegründete NSDAP der ideologische Rahmen.
Zwei Kerngedanken bestimmten die Weltanschauung Hitlers, die – weit entfernt von einer in sich schlüssigen Theorie – ein von Vorurteilen bestimmtes Gemisch von nationalistischen, völkischen, antimarxistischen und antisemitischen Ideen darstellt. Sowohl Hitlers Rassentheorie wie seine Lebensraumtheorie sind, wenn auch stark vergröbert, von sozialdarwinistischen Lehren geprägt: Hitler glaubte an die Überlegenheit der nordischen Rasse, der sogenannten Arier, die in der Lage wären, gute charakterliche Eigenschaften zu vererben. Den Ariern komme deswegen innerhalb der

Volksgemeinschaft die Vorherrschaft zu. Nach Hitlers Auffassung gebe es einen ewigen Kampf zwischen angeblich höherwertigen und angeblich minderwertigen Rassen. Bei diesem „Kampf ums Dasein" würde die schlechtere Rasse naturnotwendig untergehen. Die nichtarischen Rassen seien zu Sklaven der höherwertigen Rasse, der Arier, bestimmt. Die höherwertige Rasse müsse sich vor Vermischung mit minderwertigen Rassen schützen und das Blut „rein" halten. Die Juden erklärte Hitler zu einer „minderwertigen" Rasse; sie waren für ihn der erklärte Feind der Arier. Alle Mitglieder der jüdischen Glaubensgemeinschaft waren für ihn Angehörige der „semitischen Rasse", ohne Rücksicht darauf, daß sein Rassenbegriff auf die Mitglieder einer religiösen Gemeinschaft nicht anzuwenden war. Der „jüdischen Rasse" schrieb er gemäß der langen Tradition des Antisemitismus in Deutschland alle Bosheit und zerstörerische Kraft in der Geschichte zu. Der von den Nationalsozialisten geschürte Rassenhaß gipfelte in der These, die Juden hätten 1918 und 1932 eine Weltverschwörung angezettelt. Zwei so unterschiedliche Erscheinungen und Ideen wie der Kapitalismus und der Kommunismus wurden als jüdische Erfindungen bezeichnet, die die Herrschaft des Herrenvolkes der Arier bedrohten.

In der Lebensraumtheorie wurde gelehrt, daß die arische Rasse sich ausreichenden Lebensraum erkämpfen müsse. Das deutsche Volk müsse sich angesichts seiner Größe den Lebensraum durch Kriege gegen rassisch minderwertige Völker erobern, wobei die Nachbarn im Osten, Polen und Russen, als Angehörige der slawischen Rasse für Hitler als minderwertig galten. Hitler wollte nicht nur die Grenzen von 1918 revidieren, sondern dem rassisch am höchsten stehenden Volk, den Deutschen, die Vormachtstellung in Europa verschaffen. Durch die Eroberung der Sowjetunion sollte der Lebensraum für das „Herrenvolk" geschaffen werden. Gleichzeitig wollte Hitler die Feinde der „höherstehenden" Rasse, die Juden und die Bolschewisten, liquidieren.

Nach 1925 verfolgte Hitler drei Ziele:

– Die Macht sollte nicht mehr durch einen Putsch, sondern auf dem Wege einer „legalen Taktik" erobert werden. Breite Bevölkerungsschichten sollten für die Eroberung der Macht durch die Partei mobilisiert werden.
– Durch den Aufbau einer straff organisierten, das ganze Reich überziehenden zentralgesteuerten Parteiorganisation sollte die Grundlage für die Eroberung der Macht auf dem „legalen" Weg gelegt werden. Der neuen Partei sollte die wiedergegründete SA (Sturmabteilung), eine paramilitärische Truppe, als Machtinstrument zur Verfügung stehen, damit die politische Führung ihre Ziele notfalls mit Gewalt durchsetzen konnte.
– Die Partei sollte mit allen ihren Organisationen auf die Person Hitlers ausgerichtet werden, und innerhalb der Partei sollte das absolute Führerprinzip – das militärische Prinzip von Befehl und Gehorsam – als Leitprinzip für die Klärung strittiger Fragen gelten. Hier war der Antiparlamentarismus bereits deutlich sichtbar.

Hitler konnte diese Ziele im großen und ganzen relativ schnell verwirklichen. Bereits Ende 1925 hatte die wiedergegründete NSDAP 27000 Mitglieder, und die Zahl der Ortsgruppen, die 1923 außerhalb Bayerns 71 betragen hatte, war auf 262 angestiegen. Die Partei besaß nun eine zentrale Finanzverwaltung in München, die mit einer zuverlässigen Mitgliederkartei ausgestattet war. Aber sie war in sich zerstritten und blieb nach außen bedeutungslos. Bei den Reichstagswahlen von 1928 konnte sie ganze 2,6% der Wählerstimmen für sich verbuchen. Sie stellte 12 der 491 Reichstagsabgeordneten. Das war keine politisch ernstzunehmende Macht, aber sie hatte sich die Tribüne des Reichstages für ihre Agitation erobert.

Durch ihre politische Arbeit erschloß sich die NSDAP systematisch fast alle gesellschaftlichen Felder. Über Sympathisanten und Anhänger gelang es ihr, in allen Schichten der Bevölkerung Fuß zu fassen. Im Wintersemester 1928/29 erhielt der Nationalsozialistische Studentenbund bei den AStA-Wahlen 15% der Stimmen; 1930 hatten die NS-Studenten bereits an neun Hochschulen die absolute Mehrheit erreicht. Der Bund Nationalsozialistischer Deutscher Juristen, der NS-Ärztebund, der

**Abb. 10 Propagandafahrt in Berlin.**

**Abb. 11 Der erste Boykott gegen jüdische Geschäfte** fand am 1. April 1933 statt.

NS-Lehrerbund sind Beispiele dafür, wie das propagandistische Netz der Partei seit 1929/30 immer weiter ausgelegt wurde. Außerordentlichen Erfolg hatte der agrarpolitische Apparat der Partei, mit dem ein starker Einbruch in die Interessenverbände der Bauern gelang. Dem agrarischen Mittelstand schien sich ein neuer Weg zwischen dem – wie man glaubte – bedrohlichen Kapitalismus und dem für ihn ebenso bedrohlichen Kommunismus aufzutun. Der Kampfbund für den gewerblichen Mittelstand und die NS-Betriebszellenorganisation, die viele Arbeiter gewinnen konnte, ergänzten den Kranz gesellschaftlicher Gliederungen und Verbände um den Kern der Partei. Einfluß versuchte die NSDAP in vielen gesellschaftlichen Leitungsgremien zu gewinnen, nicht zuletzt in denen der Evangelischen Kirche.
Die NSDAP, die 1930 130000 Mitglieder zählte, war eine „junge" Partei: 70% der Mitglieder waren zu dieser Zeit jünger als 40 Jahre. Nach Angaben der parteioffiziellen Statistik waren im September 1930 26,3% der Mitglieder Arbeiter, 24% Angestellte, 18,9% Selbständige, 7,7% Beamte, 13,2% Bauern. In der Partei waren die mittelständischen Berufe eindeutig überrepräsentiert, aber die Arbeiter aus kleineren und mittleren Betrieben außerhalb der Großstädte bildeten die stärkste soziale Gruppe. Hitlers Partei war zu einer Integrationspartei geworden. In der Wirtschaftskrise 1929–32 gelang es dem Agitator Hitler die Massen für sich zu mobilisieren. Die Reichstagswahlen 1930 brachten den großen politischen Erfolg. Der Anstieg ihrer Reichstagsmandate von 12 auf 107 war beispiellos in der Geschichte des Parlamentarismus. 1932 gewann die NSDAP dann 230 von 608 Mandaten; 13,8 Mio. Wahlberechtigte hatten für Hitler und dessen Partei gestimmt.

### T 1 Hitler in einem Brief über Rasse und Rassenfragen, September 1919

Der Antisemitismus als politische Bewegung darf nicht und kann nicht bestimmt werden durch Momente des Gefühls, sondern durch die Erkenntnis von Tatsachen. Tatsachen aber sind: Zunächst ist das Judentum unbedingt Rasse und nicht Religionsgenossenschaft [...] selbst der mosaische Glaube kann, so groß auch seine Bedeutung für die Erhaltung dieser Rasse sein mag, nicht als ausschließlich bestimmend für die Frage, ob Jude oder Nichtjude, gelten. Es gibt kaum eine Rasse, deren Mitglieder ausnahmslos einer einzigen bestimmten Religion angehören.
Durch tausendjährige Inzucht, häufig vorgenommen in engstem Kreise, hat der Jude im allgemeinen seine Rasse und ihre Eigenarten schärfer bewahrt als zahlreiche der Völker, unter denen er lebt. Und damit ergibt sich die Tatsache, daß zwischen uns eine nichtdeutsche fremde Rasse lebt, nicht gewillt und auch nicht imstande, ihre Rasseneigenarten zu opfern, ihr eigenes Fühlen, Denken und Streben zu verleugnen, und die dennoch politisch alle Rechte besitzt wie wir selber. Bewegt sich schon das Gefühl des Juden im rein Materiellen, so noch mehr sein Denken und Streben. [...]
Der Wert des einzelnen wird nicht mehr bestimmt durch seinen Charakter, der Bedeutung seiner Leistungen für die Gesamtheit, sondern ausschließlich durch die Größe seines Vermögens, durch sein Geld. Die Höhe der Nation soll nicht mehr gemessen werden nach der Summe ihrer sittlichen und geistigen Kräfte, sondern nur mehr nach dem Reichtum ihrer materiellen Güter. Aus diesem Fühlen ergibt sich jenes Denken und Streben nach Geld und Macht, die dieses schützt, das den Juden skrupellos werden läßt in der Wahl der Mittel, erbarmungslos in ihrer Verwendung zu diesem Zweck. Er winselt im autokratisch regierten Staat um die Gunst der „Majestät" des Fürsten und mißbraucht sie als Blutegel an seinen Völkern. Er buhlt in der Demokratie um die Gunst der Masse, kriecht vor der „Majestät des Volkes" und kennt doch nur die Majestät des Geldes. Er zerstört den Charakter des Fürsten durch byzantinische Schmeichelei, den nationalen Stolz, die Kraft eines Volkes, durch Spott und schamloses Erziehen zum Laster. [...]
Sein Wirken wird in seinen Folgen zur Rassentuberkulose der Völker. Und daraus ergibt sich folgendes: Der Antisemitismus aus rein gefühlsmäßigen Gründen wird seinen letzten Ausdruck finden in der Form von Pogromen. Der Antisemitismus der Vernunft jedoch muß führen zur planmäßigen gesetzlichen Bekämpfung und Beseitigung der Vorrechte des Juden, die er zum Unterschied der anderen zwischen uns lebenden Fremden besitzt (Fremdengesetzgebung). Sein letztes Ziel aber muß unverrückbar die Entfernung der Juden überhaupt sein. Zu beidem ist nur fähig eine Regierung nationaler Kraft und niemals eine Regierung nationaler Ohnmacht.
(Hitler, Sämtliche Aufzeichnungen 1905–1924. Hg. v. E. Jäckel zus. mit A. Kuhn. Stuttgart 1980, S. 88–90)

### T 2 Hitler: Staat dient Erhaltung der Rasse

[...]
Wenn wir versuchen, aus dem Wort „völkisch" den sinngemäßen innersten Kern herauszuschälen, kommen wir zu folgender Feststellung:

Die völkische Weltanschauung erkennt die Bedeutung der Menschheit in deren rassischen Urelementen. Sie sieht im Staat prinzipiell nur ein Mittel zum Zweck und faßt als seinen Zweck die Erhaltung des rassischen Daseins der Menschen auf. Sie glaubt somit keineswegs an eine Gleichheit der Rassen, sondern erkennt mit ihrer Verschiedenheit auch ihren höheren oder minderen Wert und fühlt sich durch diese Erkenntnis verpflichtet, gemäß dem ewigen Wollen, das dieses Universum beherrscht, den Sieg des Besseren, Stärkeren zu fördern, die Unterordnung des Schlechteren und Schwächeren zu verlangen. Sie huldigt damit prinzipiell dem aristokratischen Grundgedanken der Natur und glaubt an die Geltung dieses Gesetzes bis herab zum letzten Einzelwesen. Aus der Masse schält sich für sie die Bedeutung der Person heraus, dadurch aber wirkt sie gegenüber dem desorganisierenden Marxismus organisatorisch.

Damit entspricht die völkische Weltanschauung dem innersten Wollen der Natur, da sie jenes freie Spiel der Kräfte wiederherstellt, das zu einer dauernden gegenseitigen Höherzüchtung führen muß, bis endlich dem besten Menschentum, durch den erworbenen Besitz dieser Erde, freie Bahn gegeben wird zur Betätigung auf Gebieten, die teils über, teils außer ihr liegen werden. [...]

Dieses Ziel verfolgt die Nationalsozialistische Deutsche Arbeiterpartei. Menschliche Kultur und Zivilisation sind auf diesem Erdteil unzertrennlich gebunden an das Vorhandensein des Ariers. Sein Aussterben oder Untergehen wird auf diesen Erdteil wieder die dunklen Schleier einer kulturlosen Zeit senken.

Das Untergraben des Bestandes der menschlichen Kultur durch Vernichtung ihres Trägers aber erscheint in den Augen einer völkischen Weltanschauung als das fluchwürdigste Verbrechen. Wer Hand an das höchste Ebenbild des Herrn zu legen wagt, frevelt am gütigen Schöpfer dieses Wunders und hilft mit an der Vertreibung aus dem Paradies. [...]

(A. Hitler, Mein Kampf. München [220]1936, S. 415ff. Nach: W. Hofer, Der Nationalsozialismus. Frankfurt/M. 1957, S. 31f.)

### T 3 Hitler: „Lebensraum" im Osten erobern

[...] Die Außenpolitik des völkischen Staates hat die Existenz der durch den Staat zusammengefaßten Rasse auf diesem Planeten sicherzustellen, indem sie zwischen der Zahl und dem Wachstum des Volkes einerseits und der Größe und Güte des Grund und Bodens andererseits ein gesundes, lebensfähiges, natürliches Verhältnis schafft.

Als gesundes Verhältnis darf dabei immer nur jener Zustand angesehen werden, der die Ernährung eines Volkes auf eigenem Grund und Boden sichert. Jeder andere Zustand, mag er auch Jahrhunderte, ja selbst Jahrtausende andauern, ist nichtsdestoweniger ein ungesunder und wird früher oder später zu einer Schädigung, wenn nicht zur Vernichtung des betreffenden Volkes führen.

Nur ein genügend großer Raum auf dieser Erde sichert einem Volke die Freiheit des Daseins. Dabei kann man die notwendige Größe des Siedlungsgebietes nicht ausschließlich von den Erfordernissen der Gegenwart aus beurteilen, ja, nicht einmal von der Größe des Bodenertrages, umgerechnet auf die Zahl des Volkes. Denn wie ich schon im ersten Band unter „Deutsche Bündnispolitik vor dem Kriege" ausführte, kommt der Grundfläche eines Staates außer ihrer Bedeutung als direkter Nährquelle eines Volkes auch noch eine andere, die militär-politische, zu. [...]

[...] Damit ziehen wir Nationalsozialisten bewußt einen Strich unter die außenpolitische Richtung unserer Vorkriegszeit. Wir setzen dort an, wo man vor sechs Jahrhunderten endete. Wir stoppen den ewigen Germanenzug nach dem Süden und Westen Europas und weisen den Blick nach dem Land im Osten. Wir schließen endlich ab die Kolonial- und Handelspolitik der Vorkriegszeit und gehen über zur Bodenpolitik der Zukunft.

Wenn wir aber heute in Europa von neuem Grund und Boden reden, können wir in erster Linie nur an Rußland und die ihm untertanen Randstaaten denken.

[...]

(A. Hitler, Mein Kampf, a.a.O., S. 728, 742. Nach: Hofer, S. 175)

### T 4 Hitler: Die Aufgabe der Politik

Wenn aber die Aufgabe der Politik die Durchführung des Lebenskampfes eines Volkes ist, der Lebenskampf eines Volkes im letzten Grund darin besteht, der jeweiligen Volkszahl die zur Ernährung notwendige Raummenge zu sichern, dieser gesamte Vorgang jedoch eine Frage des Machteinsatzes eines Volkes ist, dann ergibt sich folgende Schlußdefinition: Politik ist die Kunst der Durchführung des Lebenskampfes eines Volkes um sein irdisches Dasein.

Außenpolitik ist die Kunst, einem Volke den jeweils notwendigen Lebensraum in Größe und Güte zu sichern.

Innenpolitik ist die Kunst, einem Volk den dafür notwendigen Machteinsatz in Form seines Rassenwertes und seiner Zahl zu erhalten. [...]

(Hitlers Zweites Buch. Stuttgart 1961. S. 62)

### T 5 Die Wähler der NSDAP

[...]

Die Septemberwahl von 1930 ist zweifellos eines der Schicksalsdaten der deutschen Geschichte, denn sie markiert den entscheidenden Durchbruch der NS-Bewegung, die jetzt zu einem Faktor der deutschen Politik wurde, mit dem gerechnet werden mußte. Zwei Fragen verlangen in diesem Zusammenhang eine knappe Erörterung: Woher kamen die rd. 6,4 Mill. Stimmen die die NSDAP auf sich vereinigte, insbeson-

dere die rd. 5,6 Mill. Stimmen, die sie gegenüber ihrem Ergebnis von 1928 hinzugewann? [...]
Die Frage, wer die NSDAP-Wähler von 1930 waren und woher sie kamen, ist schwieriger zu beantworten, als häufig angenommen wird. Für die damalige Zeit existieren nämlich keine Umfrageergebnisse, die direkte Aussagen über das Wahlverhalten einzelner sozialer Gruppen oder über das Ausmaß von Wählerwanderungen erlauben würden; zur Verfügung stehen lediglich die Daten der offiziellen Statistik mit den Wahlresultaten auf der Ebene bestimmter Gebietseinheiten. Viele Behauptungen über die Herkunft des Wählerzustroms zur NSDAP beruhen daher auf einer empirisch ungenügend abgesicherten Basis. In der Diskussion dominierten lange Zeit zwei durchaus gegensätzliche Hypothesen: Die eine lautet, der nationalsozialistische Wahlerfolg von 1930 sei auf die Mobilisierung bisheriger Nichtwähler, der Eintritt neuer Wählerschichten in die Politik und die Abwanderung früherer DNVP-Wähler zur NSDAP zurückzuführen (u. a. Reinhard Bendix); genau entgegengesetzt postulierte Seymour M. Lipset, der Wahlerfolg der NSDAP von 1930 sei durch den Zulauf radikalisierter Mittelschichtenwähler zu erklären, die früher für die liberalen bürgerlichen Parteien gestimmt hätten. Beide Hypothesen werden durch neuere wahlhistorische Untersuchungen nicht voll bestätigt. Nach dem Ergebnis dieser Untersuchungen gelang es der NSDAP, sowohl von der gestiegenen Wahlbeteiligung, als auch vom Verlust der bürgerlichen Mittelparteien und vom Rückgang der DNVP zu profitieren. Danach wäre der große Wahlerfolg der NSDAP vom September 1930 tatsächlich nicht ausschließlich der unteren Mittelklasse zuzuschreiben, sondern Wählern aus verschiedenen sozialen Klassen und von unterschiedlicher parteipolitischer Herkunft. Erst nachdem die NSDAP bereits die zweitstärkste Partei geworden war, erfolgte dann 1932 die fast völlige Absorbierung der bisherigen protestantischen Mittelklassenwähler durch die NSDAP. [...]
Was das sozialstrukturelle Profil der NSDAP-Wählerschaft betrifft, so kann die landläufige Auffassung, das Kleinbürgertum habe mit seinen Stimmen Hitler zur Macht verholfen, in dieser Form nicht aufrechterhalten werden. Wie R. F. Hamilton anhand einer sorgfältigen Analyse der Wahlergebnisse in den einzelnen Stimmbezirken von 14 deutschen Großstädten nachzuweisen vermag, hat die NSDAP gerade in den Wohnvierteln der Oberschicht und der oberen Mittelklasse überdurchschnittlich gut abgeschnitten, ja teilweise sogar ihre Spitzenergebnisse der jeweiligen Stadt erzielt, z. B. in Berlin Hamburg, Essen und Dortmund. Von Interesse ist ferner der Befund, daß bei den im Juli 1932 mit Stimmschein wählenden Sommerurlaubern (die doch wohl überwiegend den besser situierten Kreisen angehörten) die NSDAP weit überdurchschnittliche Ergebnisse verzeichnete.
Aber auch aus der Arbeiterschaft erhielt die NSDAP wesentlich mehr Stimmen als früher angenommen wurde. Dabei ist allerdings zweierlei zu berücksichtigen. Erstens: Auch vor 1930 hat ein nicht unerheblicher Teil der Arbeiterschaft keine der beiden „Arbeiterparteien" SPD und KPD gewählt. So schätzt man z. B., daß die DNVP bei den Dezemberwahlen 1924 rd. 2,2 Mill. Arbeiterstimmen erhielt. Es ist zu vermuten, daß die NSDAP besonders solche vordem konservativ oder „bürgerlich" wählende Arbeiter für sich gewinnen konnte. Zweitens: Einbrüche in die Arbeiterschaft konnte die NSDAP vor allem dort erzielen, wo freie Gewerkschaften und Arbeiterparteien bis dahin wenig Erfolg gehabt hatten, bei Landarbeitern, Heimarbeitern, unselbständigen Handwerkern und Arbeitern kleinerer Betriebe sowie bei den Arbeitern einiger Zweige des öffentlichen Dienstes (Post, Eisenbahn, kommunale Betriebe). Dagegen blieb die Industriearbeiterschaft, insbesondere der Großbetriebe, gegenüber der NSDAP nach wie vor weitgehend resistent.
Als weiteres wichtiges Ergebnis der neueren Untersuchungen ist festzuhalten, daß es der NSDAP entgegen landläufiger Meinung nicht gelang, auf breiter Front in das Arbeitslosenheer einzubrechen. Die arbeitslosen Arbeiter (1932/33 etwa ein Drittel aller Arbeiter) stimmten eher für die KPD und (in geringerem Maße) für die SPD als für die NSDAP; lediglich bei den arbeitslosen Angestellten erzielte die NSDAP nennenswerte Stimmengewinne. Die gängige Behauptung, die Arbeitslosen hätten maßgebend zu den Wahlerfolgen der Hitler-Partei beigetragen, wird durch die Befunde der wahlhistorischen Forschung also nicht bestätigt, sondern widerlegt. In resümierender Würdigung dieser Befunde gelangt J. W. Falter zu der Feststellung: „Zwar überwiegt unter den Wählern der NSDAP von 1930 ab unbestreitbar das mittelständische Element; doch gelang es der NSDAP, mit ihrer Ideologie der Volksgemeinschaft und ihrem übersteigerten Nationalismus, Angehörige aller Bevölkerungsschichten, Angestellten und Arbeiter, Bauern und Beamte, Freiberufler und Hausfrauen, Junge und Alte, Protestanten und Arbeitslose etc., in so großer Zahl für sich zu mobilisieren, daß bei aller Überrepräsentation des protestantischen Mittelschichtenbereichs sie stärker als jede andere politische Gruppierung jener Jahre Volksparteicharakter trug."
(E. Kolb, Die Weimarer Republik. München 1984, S.120, 210f.)

**Problem und Diskussion**

**1** *Stellen Sie aus T 1 und T 2 Elemente von Hitlers Aussagen über die Rassenpolitik der NSDAP zusammen und prüfen Sie diese kritisch.*

**2** *Untersuchen Sie T 3 u. 4 und diskutieren Sie Hitlers Definition von Politik. Stellen Sie andere Aussagen über die Aufgaben der Politik eines Staates dagegen.*

**3** *Erarbeiten Sie sich die Ergebnisse der Wähleranalyse der NSDAP (T 5). Diskutieren Sie, ob es zulässig ist, die NSDAP 1933 als eine „Volkspartei" zu bezeichnen.*

## 3. Die Machtübertragung

Das innenpolitische Klima der Weimarer Republik, das durch die Wirtschaftskrise mit ihrer Massenarmut, einer zunehmenden Zahl von Arbeitslosen, einem Anstieg der Konkurse und der umfangreichen Sparpolitik der Regierungen entstanden war, war für den Aufstieg des Nationalsozialismus ein guter Nährboden. Anstelle der vom Vertrauen der Mehrheit der Parteien des Reichstages getragenen Regierung traten nach dem Bruch der großen Koalition 1930 Präsidialkabinette, die nur mit Hilfe von Notverordnungen nach Art. 48 der Weimarer Reichsverfassung regieren wollten und versuchten das Parlament immer stärker zu entmachten. Später blieb der Art. 48 der Weimarer Verfassung die letzte Möglichkeit, um überhaupt in der politischen Krise des Parlaments noch regieren zu können.
Während der Reichstag 1930 noch 98 Gesetze auf ordnungsgemäßem Weg beschlossen hatte, waren es 1931 nur noch 34, 1932 nur noch 5. Die Notverordnungen nach Art. 48 stiegen von 5 im Jahre 1930 auf 44 im Jahre 1931 und schließlich auf 60 im Jahre 1932 an. 1932 tagte der Reichstag nur noch an 13 Tagen, 1930 war er noch an 94 Tagen zusammengekommen. Mit dem Übergang zum präsidialen Regierungssystem unter dem Reichskanzler Brüning waren die demokratischen Regeln der Verfassung durch den Rückgriff auf die nur für den Notfall vorgesehenen Kompetenzen des Reichspräsidenten aufgegeben worden. Die Gewöhnung an das Regieren ohne Parlament brachte schließlich, dem erklärten Gegner des parlamentarischen Regierungssystems, Adolf Hitler, die Möglichkeit, die Macht auf formal legalem Weg zu gewinnen.
Viele Menschen waren in der Verzweiflung bereit, den Versprechungen und den irrationalen Parolen Hitlers und seiner Partei Glauben zu schenken. Insbesondere taten dies die Angehörigen des Mittelstandes, Handwerker, kleine Beamte und die wachsende Zahl der Angestellten, die in den Büros der Versicherungen und Fabriken tätig waren. Nicht nur die wirtschaftliche Not, sondern auch die große Angst vor einer kommunistischen Machtergreifung angesichts des relativen Stimmengewinns der Kommunisten um 6% (auf 17%) 1932 veranlaßte viele Menschen, sich für den entschiedensten Gegner der Sozialisten und Kommunisten, Hitler, zu entscheiden. Die radikale Propaganda der Kommunisten schürte diese in weiten Teilen des Bürgertums vorhandene Angst. Der Anstieg der Stimmen für die Nationalsozialisten von 3% (1928) auf 37% (Juli 1932) beunruhigte die Menschen weit weniger, da man mit vielen der von Hitler verkündeten Parolen übereinstimmte und allenfalls an Hitlers Radikalität Anstoß nahm. Der leichte Rückgang der Stimmen für die Nationalsozialisten auf 33% im November 1932 schien anzudeuten, daß deren Siegeszug gestoppt worden war. Hitlers außenpolitische Ziele, die Beseitigung des Vertrages von Versailles, seine Parole „Brot und Freiheit“, verbunden mit dem Versprechen, schnell Arbeit für die etwa 6 Millionen Arbeitslosen zu beschaffen, waren ein massenwirksames Programm, dem viele zustimmen konnten. Hitlers Kompromißlosigkeit und die offen geäußerte Absicht, die Verfassung von Weimar zu beseitigen, stießen nicht ab, sondern beeindruckten angesichts der in der Wirtschaftskrise schwächlich und erfolglos handelnden politischen Führer der demokratischen Republik. In der wirtschaftlich aussichtslosen Situation waren viele Menschen – ausgenommen überzeugte Kommunisten, Sozialdemokraten und Katholiken – bereit, Hitler eine Chance zur Verwirklichung seines Programms zu geben. Dies schien risikolos zu sein, da führende Männer der Industrie, der Großlandwirtschaft, der Reichswehr und aus den konservativen Parteien Hitler förderten oder zumindest bereit waren, mit ihm zusammenzuarbeiten.
Besonders mit den Parolen von der „Wiederherstellung der deutschen Ehre“ und der „Volksgemeinschaft“ konnten die Nationalsozialisten die Gefühle der Menschen erreichen. Durch das Versprechen, die hohe Arbeitslosigkeit rasch zu beseitigen, gelang es, viele von der Republik enttäuschte Menschen für den Nationalsozialismus zu gewinnen. Der Erfolg der Nationalsozialisten beruhte

Abb. 12 Wahlplakat der NSDAP 1932.

Abb. 13 Wahlplakat der SPD 1932.

nicht zuletzt auch darauf, daß Hitler bisher unbefriedigte Bedürfnisse der Menschen nach „Ruhe und Ordnung" und nach „fester" Führung zu erfüllen versprach.
Die politischen Ziele und die skrupellosen Herrschaftsmethoden Hitlers, seine offen geäußerte Absicht, die Demokratie mit „legalen" Mitteln zu beseitigen, waren den führenden Männern von Industrie, Großlandwirtschaft, Militär und aus dem kulturellen Bereich aus zahlreichen Reden und auch aus der politischen Praxis der Nationalsozialisten während der Jahre 1928 bis 1932 bekannt. Auch der Straßenterror der SA und Hitlers demonstrative Billigung politischer Morde durch SA-Männer hinderten die Mehrzahl der maßgebenden Männer nicht, im Führer der NSDAP den zukünftigen, erfolgreichen Reichskanzler zu sehen.
Unter Führung des ehemaligen Reichskanzlers von Papen hatten sich in langen Verhandlungen Vertreter der konservativen Parteien und von Teilen der Großindustrie wie der Großlandwirtschaft auf eine gemeinsame Koalitionsregierung mit den Nationalsozialisten unter Hitlers Führung geeinigt. Durch dieses Bündnis glaubte man, das in der Weimarer Republik bestehende kapitalistische Wirtschaftssystem vor einer in der Realität keineswegs bestehenden Gefahr der Sozialisierung retten zu können.
In einem komplizierten Intrigenspiel gelang es Papen, den Reichspräsidenten Hindenburg zu veranlassen, Hitler zum Reichskanzler zu ernennen. Papen hatte gehofft, Hitler und die Nationalsozialisten in eine bürgerliche Koalitionsregierung einbinden zu können. Tatsächlich hatten er und der Führer der Deutschnationalen, Hugenberg, bereits vor Hitlers Ernennung in allen für die politische Zukunft wichtigen Punkten nachgegeben. Sie erfüllten Hitlers Forderungen nach sofortigen Neuwahlen und nach einem Ermächtigungsgesetz, das erlaubte, den Reichstag für vier Jahre auszuschalten.

**Abb. 14 Fackelzug vom 30. Januar 1933,** hier drei Jahre später für einen Propagandafilm nachgestellt, galt dem Reichspräsidenten von Hindenburg und Hitler gleichermaßen. „Revolutionäre Kraft und patriotische Solidarität“ (Goebbels) waren zu demonstrieren.

Die von Hitler geführte Koalitionsregierung aus NSDAP und DNVP hatte keine parlamentarische Mehrheit. Obwohl ihr nur drei Nationalsozialisten angehörten, verfügten diese über die wichtigsten staatlichen Gewaltmittel. Hitler war Reichskanzler, Frick wurde zum Reichsminister des Inneren und der bisherige Reichstagspräsident Hermann Göring zum Minister ohne Geschäftsbereich ernannt und gleichzeitig mit der Wahrnehmung der Geschäfte des preußischen Ministers des Inneren betraut. Damit verfügten die Nationalsozialisten im größten Land des Reiches, Preußen, über die Polizeigewalt. Mit der Sicherung der entscheidenden Posten hatten die Nationalsozialisten sich die Mittel verschafft, die nötig waren, um einerseits die politischen Gegner auszuschalten und andererseits schrittweise die Macht im Staate zu erobern. Überheblich und in totaler Verkennung der Realität erklärte Papen: „Wir haben ihn (Hitler) uns engagiert ...“ und „was wollen Sie denn? Ich habe das Vertrauen Hindenburgs. In zwei Monaten haben wir Hitler in die Ecke gedrückt, daß er quietscht ...“ (Niedhart, S. 362)
Klarer sah der ehemalige Verbündete Hitlers, der rechtskonservative General Ludendorff, die Auswirkungen der Entscheidung vom 30. Januar 1933. Er schrieb an den Reichspräsidenten Hindenburg, mit dem er verfeindet war: „Sie haben durch die Ernennung Hitlers zum Reichskanzler unser Heiliges Deutsches Vaterland einem der größten Demagogen aller Zeiten ausgeliefert. Ich prophezeie Ihnen feierlich, daß dieser unselige Mann unser Reich in den Abgrund stürzen und unsere Nation in unfaßbares Elend bringen wird. Kommende Geschlechter werden Sie wegen dieser Handlung in Ihrem Grabe verfluchen.“ (Der Aufstieg der NSDAP, S. 418)

Die Übertragung der Macht an Hitler am 30. Januar 1933 war der Auftakt zur systematischen Zerstörung der Demokratie. Diese Zerstörung gelang, weil es nur wenige gab, die bereit waren, die Weimarer Republik zu verteidigen, und weil es viele gab, die sich von den wahren Absichten der Nationalsozialisten allzu gerne täuschen ließen.

## T 1 Der Fall Potempa

### a) Die Polizei von Gleiwitz berichtet am 10.8.1932 über einen Mord

In der Nacht zum Mittwoch wurde in Potempa (Landkreis Gleiwitz) der kommunistisch gesinnte, 35 Jahre alte Arbeiter Konrad Pietrzuck ermordet.
Gegen 11.30 drangen mehrere uniformierte SA-Leute, die in einem Personenwagen nach Potempa gekommen waren, in das unverschlossene Zimmer ein, in dem Konrad P., sein Bruder Alfons und seine Mutter schliefen. Mit dem Ruf: „Raus aus dem Bett, ihr verfluchten Kommunisten! Hände hoch!" zerrten sie Konrad P., der zusammen mit seinem Bruder in einem Bett schlief, von seinem Lager und mißhandelten ihn schwer. Alfons erhielt einen mächtigen Schlag auf den Kopf und trug eine stark blutende Wunde davon. Einer der Täter stieß die Kammertür auf und gab aus einer Pistole einen Schuß in die Kammer ab. Darauf verließen die Täter das Haus. Die Mutter P's begab sich darauf in die Kammer und fand ihren Sohn in einer Blutlache liegend tot auf. Einer der Täter wurde gleich nach der Tat festgenommen.

### b) Aus dem Urteilsspruch gegen die Mörder. Beuthen, 22.8.1932

Das Sondergericht bei dem Landgericht in Beuthen/Oberschlesien hat in der Sitzung vom 19., 20. und 22.8. 1932 für Recht erkannt:
Es werden bestraft wegen Totschlages als Angreifer aus politischen Beweggründen sowie wegen gefährlicher Körperverletzung aus politischen Beweggründen die Angeklagten Kottisch, Wolnitza, Graupner und Müller mit der Todesstrafe. Der Angeklagte Lachmann wegen Anstiftung zum politischen Totschlag mit der Todesstrafe. [...] Die Angeklagten Hadamik, Czaja und Nowak werden freigesprochen.

### c) Telegramm Adolf Hitlers vom 23.8. 1932

Meine Kameraden! Angesichts dieses ungeheuerlichen Bluturteils fühle ich mich Euch in unbegrenzter Treue verbunden. Eure Freiheit ist von diesem Augenblick an eine Frage unserer Ehre. Der Kampf gegen eine Regierung, unter der dieses möglich war, unsere Pflicht. Adolf Hitler

### d) Amtliche Mitteilung über den Beschluß des Preußischen Staatsministeriums vom 2.9. 1932

Durch die Entschließung des Preußischen Staatsministeriums vom 2.9. 32 sind die Todesstrafen, die durch das rechtskräftige Urteil des Sondergerichts in Beuthen gegen 1. den Elektriker Reinhold Kottisch, 2. den Grubenarbeiter Rufin Wolnitza, 3. den Häuer August Graupner, 4. den Markenkontrolleur H. J. Müller wegen Totschlags begangen als Angreifer aus politischen Beweggründen, und 5. den Gastwirt Paul Lachmann wegen Anstiftung zu diesem Verbrechen verhängt worden sind, im Gnadenweg zu lebenslänglichen Zuchthausstrafen umgewandelt worden ...
(Ursachen und Folgen, Bd. 8, S. 644f.)

## T 2 Führende Männer aus Wirtschaft und Industrie sowie großagrarischer Kreise an Reichspräsident von Hindenburg, Mitte November 1932

Ew. Exzellenz, Hochzuverehrender Herr Reichspräsident!
Gleich Eurer Exzellenz durchdrungen von heißer Liebe zum deutschen Volk und Vaterland, haben die Unterzeichneten die grundsätzliche Wandlung, die Eure Exzellenz in der Führung der Staatsgeschäfte angebahnt haben, mit Hoffnung begrüßt.
Mit Eurer Exzellenz bejahen wir die Notwendigkeit einer vom parlamentarischen Parteiwesen unabhängigeren Regierung, wie sie in dem von Eurer Exzellenz formulierten Gedanken eines Präsidialkabinetts zum Ausdruck kommt.
Der Ausgang der Reichstagswahl vom 6. November d.J. hat gezeigt, daß das derzeitige Kabinett, dessen aufrechten Willen niemand im deutschen Volke bezweifelt, für den von ihm eingeschlagenen Weg keine ausreichende Stütze im deutschen Volk gefunden hat, daß aber das von Eurer Exzellenz gezeigte Ziel eine volle Mehrheit im deutschen Volke besitzt, wenn man – wie es geschehen muß – von der staatsverneinenden kommunistischen Partei absieht. Gegen das bisherige parlamentarische Parteiregime sind nicht nur die Deutschnationale Volkspartei und die ihr nahestehenden kleineren Gruppen, sondern auch die Nationalsozialistische Deutsche Arbeiterpartei grundsätzlich eingestellt und haben damit das Ziel Eurer Exzellenz bejaht. Wir halten dieses Ergebnis für außerordentlich erfreulich und können uns nicht vorstellen, daß die Verwirklichung des Zieles nunmehr an der Beibehaltung einer unwirksamen Methode scheitern sollte.
Es ist klar, daß eine des öfteren wiederholte Reichstagsauflösung mit sich häufenden, den Parteikampf immer weiter zuspitzenden Neuwahlen nicht nur einer politischen, sondern auch jeder wirtschaftlichen Beruhigung und Festigung entgegenwirken muß. Es ist aber auch klar, daß jede Verfassungsänderung, die nicht von breitester Volksströmung getragen ist, noch

schlimmere wirtschaftliche, politische und seelische Wirkungen auslösen wird.
Wir erachten es deshalb für unsere Gewissenspflicht, Eure Exzellenz ehrerbietigst zu bitten, daß zur Erreichung des von uns allen unterstützten Zieles Eurer Exzellenz die Umgestaltung des Reichskabinetts in einer Weise erfolgen möge, die die größtmögliche Volkskraft hinter das Kabinett bringt. Wir bekennen uns frei von jeder engen parteipolitischen Einstellung. Wir erkennen in der nationalen Bewegung, die durch unser Volk geht, den verheißungsvollen Beginn einer Zeit, die durch Überwindung des Klassengegensatzes die unerläßliche Grundlage für einen Wiederaufstieg der deutschen Wirtschaft erst schafft. Wir wissen, daß dieser Aufstieg noch viele Opfer erfordert. Wir glauben, daß diese Opfer nur dann willig gebracht werden können, wenn die größte Gruppe dieser nationalen Bewegung führend an der Regierung beteiligt wird.
Die Übertragung der verantwortlichen Leitung eines mit den besten sachlichen und persönlichen Kräften ausgestatteten Präsidialkabinetts an den Führer der größten nationalen Gruppe wird die Schlacken und Fehler, die jeder Massenbewegung notgedrungen anhaften, ausmerzen und Millionen Menschen, die heute abseits stehen, zu bejahender Kraft mitreißen.
In vollem Vertrauen zu Eurer Exzellenz Weisheit und Eurer Exzellenz Gefühl der Volksverbundenheit begrüßen wir Euer Exzellenz mit größter Ehrerbietung.
Es folgen die Unterschriften von
G. Beindorff, K. v. Eichborn, E. Helfferich, E. Hekker, Graf Kalckreuth, C. V. Krogmann, E. Lübbert, E. Merck, H. K. v. Oppen-Dannenwalde, F. Reinhart, A. Rosterberg, Hj. Schacht, K. v. Schröder, R. Ventzki, K. Woermann und F. H. Witthoefft.
(Ursachen und Folgen, Bd. 8. S. 687ff.)

### T 3 „Wir rahmen Hitler ein."

*Theodor Duesterberg, der zweite Geschäftsführer des „Stahlhelm", berichtet u. a.:*
Am 26. Januar 1933 fand eine Besprechung Papens mit Hugenberg, Seldte und mir statt. Diese eröffnete Papen mit einer kurzen Ansprache, in der er auf die zwingende Notwendigkeit einer neuen Regierung unter Hitler als Reichskanzler hinwies. Er schloß mit der Forderung, daß wir uns alle Hitler zu unterstellen hätten, auch der Stahlhelm. Seldte, dem inzwischen Papen mit Erfolg den von mir abgelehnten Ministerposten angeboten hatte, erklärte seine grundsätzliche Bereitschaft. Ich widersprach und warnte vergeblich vor der Dynamik der Hitlerischen Natur und seiner fanatischen Massenbewegung. Hugenberg suchte meine Gedanken mit dem Hinweis zu entkräften, daß ja nichts passieren könnte. Hindenburg bliebe Reichspräsident und Oberbefehlshaber der Wehrmacht, Papen würde Vizekanzler, er übernähme die ganze Wirtschaft, einschließlich der Landwirtschaft, Seldte das Arbeitsministerium. „Wir rahmen also Hitler ein." Mit einem drastischen Witz sagte ich prophetisch Hugenbergs persönliches Schicksal voraus. Er würde eines Nachts in Unterhosen durch die Ministergärten vor der Festnahme flüchten müssen. Alles war vergeblich! Der altrömische politische Erfahrungssatz „principiis obsta" (Wehret den Anfängen) war durch die neuzeitliche Asphaltweisheit von dem „Chance geben" verdrängt. Der unmögliche Hitler würde sich ja bald selbst unmöglich machen, war die Beruhigungspille für die im Innersten selbst gehegten Bedenken.
(Th. Duesterberg, Der Stahlhelm und Hitler. Wolfenbüttel 1949, S. 38f.)

### T 4 Aufruf der KPD zum Generalstreik, 30. 1. 1933

Hitler Reichskanzler – Papen Vizekanzler – Hugenberg Wirtschaftsdiktator – die Frick und Göring an der Spitze der Polizei – Stahlhelm-Seldte Arbeitsminister! Dies neue Kabinett der offenen, faschistischen Diktatur ist die brutalste, unverhüllteste Kriegserklärung an die Werktätigen, die deutsche Arbeiterklasse!
Die Betrugsmanöver des „sozialen" Generals [Schleicher] sind zu Ende. Die Zuspitzung der Krise, der machtvolle revolutionäre Aufschwung der Massen zwingt die Bourgeoisie, das nackte Gesicht ihrer Diktatur in äußerster Brutalität zu enthüllen. An die Stelle der „sozialen" Phrasen treten die Bajonette der Reichswehr und die Revolver der mordenden SA- und SS-Kolonnen. Schamloser Raub der Löhne, schrankenloser Terror der braunen Mordpest, Zertrampelung der letzten spärlichen Überreste der Rechte der Arbeiterklasse, hemmungsloser Kurs auf den imperialistischen Krieg – das alles steht unmittelbar bevor.
Die Partei der deutschen Arbeiter, die Partei der Streiks gegen Lohnraub, der Verteidigung der Interessen aller Werktätigen, des Kampfes für die Freiheit der Arbeiterklasse und für den Sozialismus – die KPD will man verbieten!
Die Kampforganisation der proletarischen Jugend, der KJVD[1], die Massenkampforganisation, die den Kampf gegen Lohnraub und Unternehmerwillkür führt, die RGO[2] sollen verboten werden. Diese faschistischen Anschläge sollen den Kurs auf die volle Zerschlagung aller Arbeiterorganisationen Deutschlands einleiten.
Das blutige, barbarische Terrorregime des Faschismus wird über Deutschland aufgerichtet. Massen, laßt nicht zu, daß die Todfeinde des deutschen Volkes, die Todfeinde der Arbeiter und armen Bauern, der Werktätigen in Stadt und Land ihr Verbrechen durchführen! Setzt euch zur Wehr gegen die Anschläge und den Terror der faschistischen Konterrevolution! Verteidigt euch gegen die schrankenlose soziale Reaktion der faschistischen Diktatur! Heraus auf die Straße! Legt die Betriebe still!

1 KJVD: Kommunistischer Jugendverband Deutschlands
2 RGO: Revolutionäre Gewerkschaftsopposition

Antwortet sofort auf den Anschlag der faschistischen Bluthunde mit Streik, mit dem Massenstreik, mit dem Generalstreik!
Arbeiter, Arbeiterinnen, Jungarbeiter, nehmt in allen Betrieben, in allen Gewerkschaften, in allen Arbeiterorganisationen, auf allen Stempelstellen sofort Stellung für den Generalstreik gegen die faschistische Diktatur! Beschließt die Arbeitsniederlegung! Beschließt Massendemonstrationen! Wählt Einheitskomitees und Streikleitungen! Organisiert den Kampf!
(Geschichte der deutschen Arbeiterbewegung. Berlin/DDR, Bd. 5, S. 441 f.)

### T 5 Aufruf der SPD, 31.1.1933

Arbeitendes Volk! Republikaner!
Im Kabinett Hitler-Papen-Hugenberg ist die Harzburger Front wieder auferstanden.
Die Feinde der Arbeiterklasse, die einander bis vor wenigen Tagen auf das heftigste befehdeten, haben sich zusammengeschlossen zum gemeinsamen Kampf gegen die Arbeiterklasse, zu einer reaktionären großkapitalistischen und großagrarischen Konzentration.
Die Stunde fordert die Einigkeit des ganzen arbeitenden Volkes zum Kampf gegen die vereinigten Gegner. Sie fordert Bereitschaft zum Einsatz der letzten und äußersten Kräfte.
Wir führen unseren Kampf auf dem Boden der Verfassung. Die politischen und sozialen Rechte des Volkes, die in Verfassung und Gesetz verankert sind, werden wir gegen jeden Angriff mit allen Mitteln verteidigen. Jeder Versuch der Regierung, ihre Macht gegen die Verfassung anzuwenden oder zu behaupten, wird auf den äußersten Widerstand der Arbeiterklasse und aller freiheitlich gesinnten Volkskreise stoßen. Zu diesem entscheidenden Kampf sind alle Kräfte bereitzuhalten.
Undiszipliniertes Vorgehen einzelner Organisationen oder Gruppen auf eigene Faust würde der gesamten Arbeiterklasse zum schwersten Schaden gereichen. Darum her zur Eisernen Front! Nur ihrer Parole ist Folge zu leisten! Kaltblütigkeit, Entschlossenheit, Disziplin, Einigkeit und nochmals Einigkeit ist das Gebot der Stunde!
(Ebenda, S. 442)

### T 6 Reaktionen zum 30. Januar 1933 in der Provinz

#### a) Ein Schüler berichtet von den Ereignissen in Mühlacker

[...] Ich wurde von unserem Lehrer zu einem Bürger in Mühlacker geschickt, von dem ich wußte, daß er deutschnational eingestellt und organisiert war. Wie ich ihm einen Brief übergeben habe von der Schule, kam eben schon die Sondermeldung, daß der Reichspräsident Hindenburg den Führer der NSDAP Adolf Hitler, zum Reichskanzler ernannt habe. Die erste Reaktion dieses Bürgers mit deutschnationaler Gesinnung: „So eine Schande!“ Er horchte weiter, und als er hörte, daß Hugenberg und Seldte und Papen mit in der Regierung waren, ja, daß sie ein großes Kontingent in der Regierung stellten, da glätteten sich seine Zorneswogen wieder etwas, und er sagte dann: „Na, ja, hoffen wir, daß es etwas wird.“
Der Schüler selbst reagierte ganz anders als sein deutschnationaler Lehrer. Ich selber habe allerdings, wie wir Jungen damals eingestellt waren, einen Luftsprung gemacht aus Freude, daß nun wirklich die sogenannte nationale Erhebung angebrochen war. Die hat mich damals als junger Mensch wirklich ganz buchstäblich erhoben. [...]
(B. Burkhardt, Eine Stadt wird braun. Hamburg 1980, S. 103 f.)

#### b) Der Sohn des Stadtpfarrers von Mühlacker, ebenfalls 1933 Schüler, erinnert sich

Am 30. Januar kamen nachmittags Freunde meiner Schwester und sagten: „Adolf Hitler ist Reichskanzler geworden.“ Damals war ich ziemlich erschrocken. Und dann erinnere ich mich noch, daß ich am Abend am Anfang der Bahnhofstraße stand, als ein Fackelzug, wahrscheinlich liedersingend, vorbeizog. Von einem, der in diesem Fackelzug mitmarschierte, wurde ich erkannt und dann vom Gehweg in den Zug hereingezogen, und ich bin dann ebenfalls mitmarschiert. Wie es ausging, daran kann ich mich heute nicht mehr erinnern. [...]
(Ebenda, S. 104)

### Problem und Diskussion

**1** *Beschreiben Sie wichtige Ursachen für die Übergabe der Macht an Hitler.*
**2** *Stellen Sie die Motive derjenigen wirtschaftlichen und gesellschaftlichen Gruppen zusammen, die die Übertragung der Macht an Hitler befürworten.*
**3** *Arbeiten Sie die Reaktion von KPD und SPD auf die Ernennung Hitlers zum Reichskanzler heraus und bewerten Sie die politische Argumentation beider Parteien.*
**4** *Sammeln Sie Informationen über die Reaktionen in Ihrem Heimatort auf die Nachricht über die Ernennung Hitlers zum Reichskanzler und bewerten Sie diese Informationen.*

## 4. Die Zerstörung der Demokratie

Den überall im Reich organisierten Feiern und Fackelzügen anläßlich der Machtübertragung an Hitler folgte zielstrebig die Machteroberung zunächst in Preußen und dann im ganzen Reich. Mit formal legalen Maßnahmen über Notverordnungen des Reichspräsidenten und mit Straßenterror der SA wurden die Institutionen der Republik von oben und unten gleichzeitig besetzt. Aufgrund der kommissarischen Vollmachten als preußischer Innenminister ließ Göring zahlreiche Polizeipräsidenten durch SA oder SS-Leuten ersetzen. 50000 SA-Männer wurden zu Hilfspolizisten ernannt.
Schließlich forderte Göring alle Polizisten auf, gegen „Staatsfeinde“ mit der Schußwaffe vorzugehen. Versammlungen der KPD, der SPD und des Zentrums wurden verboten, aufgelöst oder gesprengt. Die Presseorgane der linken Parteien wurden zeitweise verboten oder beschlagnahmt.
Durch die Verordnung des Reichspräsidenten „Zum Schutz von Volk und Staat“ vom 28. Februar 1933 (sog. Reichstagsbrandverordnung) wurden wesentliche Grundrechte der Weimarer Verfassung außer Kraft gesetzt und der Ausnahmezustand proklamiert. Die obersten Landesbehörden wurden dem Reich nachgeordnet, die willkürliche Verhaftung politischer Gegner war nun möglich.
Der sogenannten Schutzhaft, einer Verhaftung ohne richterlichen Haftbefehl, fielen vor allem Funktionäre von KPD und SPD zum Opfer. Die erste große Verhaftungswelle – in Preußen waren allein im März 1933 10000 Menschen betroffen – wurde von der Mehrheit der Bevölkerung hingenommen, zumal der Reichstagsbrand am 27. Februar die NS-Propagandathese von einem kommunistischen Aufstandsversuch zu unterstützen schien.
Auch die Führung der Wehrmacht und führende Männer der Industrie akzeptierten Hitlers politisches Programm, das er ihnen kurz nach seiner Ernennung in großer Offenheit vortrug. Bereits am 3. Februar 1933 erklärte Hitler vor den Befehlshabern der Wehrmacht, den Marxismus mit Stumpf und Stiel ausrotten und den „Krebs der Demokratie“ beseitigen zu wollen (T 2). Er werde die Wehrmacht als unpolitisches und überparteiliches Instrument aus dem Kampf im Innern heraushalten. Zugleich kündigte Hitler die „Eroberung neuen Lebensraumes im Osten und dessen rücksichtslose Germanisierung“ an. Vor Unternehmern legte Hitler am 20. Februar wesentliche Züge seiner Politik dar. Die Wahl am 5. März werde die letzte Wahl sein. Verdeckt sprach er über seine Rüstungspläne und wünschte der Industrie eine ruhige und gesicherte Zukunft im NS-Staat. Göring forderte in derselben Veranstaltung die Industrie zu einer kräftigen finanziellen Unterstützung des Wahlkampfes der NSDAP auf. Das erbetene Opfer falle der Industrie sicher leicht, da dies die letzten Wahlen für lange Zeit seien.
Trotz des massiven Terrors und der Propaganda vor allem gegen die gesamte Linke brachten die Reichstagswahlen vom 5. März Hitler und der NSDAP nicht den gewünschten Erfolg. Die NSDAP bekam mit 43,9% der Stimmen nicht die erwartete absolute Mehrheit. Die bisherige Koalitionsregierung erreichte nur eine knappe absolute Mehrheit. Zum Ärger der Nationalsozialisten konnten die Sozialdemokraten ihre letzten Wahlergebnisse halten. Allerdings verloren die Kommunisten knapp 5% ihrer Wähler. Auch das Zentrum konnte seine Stammwähler halten (11%). Unübersehbar war aber, daß ein großer Teil der Bevölkerung trotz der nationalsozialistischen Übergriffe und Gewalttätigkeiten ihre Stimme der NSDAP gegeben hatte. Zielstrebig setzten die Nationalsozialisten ihre Politik der Täuschung und der gewaltsamen Eroberung des Staates fort. Einen Tag nach der Reichstagswahl kündigte der nationalsozialistische Reichsinnenminister die Errichtung von „Konzentrationslagern“ an, in denen politische Gegner gefangen gehalten würden. Die nationale Versöhnungsfeier zur Eröffnung des Reichstages in der Garnisonkirche in Potsdam am 21. März 1933 wurde von einer Verordnung „zur Abwehr heimtückischer Angriffe gegen die Regierung“ begleitet, die selbst jede mündliche geäußerte Kritik am Regime und an der NSDAP unter Strafe stellte.
Am 23. März 1933 verabschiedete der Reichstag, der von SA- und SS-Männern abgeriegelt war,

**Abb. 15 Der Tag von Potsdam,** 21. März 1933. Die feierliche Eröffnung des neu gewählten Reichstags wurde in die traditionsreiche Garnisonskirche von Potsdam verlegt. Unter den Fahnen der preußischen Regimenter saßen die Abgeordneten der NSDAP in braunen Röcken und Hemden. Mittelpunkt war auch hier der greise Generalfeldmarschall von Hindenburg, Symbol und „Schirmherr" der „Vermählung zwischen alter Größe und junger Kraft". Die Repräsentanten der alten Ordnung, Konservative und bürgerlich Nationale, Stahlhelm und Reichswehr sollten durch diese Verpflichtung auf den „Geist von Potsdam" gewonnen, der „Geist von Weimar" überwunden werden. Die erste Inszenierung des neuen Propagandaministers gelang vollkommen.

gegen die Stimmen der SPD, das von Hitler schon vor seiner Machtübernahme geforderte Ermächtigungsgesetz mit mehr als der nötigen Zwei-Drittel-Mehrheit. Die 81 KPD-Abgeordneten und 26 Abgeordnete der SPD konnten an der Abstimmung nicht teilnehmen, da sie in „Schutzhaft" gehalten wurden oder vor der Verfolgung geflohen waren. Die bürgerlichen Parteien, vor allem das Zentrum, stimmten aufgrund ungewisser Zusicherungen Hitlers mit der NSDAP für das Gesetz. Nur der Vorsitzende der SPD, Otto Wels, lehnte das Gesetz in einer mutigen Rede für seine Fraktion ab. Mit dem Ermächtigungsgesetz konnte die Reichsregierung Gesetze, auch verfassungsändernden Inhalts, unter Ausschluß des Reichstages und des Reichspräsidenten, durch einfachen Beschluß der Regierung in Kraft setzen. Das Ermächtigungsgesetz war die scheinbar rechtliche Grundlage für die systematische Zerstörung des Verfassungsstaates von Weimar. Es wurde wiederholt verlängert und galt bis zum Kriegsende.

Wichtige Stationen der von den Nationalsozialisten als „Gleichschaltung" bezeichneten Beseitigung des politischen Systems der Weimarer Republik waren:

*29. März 1933:* „Lex van der Lubbe"[1]

Rückwirkende Geltung der durch die Reichstagsbrandverordnung eingeführten Todesstrafe für

1 Marinus van der Lubbe war ein holländischer Maurer und Anarchist, der in der Nacht des Reichstagsbrandes (27. Februar 1933) aufgegriffen und wegen Brandstiftung zum Tode verurteilt wurde. Die Frage seiner Täterschaft ist bis heute nicht völlig geklärt.

**Abb. 16 Besetzung des Gewerkschaftshauses am Engelufer in Berlin durch die SA am 2. Mai 1933.**

Brandstiftung. Das Gesetz löst den zentralen Rechtsgrundsatz „Nulla poena sine lege“ (keine Strafe ohne Gesetz) auf.
*31. März 1933:* „Vorläufiges Gesetz zur Gleichschaltung der Länder mit dem Reich“
Länderparlamente sind gemäß dem Ergebnis der Reichstagswahlen ohne KPD-Sitze neu zu bilden; Landesgesetzgebung darf von der Verfassung abweichen.
*7. April 1933:* „Gesetz zur Wiederherstellung des Berufsbeamtentums“
Politisch „unzuverlässige Elemente“ und Juden können vom Beamtenberuf ausgeschlossen werden. Durchführungsverordnungen bestimmen die Entlassung jüdischer Beamten, jüdischer Honorarprofessoren, Privatdozenten und Notare. Kommunisten dürfen nicht mehr, Juden nur noch beschränkt Rechtsanwälte werden. Berufsverbot für „nicht-arische“ Patentanwälte und Kassenärzte, Kassenzahnärzte und Techniker.
*2. Mai 1933:* Zerschlagung der Gewerkschaften
Nach dem 1. Mai, der als Feiertag der nationalen Arbeit erstmals gesetzlicher Feiertag ist, werden am 2. Mai die Gewerkschaftshäuser von SA-Trupps besetzt, die Gewerkschaftsmitglieder werden am 10. Mai zwangsweise in eine neu gegründete nationalsozialistische „Deutsche Arbeitsfront“ (DAF) eingegliedert.
*19. Mai 1933:* „Gesetz über Treuhänder der Arbeit“
Treuhänder der Arbeit, ernannte nationalsozialistische Kommisare, können Arbeitsverträge rechtsverbindlich regeln, die Tarifautonomie wird durch staatlichen Zwang ersetzt.
*22. Juni 1933:* Verbot der SPD
Dem Verbot der SPD folgt die rasche Selbstauflösung der bürgerlichen Parteien, zuletzt des Zentrums am 5. Juni 1933.

*14. Juni 1933:* „Gesetz gegen die Neubildung von Parteien"
Die NSDAP bleibt einzig zugelassene Partei in Deutschland.
*14. Juni 1933:* „Gesetz zur Verhütung erbkranken Nachwuchses"
Zwangssterilisierung wird möglich, wenn mit großer Wahrscheinlichkeit Nachkommen mit schweren körperlichen oder geistigen Erbschäden zu erwarten sind.
*1. Dezember 1933:* „Gesetz zur Sicherung der Einheit von Partei und Staat"
Die NSDAP wird zur „Trägerin des deutschen Staatsgedankens" erklärt und ist mit dem Staat unauflöslich verbunden.
*20. Januar 1934:* „Gesetz zur Ordnung der nationalen Arbeit"
In den Betrieben wird die Tarifautonomie von Arbeitnehmer/Arbeitgeber durch das „Führungsprinzip" (Fürsorge/Treueverhältnis von Betriebsführung und „Gefolgschaft") ersetzt. Die Arbeiter können ihre bisherigen Rechte – z.B. Mitsprache in bestimmten Angelegenheiten – nicht mehr wahrnehmen. Staatlich beamtete „Treuhänder der Arbeit" (seit 19.5.33) können Anordnungen der Betriebsleitung korrigieren.
*30. Januar 1934:* „Gesetz über den Neuaufbau des Reiches"
Länderparlamente werden aufgehoben; die Hoheitsrechte der Länder fallen an das Reich; die Länderregierungen und Reichsstatthalter unterstehen der Reichsregierung; die Reichsregierung kann neues Verfassungsrecht in den Ländern anordnen.
*3. Juli 1934:*
Die von Hitler veranlaßten Morde an Ernst Röhm (Stabschef der SA) und ihm ergebenen SA-Führern sowie an oppositionellen konservativen Gegnern werden durch Gesetz als „Staatsnotwehr" für rechtens erklärt.
*1. August 1934:* „Gesetz über das Oberhaupt des Deutschen Reiches"
Nach dem Tode des Reichspräsidenten Paul von Hindenburg (2.8.1934) wird das Reichskanzleramt mit dem Amt des Reichspräsidenten in der Hand von Adolf Hitler vereinigt. Die Reichswehr wird am 2. August auf Hitler als Oberbefehlshaber der Wehrmacht persönlich vereidigt.
In eineinhalb Jahren hatten die Nationalsozialisten die Grundlagen der Gesellschaft weitgehend verändert und Lebensverhältnisse geschaffen, die mit der Weimarer Republik nur noch wenig gemein hatten. Die neuen Machthaber beanspruchten aber nicht nur die politische Macht, sondern versuchten auch den Alltag der Menschen zu prägen. Ihr Ziel war es, die unpolitische „Privatheit" der Menschen im Sinne der nationalsozialistischen Ideologie zu politisieren.

### T 1 Aus der Verordnung des Reichspräsidenten zum Schutz von Volk und Staat vom 28. Februar 1933

*Auf Grund des Artikels 48, Absatz 2 der Reichsverfassung wird zur Abwehr kommunistischer staatsgefährdender Gewaltakte folgendes verordnet:*
§ 1 [...] Die Artikel 114, 115, 117, 118, 123, 124 und 153 der Verfassung des Deutschen Reiches werden bis auf weiteres außer Kraft gesetzt. Es sind daher Beschränkungen der persönlichen Freiheit, des Rechtes der freien Meinungsäußerung, einschließlich der Pressefreiheit, des Vereins- und Versammlungsrechtes, Eingriffe in das Brief-, Post-, Telegraphen- und Fernsprechgeheimnis, Anordnungen von Haussuchungen und von Beschlagnahme sowie Beschränkungen des Eigentums auch außerhalb der sonst hierfür bestimmten gesetzlichen Grenzen zulässig.
§ 2 [...] Werden in einem Lande die zur Wiederherstellung der öffentlichen Sicherheit und Ordnung nötigen Maßnahmen nicht getroffen, so kann die Reichsregierung insoweit die Befugnisse der obersten Landesbehörde vorübergehend wahrnehmen.
§ 3 [...] Die Behörden der Länder und Gemeinden (Gemeindeverbände) haben den auf Grund des § 2 erlassenen Anordnungen der Reichsregierung im Rahmen ihrer Zuständigkeit Folge zu leisten. [...]
§ 5 [...] Mit dem Tode sind die Verbrechen zu bestrafen, die das Strafgesetzbuch in § 81 (Hochverrat), 229 (Giftbeibringung), 307 (Brandstiftung), 311 (Explosion), 312 (Überschwemmung), 315, Absatz 2 (Beschädigung von Eisenbahn), 324 (gemeingefährliche Vergiftung) mit lebenslangem Zuchthaus bedroht. [...]
(J. Hohlfeld [Hrsg.], Dokumente der Deutschen Politik und Geschichte von 1848 bis zur Gegenwart, Bd. IV. Berlin 1952ff., S.19f.)

**Abb. 17 Konzentrationslager Oranienburg bei Berlin, 1933.** Die Verhafteten sind (v. l.): Ernst Heilmann, Vorsitzender der preußischen SPD-Landtagsfraktion, Fritz Ebert, der Sohn des Reichspräsidenten, Adolf Braun, Sekretär des SPD-Vorstandes in Berlin, Ministerialrat Giesecke vom Reichs-Rundfunk, Dr. Magnus, ebenfalls vom Rundfunk, und der Intendant der Funk-Stunde, Dr. Flesch.

**Abb. 18 Das Tor zum Konzentrationslager Auschwitz, errichtet 1940.**

**T 2 Hitler vor den Befehlshabern des Heeres und der Marine über seine politischen Ziele, 3.2. 1933. Aufzeichnungen eines Teilnehmers**

Ziel der Gesamtpolitik allein: Wiedergewinnung der politischen Macht. Hierauf muß gesamte Staatsführung eingestellt werden (alle Ressorts!)

1. Im Innern. Völlige Umkehrung der gegenwärt. innenpol. Zustände in D. Keine Duldung der Betätigung irgendeiner Gesinnung, die dem Ziel entgegensteht (Pazifismus!). Wer sich nicht bekehren läßt, muß gebeugt werden. Ausrottung des Marxismus mit Stumpf und Stiel. Einstellung der Jugend u. des ganzen Volkes auf den Gedanken, daß nur d. Kampf uns retten kann u. diesem Gedanken gegenüber alles zurückzutreten hat. (Verwirklicht in d. Millionen d. Nazi-Bewegung. Sie wird wachsen.) Ertüchtigung der Jugend u. Stärkung des Wehrwillens mit allen Mitteln. Todesstrafe für Landes- u. Volksverrat. Straffste autoritäre Staatsführung. Beseitigung des Krebsschadens der Demokratie!

2. Nach außen. Kampf gegen Versailles. Gleichberechtigung in Genf; aber zwecklos, wenn Volk nicht auf Wehrwillen eingestellt. Sorge für Bundesgenossen.

3. Wirtschaft! Der Bauer muß gerettet werden! Siedlungspolitik! Künftige Steigerung d. Ausfuhr zwecklos. Aufnahmefähigkeit d. Welt ist begrenzt u. Produktion ist überall übersteigert. Im Siedeln liegt einzige Möglichkeit, Arbeitslosenheer zum Teil wieder einzuspannen. Aber braucht Zeit u. radikale Änderung nicht zu erwarten, da Lebensraum für deutsches Volk zu klein.

4. Aufbau der Wehrmacht wichtigste Voraussetzung für Erreichung des Ziels: Wiedererringung der pol. Macht. Allg. Wehrpflicht muß wieder kommen. Zuvor aber muß Staatsführung dafür sorgen, daß die Wehrpflichtigen vor Eintritt nicht schon durch Pazif., Marxismus, Bolschewismus vergiftet werden oder nach Dienstzeit diesem Gifte verfallen.

Wie soll pol. Macht, wenn sie gewonnen ist, gebraucht werden? Jetzt noch nicht zu sagen. Vielleicht Erkämpfung neuer Export-Mögl., vielleicht – und wohl besser – Eroberung neuen Lebensraums im Osten u. dessen rücksichtslose Germanisierung. Sicher, daß erst mit pol. Macht u. Kampf jetzige wirtsch. Zustände geändert werden können. Alles, was jetzt geschehen kann – Siedlung – Aushilfsmittel.

Wehrmacht wichtigste u. sozialistischste Einrichtung d. Staates. Sie soll unpol. u. überparteilich bleiben. Der Kampf im Innern nicht ihre Sache, sondern der Nazi-Organisationen. Anders wie in Italien keine Verquickung v. Heer u. SA beabsichtigt. – Gefährlichste Zeit ist die des Aufbaus der Wehrmacht. Da wird sich zeigen, ob Fr(rankreich) Staatsmänner hat; wenn ja, wird es uns Zeit nicht lassen, sondern über uns herfallen (vermutlich mit Ost-Trabanten).

(Vierteljahrshefte für Zeitgeschichte 2/1954, S. 434f.)

**T 3 Aus der Rede Hitlers vor führenden Industriellen, 20.2. 1933**

Wir stehen heute vor folgender Situation: Weimar hat uns eine bestimmte Verfassungsform aufoktroyiert, mit der man uns auf eine demokratische Basis gestellt hat. Damit ist uns aber keine leistungsfähige Regierungsgewalt beschert worden. Im Gegenteil, der Kommunismus mußte sich nach dem, wie ich eingangs die Demokratie kritisiert habe, immer tiefer in das Deutsche Volk hineinbohren. Die Folge war eine immer größere innere Spannung, durch die auch – und das ist mit das Schlimmste – die Gerichte nicht unbeeinflußt blieben. Es haben sich so zwei Fronten herausgebildet, die uns vor die Wahl stellen: entweder Marxismus in Reinkultur oder die andere Seite. Man kann sich nicht auf den Standpunkt stellen und sagen: die andere Seite wird sich schon allmählich durchsetzen. So eine Haltung bedeutet die Niederlage ... Wir müssen erst die ganzen Machtmittel in die Hand bekommen wenn wir die andere Seite ganz zu Boden werfen wollen. So lange man an Kraft zunimmt, soll man den Kampf gegen den Gegner nicht aufnehmen. Erst wenn man weiß, daß man auf dem Höhepunkt der Macht angelangt ist, daß es keine weitere Aufwärtsentwicklung gibt, soll man losschlagen. Wir müssen in Preußen noch 10, im Reich noch 33 Mandate erringen. Das ist, wenn wir alle Kräfte einsetzen, nicht unmöglich. Dann beginnt erst die zweite Aktion gegen den Kommunismus. Wir stehen jetzt vor der letzten Wahl. Die mag ausfallen wie sie will, einen Rückfall gibt es nicht mehr, auch wenn die kommende Wahl keine Entscheidung bringt. So oder so, wenn die Wahl nicht entscheidet, muß die Entscheidung eben auf einem anderen Weg fallen [...]

Für die Wirtschaft habe ich nur den einen Wunsch, daß sie parallel mit dem inneren Aufbau einer ruhigen Zukunft entgegen geht. Die Frage der Herstellung der Wehrmacht wird nicht in Genf (Sitz des Völkerbundes), sondern in Deutschland entschieden werden, wenn wir durch innere Ruhe zur inneren Kraft gekommen sind. Innere Ruhe gibt es aber nicht eher, als bis der Marxismus erledigt ist. Hier liegt die Entscheidung, der wir entgegen gehen müssen, und ist der Kampf auch noch so schwer [...]

(Der Prozeß gegen die Hauptkriegsverbrecher, Beweisdokument D/203, Bd. XXXV, S. 42ff.)

**T 4 Reichstagswahlergebnisse 1928–1933** (in Millionen)

| Wahl vom | Wahlbeteilg. (in %) | Gültige Stimmen (in Mio.) | Von den abgegebenen gültigen Stimmen entfielen auf NSDAP | DNVP | DVP | DDP | BVP | Zentrum | SPD | KPD | Sonstige Parteien |
|---|---|---|---|---|---|---|---|---|---|---|---|
| 20. Mai 1928 | 75,6 | 30,73 | 0,81<br>2,6% | 4,38<br>14,3% | 2,68<br>8,7% | 1,50<br>4,9% | 0,95<br>3,1% | 3,71<br>12,1% | 9,15<br>29,8% | 3,26<br>10,6% | 4,30<br>13,9% |
| 14. Sept. 1930 | 82,0 | 34,96 | 6,41<br>18,3% | 2,46<br>7,0% | 1,58<br>4,5% | 1,32<br>3,8% | 1,06<br>3,0% | 4,13<br>11,8% | 8,58<br>24,5% | 4,60<br>13,1% | 4,82<br>13,7% |
| 31. Juli 1932 | 84,1 | 36,88 | 13,75<br>37,3% | 2,19<br>5,9% | 0,44<br>1,2% | 0,37<br>1,0% | 1,20<br>3,2% | 4,59<br>12,5% | 7,96<br>21,6% | 5,28<br>14,3% | 1,10<br>3,0% |
| 6. Nov. 1932 | 80,6 | 35,47 | 11,74<br>33,1% | 3,02<br>8,5% | 0,66<br>1,9% | 0,34<br>1,0% | 1,10<br>3,1% | 4,23<br>11,9% | 7,25<br>20,4% | 5,98<br>16,9% | 1,15<br>3,2% |
| 5. März 1933 | 88,8 | 39,34 | 17,28<br>43,9% | 3,14<br>8,0% | 0,43<br>1,1% | 0,33<br>0,9% | 1,07<br>2,7% | 4,43<br>11,2% | 7,18<br>18,3% | 4,85<br>12,3% | 0,63<br>1,6% |

(Statistik des Deutschen Reiches, Bd. 291 ff.)

**T 5 Gesetz zur Behebung der Not von Volk und Staat (Ermächtigungsgesetz) vom 24. März 1933**

*Artikel 1.* Reichsgesetze können außer in dem in der Reichsverfassung vorgesehenen Verfahren auch durch die Reichsregierung beschlossen werden. Dies gilt auch für die in den Artikeln 65, Absatz 2 und 87 der Reichsverfassung bezeichneten Gesetze.

*Artikel 2.* Die von der Reichsregierung beschlossenen Reichsgesetze können von der Reichsverfassung abweichen, soweit sie nicht die Einrichtung des Reichstags und des Reichsrats als solche zum Gegenstand haben. Die Rechte des Reichspräsidenten bleiben unberührt.

*Artikel 3.* Die von der Reichsregierung beschlossenen Reichsgesetze werden vom Reichskanzler ausgefertigt und im Reichsgesetzblatt verkündet. Sie treten, soweit sie nichts anderes bestimmen, mit dem auf die Verkündung folgenden Tage in Kraft. Die Artikel 68 bis 77 der Reichsverfassung finden auf die von der Reichsregierung beschlossenen Gesetze keine Anwendung.

*Artikel 4.* Verträge des Reiches mit fremden Staaten, die sich auf Gegenstände der Reichsgesetzgebung beziehen, bedürfen für die Dauer der Geltung dieser Gesetze nicht der Zustimmung der an der Gesetzgebung beteiligten Körperschaften. Die Reichsregierung erläßt die zur Durchführung dieser Verträge erforderlichen Vorschriften.

*Artikel 5.* Dieses Gesetz tritt mit dem Tage seiner Verkündung in Kraft. Es tritt mit dem 1. April 1937 außer Kraft, es tritt ferner außer Kraft, wenn die gegenwärtige Reichsregierung durch eine andere abgelöst wird.
[...]
(Hohlfeld, Dokumente, a.a.O., Bd. IV., S. 40)

**T 6 Aus Hitlers Rede im Reichstag am 21.3. 1933 zum Ermächtigungsgesetz**

[...] Um die Regierung in die Lage zu versetzen, die Aufgaben zu erfüllen, die innerhalb dieses allgemein gekennzeichneten Rahmens liegen, hat sie im Reichstag durch die beiden Parteien der Nationalsozialisten und der Deutschnationalen das Ermächtigungsgesetz einbringen lassen. Ein Teil der beabsichtigten Maßnahmen erfordert die verfassungsändernde Mehrheit. Die Durchführung dieser Aufgaben bzw. ihre Lösung ist notwendig. Es würde dem Sinn der nationalen Erhebung widersprechen und dem beabsichtigten Zweck nicht genügen, wollte die Regierung sich für ihre Maßnahmen von Fall zu Fall die Genehmigung des Reichstags erhandeln und erbitten. Die Regierung wird dabei nicht von der Absicht getrieben, den Reichstag als solchen aufzuheben; im Gegenteil, sie behält sich auch für die Zukunft vor, ihn von Zeit zu Zeit über ihre Maßnahmen zu unterrichten oder aus bestimmten Gründen, wenn zweckmäßig, auch seine Zustimmung einzuholen. Die Autorität und damit die Erfüllung der Aufgaben der Regierung würden aber leiden, wenn im Volke Zweifel an der Stabilität des neuen Regiments entstehen könnten. Sie hält vor allem eine weitere Tagung des Reichstags im heutigen Zustand der tiefgehenden Erregung der Nation für unmöglich. Es ist kaum eine Revolution von so großem Ausmaß so diszipliniert und unblutig verlaufen wie diese Erhebung des deutschen Volkes in diesen Wochen. Es ist mein Wille und meine feste Absicht, für diese ruhige Entwicklung in Zukunft zu sorgen. Allein um so nötiger ist es, daß der nationalen Regierung jene souveräne Stellung gegeben wird, die in einer solchen Zeit allein geeignet ist, eine andere Ent-

wicklung zu verhindern. Die Regierung beabsichtigt dabei, von diesem Gesetz nur insoweit Gebrauch zu machen, als es zur Durchführung der lebensnotwendigen Maßnahmen erforderlich ist. Weder die Existenz des Reichstags noch des Reichsrats soll dadurch bedroht sein. Die Stellung und die Rechte des Herrn Reichspräsidenten bleiben unberührt; die innere Übereinstimmung mit seinem Willen herbeizuführen, wird stets die oberste Aufgabe der Regierung sein. Der Bestand der Länder wird nicht beseitigt, die Rechte der Kirchen werden nicht geschmälert, ihre Stellung zum Staate nicht geändert. [...]
(J. Hohlfeld, Dokumente der deutschen Politik. Berlin 1935, Bd. 1, S. 35f.)

### T 7 Aus der Stellungnahme des Abgeordneten Wels (SPD) zum Ermächtigungsgesetz am 23. März 1933

Nach den Verfolgungen, die die Sozialdemokratische Partei in der letzten Zeit erfahren hat, wird billigerweise niemand von ihr verlangen oder erwarten können, daß sie für das hier eingebrachte Ermächtigungsgesetz stimmt. Die Wahlen vom 5. März haben den Regierungsparteien die Mehrheit gebracht und damit die Möglichkeit gegeben, streng nach Wortlaut und Sinn und Verfassung zu regieren. Wo diese Möglichkeit besteht, besteht auch die Pflicht. Kritik ist heilsam und notwendig. Noch niemals, seit es einen deutschen Reichstag gibt, ist die Kontrolle der öffentlichen Angelegenheiten durch die gewählten Vertreter des Volkes in solchem Maße ausgeschaltet worden, wie es jetzt geschieht und wie es durch das neue Ermächtigungsgesetz noch mehr geschehen soll. Eine solche Allmacht der Regierung muß sich um so schwerer auswirken, als auch die Presse jeder Bewegungsfreiheit entbehrt.
[...]
Die Herren von der NSDAP nennen die von ihnen entfesselte Bewegung eine nationale Revolution, nicht eine nationalsozialistische. Das Verhältnis ihrer Revolution zum Sozialismus beschränkt sich bisher auf den Versuch, die sozialdemokratische Bewegung zu vernichten, die seit mehr als zwei Menschenaltern die Trägerin sozialistischen Gedankengutes gewesen ist und auch bleiben wird. Wollten die Herren von der Nationalsozialistischen Partei sozialistische Taten verrichten, sie brauchten kein Ermächtigungsgesetz. Eine erdrückende Mehrheit wäre Ihnen in diesem Hause gewiß. Jeder von Ihnen im Interesse der Arbeiter, der Bauern, der Angestellten, der Beamten oder des Mittelstandes gestellte Antrag könnte auf Annahme rechnen, wenn nicht einstimmig, so doch mit gewaltiger Majorität.
Aber dennoch wollen Sie vorerst den Reichstag ausschalten, um Ihre Revolution fortzusetzen. Zerstörung von Bestehendem ist aber noch keine Revolution. Das Volk erwartet positive Leistungen. [...] Wir Sozialdemokraten wissen, daß man machtpolitische Tatsachen durch bloße Rechtsverwahrungen nicht beseitigen kann. Wir sehen die machtpolitische Tatsache ihrer augenblicklichen Herrschaft. Aber auch das Rechtsbewußtsein des Volkes ist eine politische Macht, und wir werden nicht aufhören, an dieses Rechtsbewußtsein zu appellieren.
Die Verfassung von Weimar ist keine sozialistische Verfassung. Aber wir stehen zu den Grundsätzen des Rechtsstaates, der Gleichberechtigung, des sozialen Rechts, die in ihr festgelegt sind. Wir deutschen Sozialdemokraten bekennen uns in dieser geschichtlichen Stunde feierlich zu den Grundsätzen der Menschlichkeit und der Gerechtigkeit, der Freiheit und des Sozialismus. Kein Ermächtigungsgesetz gibt Ihnen die Macht, Ideen, die ewig und unzerstörbar sind, zu vernichten. Sie selbst haben sich ja zum Sozialismus bekannt. Das Sozialistengesetz hat die Sozialdemokratie nicht vernichtet. Auch aus neuen Verfolgungen kann die deutsche Sozialdemokratie neue Kraft schöpfen.
Wir grüßen die Verfolgten und Bedrängten. Wir grüßen unsere Freunde im Reich. Ihre Standhaftigkeit und Treue verdienen Bewunderung. Ihr Bekennermut, ihre ungebrochene Zuversicht verbürgen eine hellere Zukunft.
(J. Hohlfeld, Dokumente, Bd. 4, a. a. O., S. 38ff.)

### Problem und Diskussion

**1** *Die Verordnung des Reichspräsidenten „Zum Schutz von Volk und Staat" vom 28. 2. 1933 ist oft als „Grundgesetz" des nationalsozialistischen Staates bezeichnet worden. Inwieweit trifft eine solche Bezeichnung zu?*
**2** *Analysieren Sie die Reden Hitlers vor den Befehlshabern der Wehrmacht und vor dem Industrieklub vom Februar 1933 und arbeiten Sie heraus, was führende Kreise bereits im Februar 1933 von der nationalsozialistischen Herrschaft wissen konnten.*
**3** *Untersuchen Sie, inwieweit durch das Ermächtigungsgesetz die Diktatur Hitlers auf „legalem" Weg ermöglicht wurde.*
**4** *Untersuchen Sie die Argumente Hitlers, mit denen die Notwendigkeit eines Ermächtigungsgesetzes begründet wurde, und beurteilen Sie sie auf dem Hintergrund der Situation von 1933.*
**5** *Erläutern Sie die politische Argumentation von Otto Wels in seiner Rede gegen das Ermächtigungsgesetz und bewerten Sie seine Stellungnahme im Vergleich mit der Haltung der übrigen Abgeordneten.*

# 5. Leben und Arbeiten unter dem Nationalsozialismus

## 5.1 Alltag

Innerhalb weniger Monate nach der Machtübertragung an Hitler war es den neuen Machthabern gelungen, das öffentliche Leben in den Städten und Dörfern Deutschlands neu zu organisieren. Dabei griffen sie auf vorhandene Traditionen zurück und setzten zugleich im großen Maßstab die damals neuen Medien, Radio und Film, ein. Die Umgestaltung des öffentlichen Lebens wurde zentral geplant und gesteuert und durch die örtlichen Machthaber verwirklicht.
Reichsminister Dr. Joseph Goebbels, der das neue Ministerium für Volksaufklärung und Propaganda leitete, gab an Presse und Rundfunk und an alle Parteistellen zentrale Weisungen, unter welchen Gesichtspunkten die aktuelle Politik der Nationalsozialisten in der Öffentlichkeit zu vertreten war.

**Abb. 19 Fahnen in allen Straßen.** Bei jeder sich bietenden Gelegenheit versanken die Städte und Dörfer in einem Meer von Fahnen.

Aus der Gleichförmigkeit und der Gleichzeitigkeit vieler Aktionen, die über den Rundfunk und die gleichgeschalteten Zeitungen ins Bewußtsein der Menschen gehoben wurden, entstand eine spezifische „nationalsozialistische Öffentlichkeit", die das Alltagsleben der Menschen wesentlich prägte. Durch den verhältnismäßig preiswerten „Volksempfänger" wurde der Rundfunk zum zentralen Propagandainstrument der Nationalsozialisten. 1939 besaßen 70% der Haushalte ein Radiogerät (1933: 25%).

Auf zahlreichen Kundgebungen, im Radio und in der Presse war täglich von „Volk", von „Blut und Boden" und von der „Rückgewinnung der deutschen Ehre" die Rede, stets verbunden mit einem Appell, sich in der „Volksgemeinschaft" um den „Führer" zu scharen. Die Marschkolonnen der SA und der SS, die Aktivität und Siegesgewißheit ausstrahlten, demonstrierten im Straßenbild des Jahres 1933 die Präsenz der neuen Machthaber. Die zahlreichen, geschickt inszenierten nationalsozialistischen Kundgebungen und Feiern begeisterten anfangs viele Menschen, da sie das lang vermißte Gemeinschaftsgefühl vermittelten. Marschmusik und ein Meer von Hakenkreuzfahnen gaben den Feiern ein Gepränge, das dem kirchlicher Feiern in manchem nahekam.

Die neuen Betätigungsmöglichkeiten, die die Nationalsozialisten gerade den „kleinen Leuten" in den zahlreichen Unterorganisationen der Partei anboten, vermittelten diesen das Gefühl, ernst und wichtig genommen zu werden. Durch die Übernahme eines Amtes in den Gliederungen der NSDAP konnte man seine bisherige gesellschaftliche Stellung verbessern. So bekam z. B. der Hausmeister als SA-Mann gesellschaftliche Gewalt über bisher sozial höhergestellte Mitbewohner in einem Mietshaus. Die Parteiuniform machte gewichtig und eröffnete viele Möglichkeiten zum schnellen, bisher so nicht gekannten sozialen Aufstieg. Nicht mehr Examina und bürgerlicher Erfolg waren entscheidend, sondern die Bereitschaft zur unabdingbaren Unterordnung unter den Führerbefehl.

Das öffentliche Leben wurde durch die stete Anwesenheit der SA und SS und durch die zahlreichen Umzüge, Versammlungen, Appelle, Sammlungen und Feiern geprägt. Alle diese Veranstaltungen zielten darauf ab, jeden einzelnen im Alltag nachdrücklich zu bewegen, sich mit dem neuen Regime öffentlich zu identifizieren. Als Beispiel seien die Sammlungen des Winterhilfswerkes erwähnt. Die Unterstützung der Arbeitslosen und Notleidenden war eine Sache, der jedermann zustimmen konnte. Die Nationalsozialisten machten aber aus solcher Sammlung durch Kennzeichnung der Spender mittels Abzeichen und Plaketten an der Haus- oder Flurtür eine bekennerhafte Abgabe, der sich niemand mehr entziehen konnte.

Alle gesellschaftlichen Gruppen und Vereinigungen im vorpolitischen Raum – neben Berufsverbänden auch Sport- und Gesangsvereine – wurden entweder aufgelöst oder unter den Einfluß der Nationalsozialisten gebracht. Der Zugriff auf das Private ging aber noch über den Bereich der Freizeit hinaus. Mit der verpflichtenden Einführung des Hitler-Grußes in Behörden, Betrieben und Schulen versuchte das nationalsozialistische Regime auch seinen Anspruch auf die privaten Umgangsformen durchzusetzen. Auch der Wohnbereich wurde durch die Partei und ihre Untergliederungen erfaßt. Der unscheinbare Machthaber vor Ort, der Haus- oder Blockwart, konnte nicht nur lästig und aufdringlich werden, sondern auch gefährlich. Die Blockwarte hatten die Bewohner zu überwachen und immer wieder zum Engagement für das Regime zu bewegen. Der Organisation der Bürger zu einer „Volksgemeinschaft" entsprach es, daß fast jedes Familienglied in einer der zahlreichen nationalsozialistischen Organisationen als Mitglied „erfaßt" war.

Die Volksabstimmungen über den Rücktritt aus dem Völkerbund 1933, den Einmarsch der Reichswehr in das Rheinland 1933 und den „Anschluß" Österreichs 1938 waren keine freien Abstimmungen im Sinne demokratischer Wahlen; die Stimmabgabe war praktisch Zwang und nicht mehr geheim. Wer gewählt hatte, wurde genötigt, eine Plakette zu tragen, um im Straßenbild den Nichtwähler kenntlich zu machen. Die gleichzeitig veranstalteten Wahlen zum Reichstag, bei denen die NSDAP als einzig zugelassene Partei vertreten war, wurden propagandistisch mit Wahlreden Hitlers

und der öffentlichen Übertragung dieser Reden im Radio vorbereitet. Wer sich in den Betrieben oder in der Öffentlichkeit nicht die Übertragung der Reden des „Führers" anhörte, machte sich verdächtig, ein Gegner des Regimes zu sein.
Nach den massiven Terrormaßnahmen des neuen Regimes gegenüber den Kommunisten und den Sozialdemokraten wurde der offen ausgeübte, oft unkontrollierte Terror der örtlichen SA-Trupps in punktuelle Maßnahmen gegen einzelne umgewandelt. Gegenüber der großen Mehrheit der Bevölkerung wurde der Schein des Normalen wieder stärker aufrecht erhalten. Der schnelle Aufbau der Geheimen Staatspolizei (Gestapo), als neues Macht- und Unterdrückungsorgan des NS-Staates, führte dazu, daß die Terrormaßnahmen des Regimes für den einzelnen Bürger unkalkulierbar wurden. Die Justiz, die erst nach und nach mit Angehörigen der NSDAP durchsetzt wurde, bot keinen Schutz gegen die „Schutzhaftbefehle" und die Quälereien in den Gestapo-Kellern und Konzentrationslagern.
Die zunächst breite, allerdings beschönigende Berichterstattung über die Konzentrationslager in den Lokalzeitungen sorgte dafür, daß die Masse der Bevölkerung eingeschüchtert wurde. Ein blühendes Denunziantentum bewirkte, daß niemand die Folgen eigener, vielleicht unbedachter Äußerung in der Öffentlichkeit oder auch im privaten Bereich einschätzen konnte.
Die ersten Opfer der „Gleichschaltung" der Gesellschaft waren die Juden, die mit einem Boykott ihrer Geschäfte am 1. April 1933 im ganzen Reich erstmalig als Feinde des Volkes gebrandmarkt wurden. Die kritiklose Hinnahme dieser Übergriffe durch die überwiegende Mehrheit der Bürger und das Schweigen der Kirchenvertreter ermutigten die Nationalsozialisten, ihre antisemitische Politik stetig auszuweiten. Diese Passivität gegenüber der ersten Judenverfolgungswelle reichte bis in die Universitäten hinein. Gerade in den Universitäten ließen es die „arischen" Professoren meist an Solidarität mit ihren oft hochverdienten jüdischen Kollegen ermangeln. Sie sahen tatenlos zu, wie diese von ihren Lehrstühlen vertrieben wurden. Oft verweigerten sie auch den Bedrohten die erbetene Hilfe bei Appellen an die Reichsregierung.

### T 1 Der neue Kurs auf dem Rathaus von Göttingen

*Aus dem Göttinger Tageblatt vom 12. 4. 1933*
12 Anträge der Fraktion der NSDAP des Bürgervorsteher-Kollegiums an den Magistrat der Stadt Göttingen.
Die nationalsozialistische Rathausfraktion hat eine Anzahl von Anträgen an den Magistrat und an das Bürgervorsteherkollegium gerichtet, die von dem Bestreben diktiert sind, Klarheit in eine Anzahl schwebender Fragen der Göttinger Gemeindeverwaltung zu bringen, die besonders zur Zeit der letzten Wahlen Gegenstand lebhafter öffentlicher Erörterungen waren. Sie enthalten Forderungen die von der Bürgerschaft wiederholt und längst gestellt wurden, aber bei dem alten Kollegium keine Beachtung fanden. Wie wir hören, bilden die nachstehenden 12 Anträge lediglich den Auftakt des kommunalpolitischen Programms der Göttinger NSDAP, das auf den vollkommenen Umbau der städtischen Verwaltung im Sinne der nationalen Regierung hinzielt.
1. Der Magistrat wird gebeten, alle Vorbereitungen zu treffen, um dem Führer zur völkischen Erneuerung und dem Kanzler des Deutschen Reiches Adolf Hitler zu seinem Geburtstage die Ehrenbürgerschaft der Stadt Göttingen anzubieten. [...]
8. Der Magistrat wird gebeten, keinerlei neue Aufträge auf Lieferung an städtischen Einrichtungen irgend welcher Art an jüdische Firmen zu erteilen. Ferner möge der Magistrat mit allen Mitteln darauf hinweisen, daß von den selbständigen städtischen Betrieben keinerlei Aufträge mehr an jüdische Firmen erteilt werden.
9. Der Magistrat wird gebeten, dafür zu sorgen, daß bestehende Lieferungsverträge der Stadt oder der selbständigen Betriebe mit jüdischen Firmen schnellmöglichst ihr Ende finden. [...]
12. Da festgestellt wurde, daß die als kommunistisch eingestellt bekannten Lehrer Hermann Küchemann, Knaben-Mittelschule, Rudolf Küchemann, Oberrealschule, sowie die Lehrerinnen Fräulein Ziems und Fräulein Adomeit, Mädchen-Mittelschule, noch bis unmittelbar vor den Osterferien ihr Lehramt versehen haben, wird der Magistrat gebeten, mit allen Mitteln dafür zu sorgen, daß diese Lehrkräfte bei Beginn des neuen Schuljahres keinen Unterricht mehr erteilen. Die national gesinnte Elternschaft Göttingens würde es als unerträglich empfinden, die Erziehung ihrer Kinder weiterhin kommunistisch gesinnten Lehrkräften anvertrauen zu müssen.
Dr. R. Ambronn, Stellvertretender Vorsitzender der Fraktion der NSDAP

**T 2 Die Partei erfaßt den Menschen**

*Aus den „Deutschlandberichten der Sozialdemokratischen Partei Deutschlands", 1934*

[...] Wie engmaschig dieses Netz ist, dafür ein Beispiel aus der Provinz Hessen-Nassau, die nach der letzten Volkszählung eine Wohnbevölkerung von 2583500 hat. In einem Bericht über den Erfolg der Reorganisation des Gaues Hessen-Nassau der NSDAP teilte das Gaupresseamt wörtlich folgendes mit: „Der Gau gliedert sich in: 38 Kreise, 750 Ortsgruppen und 532 selbständige Stützpunkte, diese sind wiederum eingeteilt in 2217 Zellen und 7979 Blocks. Damit ist das gesamte Gebiet des Gaues Hessen-Nassau bis zum letzten bewohnten Haus politisch erfaßt. Die außer dem Gauleiter zur politischen Kontrolle und Bearbeitung dazu eingesetzten Hoheitsträger, Block- und Zellenwarte der Partei kommen zusammen mit den den Hoheitsträgern beigegebenen Stabswaltern auf

23 753 Politische Leiter im Gau Hessen-Nassau,
5 423 Amtswalter der NSBO, (Nationalsozialistische Betriebsorganisation)
1 762 Amtswalter der NS-Hago,
1 021 Amtswalter der NS-Beamtenschaft,
1 227 Leiterinnen der NS-Frauenschaft,
2 556 Amtswalter der NSV (Nationalsozialistische Volkswohlfahrt).

Diese Zahlen zusammengesetzt ergeben 33165 Politische Leiter und Amtswalter der Partei mit einer direkten Gefolgschaft inkl. Mitglieder der Partei selbst von 427000 Volksgenossen.

Bei diesen Zahlen sind nicht berücksichtigt: 96000 Mitglieder der HJ, JV, BDM und vor allem die Kolonnen der SA und SS. Weiterhin sind in diesen Zahlen noch nicht erhalten, die vielen Hundertausende Mitglieder der Deutschen Arbeitsfront, die der NSBO untersteht."

Von jedem Blockwart wird eine umfangreiche Karthotek geführt, die eingehende Angaben über jeden einzelnen Bewohner des Blocks enthält, z. B. über folgende Punkte: politische Tätigkeit, bezogenen Zeitungen, Mitgliedschaft in Nazi-Organisationen, frühere Mitgliedschaft bei inzwischen verbotenen Parteien usw. Dieses Überwachungssystem wird wirksam ergänzt durch den noch immer im Aufbau befindlichen Reichsluftschutzbund.

Auch mit Hilfe dieser Organisation, die jedes Haus erfassen will und neuerdings auch auf dem flachen Lande verstärkte Wirksamkeit entfaltet, ist eine ständige Überwachung und organisatorische „Betreuung" der gesamten Bevölkerung durchzuführen. [...]

(Deutschlandberichte der Sozialdemokratischen Partei Deutschlands [Sopade] Salzhausen, Frankfurt 1980, 1/1934, S. 182f.).

**T 3 Das Eintopfgericht und die Gefolgschaftstreue, November 1933**

*Aus dem Göttinger Tageblatt vom 4./5. 11. 1933*

Der Sonntag ist der zweite Sonntag des Eintopfgerichtes. Es gibt keinen Zweifel darüber, daß das deutsche Volk seinen Führer verstanden hat und bereit sein wird, den Willen zur spartanischen Einfachheit seines Kanzlers in einem Umfange zu erfüllen, der beweisen soll, daß der Sozialismus der Tat kein leerer Begriff für den deutschen Menschen ist, sondern Ausdruck einer moralischen Verpflichtung darstellt. Das Geheimnis der nationalsozialistischen Weltanschauung beruht in der Forderung, daß Gemeinnutz vor Eigennutz geht. Die Erfüllung dieser Forderung ist auch die vom Führer geforderte Gefolgschaftstreue. Und wenn wir bedenken, wie wenig Opfer im Grunde genommen die Forderung des Eintopfgerichtes bedeutet, dann müssen wir alle am Sonntag bekennen, daß der Tag des Eintopfgerichtes von allen deutschen Menschen zu einem Fest des Opfers erwählt wurde. Die vielfach verbreitete Ansicht, daß mit dem regelmäßigen Gehalts- und Lohnabzug für das Winterhilfswerk, mit dem sich erfreulicherweise zahlreiche Volksgenossen einverstanden erklärt haben, die Beteiligung am Eintopfgericht und die Spendengabe an den Sammel-Sonntagen abgegolten sei, ist irrig. Deshalb wird die gesamte Bevölkerung Göttingens aufgerufen sich ausnahmslos am Sonntag am Eintopfgericht und an der Sammlung zu beteiligen.

SS-Männer werden die durch das Eintopfgericht ersparten Beträge in allen Haushaltungen einkassieren. Der abgeführte Betrag muß von den Gebern in den vorgelegten Listen eingetragen werden. Die Volksgenossen, die in Gaststätten das Eintopfgericht einnehmen, erhalten dort eine Quittung als Ausweis. Bei der Straßensammlung werden Ansteckblumen – Narzissen – als Ausweis abgegeben. Am Sonntag darf kein Göttinger ohne diese Ansteckblume angetroffen werden! M. Hagemann, Kreiswalter der NSV.

**T 4 Umgestaltung der Gesellschaft in Thalberg**

[...] Die Thalburger Juden wurden einfach aus der Gemeinde im ganzen ausgeschlossen. Und gleichzeitig unternahmen die Nationalsozialisten die schwerste ihrer Herkulesarbeiten: die Zersplitterung der gesamten Gemeinschaft. Obwohl die Methoden dabei wechselten, war das Ergebnis überall das gleiche, und bis zum Sommer 1933 waren die einzelnen Thalburger ebenso von jedem wirklichen gesellschaftlichen Verkehr miteinander abgeschnitten wie die Juden von den übrigen Bewohnern der Stadt. Die völlige Umgestaltung der Gesellschaft war das wichtigste Ergebnis der nationalsozialistischen Revolution. Schließlich gab es überhaupt keine unabhängigen gesellschaftlichen Gruppen mehr. Denn wo zwei oder drei versammelt waren, da war der Führer mitten unter ihnen. Schließlich sollte alle Gesellschaft, soweit es dabei um die zwischenmenschlichen Beziehungen ging, zu existieren aufhören, oder sie sollte vielmehr in einem neuen Rahmen funktionieren, in dem jeder einzelne nicht mehr auf seine Mitmenschen, sondern ausschließlich auf den Staat und den Führer bezogen war, der persönlich zur Verkörperung des Staates wurde.

Der Nutzen einer allgemeinen Umgruppierung des gesellschaftlichen Aufbaus im Hinblick auf die diktatorische Beherrschung läßt sich leicht vorstellen. In erster Linie bedeutet diese Umgruppierung, daß man die Menschen bequemer überwachen konnte, da alle Vereine von Nationalsozialisten geleitet wurden. Zum anderen gab es, wenn alte gesellschaftliche Bindungen zerrissen waren, weniger Gelegenheit für die Verbreitung von Unzufriedenheit. Drittens wurden die Mitglieder, wenn man allen Organisationen den nationalsozialistischen Stempel aufdrückte, in das allgemeine nationalsozialistische System eingebaut. [...]

Dagegen verloren Vereine, die sich aus Gründen des rein gesellschaftlichen Verkehrs gebildet hatten oder die nur nebenher ein bestimmtes Ziel verfolgten, entweder völlig an Bedeutung, oder sie hörten auf zu bestehen, oder sie wurden von anderen aufgeschluckt. Das lag zum Teil daran, daß die Nationalsozialisten es nicht wünschten, wenn Menschen lediglich aus gesellschaftlichen Gründen zusammenkamen, wobei Diskussionen den ersten Platz einnahmen. Außerdem war das auch eine Nebenwirkung der Revolution, da die ungeheuren Forderungen, die an die Zeit und Energie der Menschen gestellt wurden, rein gesellschaftliche Zusammenkünfte immer mehr erschwerten. Und schließlich war es eine Folge des Zusammenbruchs des zwischenmenschlichen Vertrauens unter den Angriffen von Terror und Gerüchten. Das beharrliche Bemühen der Nationalsozialisten, alle Organisationen zu politisieren, vergiftete die Atmosphäre in den bisher blühenden Vereinen. Wie es ein Thalburger ausdrückte: „Es gab kein gesellschaftliches Leben mehr; es gab nicht mal einen Kegelklub."

Wenn solch eine Organisation aufgefordert wurde, ihren Vorstand aufzulösen und einen neuen mit nationalsozialistischer Mehrheit zu wählen, wurde allgemein angenommen, daß das gesetzlich notwendig sei. Man hätte etwas anderes festgestellt, wenn man die Legalität solcher Anordnungen bestritten hätte. Doch das tat in diesen ersten Monaten der nationalsozialistischen Ordnung niemand. Und danach war es zu spät. So fand diese ungeheure Umgruppierung ohne offenen Widerstand statt. [...]

(W. S. Allen, Das haben wir nicht gewollt, Gütersloh 1966, S. 222ff.)

## T 5 Göttingen hört die Radiorede Hitlers zur Volksabstimmung über den Austritt aus dem Völkerbund, November 1933

*Aus dem Göttinger Tageblatt vom 11./12.11. 1933*

Göttingens Straßen tragen seit gestern wieder reichen Fahnenschmuck. Dazwischen leuchten die weißen Transparente mit den Aufschriften der Parolen für den 12. November. Der Spiegel der Asphaltstraßen zeigte sich als ein besonders dankbarer und in die Augen fallender Träger der Abstimmungsparolen. Riesige Hakenkreuze mit entsprechenden Umschriften sind an den Straßenkreuzungen auf den Asphalt gemalt. Und in den Häusern sind die Fensterscheiben mit kleinen Wahlplakaten wie gepflastert. Eine Propaganda wahrhaft amerikanischen Ausmaßes!

Als die Luftschutzsirene vom Johanniskirchturm ihre gellende Stimme erhob, schwieg in ganz Göttingen der Lärm der Arbeit. Auf den Straßen verharrten die Fußgänger und Fahrzeuge 60 Sekunden in lautloser Stille. Alle Geschäfte schlossen ihre Pforten, alle Räder standen still. Dann erhoben die Glocken von den Türmen der Stadt ihre eherne Stimme und die Menschen stürmten zu den Lautsprechern: Des Volkes Führer begann zu 60 Millionen zu sprechen. In den Betrieben, bei den Behörden, in den Schulen, in allen Haushaltungen lauschte die Göttinger Bevölkerung der Mahnung des Führers an die Arbeiter der Stirn und der Faust. Die Stadt lag in dieser Stunde wie ausgestorben. Erst um 2 Uhr begann sich das Leben wieder zu regen. Der ganze Rest des Tages stand unter dem Eindruck dieser einzigartigen Kundgebung.

### Problem und Diskussion

**1** *Erläutern Sie, welche Informationen über die Absichten der Nationalsozialisten die Bürger Göttingens aus ihrer Tageszeitung im April 1933 entnehmen konnten (T 1).*

**2** *Beschreiben Sie mit Hilfe von T 2 und T 3 Aspekte des Alltags unter der Herrschaft des Nationalsozialismus.*

**3** *Versuchen Sie mit Hilfe lokaler Tageszeitungen den Alltag der Jahre 1933 und 34 in ihrem Heimatort zu beschreiben.*

**Abb. 20 Die Rede des Führers.** Keiner konnte sagen, er habe keine Gelegenheit gehabt, sie zu hören. Plakat vom 21. 5. 1935.

**Abb. 21 Paul Mathias Padua: „Der Führer spricht", 1937.** Hitlerbild und Volksempfänger haben das Kruzifix abgelöst.

## 5.2 Die Kirchen unter der NS-Herrschaft

Die Haltung der beiden großen Kirchen gegenüber dem Nationalsozialismus war zunächst sehr widersprüchlich und für viele Kirchenmitglieder verwirrend. Schon vor der Machtübertragung an Hitler hatte sich innerhalb der evangelischen Landeskirchen eine nationalsozialistisch geprägte Gruppierung herausgebildet, die „Deutschen Christen", die bei den Kirchenwahlen im November 1932 in Preußen mit einem nationalsozialistischen Programm ein Drittel der Sitze in den Kirchengemeinden gewannen. Etwa 20% der Pfarrer und eine weit größere Anzahl der Gemeindeglieder zählten sich zu ihnen und unterstützen den Ruf nach einer reichseinheitlichen Kirche mit einem „Reichsbischof" an der Spitze. In der reichseinheitlichen Kirche sollten die bisherigen 29 Landeskirchen aufgehen.
Bei den der Evangelischen Kirche von den Nationalsozialisten aufgezwungenen Kirchenwahlen am 23. Juli 1933 gewannen die „Deutschen Christen" etwa 70% der Stimmen. Sie setzten auf der Preußischen Generalsynode vom 5. September 1933 in Berlin den sogenannten „Arier-Paragraphen" für den kirchlichen Bereich durch und bestimmten, daß nur derjenige Pfarrer sein könne, der arischer Abstammung ist und rückhaltlos für den nationalen Staat und die deutsche evangelische Kirche eintritt. Auch durfte er nicht mit einer „nichtarischen" Frau verheiratet sein. Gegen diesen Arier-Paragraphen wandten sich insbesondere Martin Niemöller und Dietrich Bonhoeffer, die ihn mit dem Wesen der Kirche für unvereinbar erklärten.
Dem von Niemöller gegründeten Pfarrer-Notbund, der sich gegen den Arier-Paragraphen einsetzte, traten etwa 6000 Pfarrer bei. Die evangelischen Christen und theologischen Fakultäten blieben zunächst in der Judenfrage gespalten und unentschieden. Im Frühjahr 1934 versuchten die „Deutschen Christen" und der von Hitler neu ernannte Reichsbischof Müller die Landeskirchen zu beseitigen und das Kirchenprogramm der „Deutschen Christen" durchzusetzen. Gegen diese Maßnahmen entwickelte sich auf der Grundlage der Beschlüsse der ersten Bekenntnissynode von Barmen, auf der sich im Mai 1934 oppositionelle evangelische Geistliche und Theologen getroffen hatten, eine starke Opposition. Auf der Bekenntnissynode von Barmen hatten Lutheraner, reformierte und unierte evangelische Christen in Anlehnung an die Theologie von Karl Barth die „Barmer Erklärung" als entschiedene Zurückweisung des Programms der „Deutschen Christen" formuliert und dieses als Irrlehre verworfen. Auf der zweiten Bekenntnissynode in Berlin-Dahlem am 19. 10. 1934 wurde den Kirchenleitungen, die in der Hand der „Deutschen Christen" waren, der Gehorsam aufgekündigt. Die evangelischen Gemeinden wurden aufgefordert, nur den Anordnungen der Bekennenden Kirche und den neugegründeten vorläufigen Kirchenleitungen Folge zu leisten.
Die evangelische Kirche blieb gespalten. Viele Pfarrer und Gemeindeglieder konnten sich aufgrund der evangelischen Tradition zu einem Bruch mit dem Staat nicht durchringen. Zahlreiche Mitglieder der Bekennenden Kirche wurden wegen ihrer Äußerungen und Predigten vom NS-Regime verfolgt, vor Gericht gestellt oder in ein Konzentrationslager eingeliefert.
Die katholische Kirche hatte zunächst die Ideologie des Nationalsozialismus scharf verurteilt und den Gläubigen die Zugehörigkeit zur NSDAP untersagt. Nach der Machtübertragung an Hitler und dessen Zusagen, die Rechte der Kirchen unangetastet zu lassen, schloß der Vatikan überraschend am 30. 3. 1933 das in der Weimarer Republik vorbereitete Konkordat (Staatsvertrag) mit der neuen nationalsozialistischen Regierung im Frühjahr 1933 ab. In ihm wurden die Rechte der katholischen Kirche gesichert, insbesondere die katholische Jugendarbeit und der Religionsunterricht. Als Preis hierfür verbot der Vatikan den katholischen Priestern die parteipolitische Betätigung. Durch das Konkordat mit dem NS-Regime wurden die katholischen Gläubigen überrascht und auch dadurch verwirrt, daß die Bischöfe nun ihren öffentlichen Widerstand gegen den Nationalsozialismus und dessen Ideologie einstellten.

Außenpolitisch brachte der Abschluß des Konkordates dem neuen Regime eine erste große Anerkennung. Innenpolitisch wurde der religiös motivierte Widerstand vieler Katholiken gegenüber dem Nationalsozialismus stark geschwächt. Erst nach 1936 korrigierten zunächst einzelne, dann fast alle Bischöfe ihre öffentliche Haltung gegenüber Hitler und dem Nationalsozialismus, als deutlich wurde, daß dieser den Kampf gegen die Kirche fortsetzte. In einer von allen Kanzeln verlesenen Enzyklika des Papstes „Mit brennender Sorge“ verurteilte Papst Pius XI. 1937 die permanenten Vertragsbrüche der Nationalsozialisten, die Verfolgungen von Priestern und die Behinderung der kirchlichen Arbeit. Der Papst verurteilte nun die nationalsozialistische Ideologie, da diese mit der katholischen Glaubenslehre unvereinbar sei. Einzelne Pfarrer, die in ihren Predigten die Unrechtstaten des nationalsozialistischen Regimes anprangerten, wurden von der Gestapo verhaftet, vor Gericht gestellt oder auch ähnlich wie die Glaubensbrüder der Bekennenden Kirche ohne Urteil in Konzentrationslager verschleppt.
Die beiden großen Kirchen protestierten auch gegen die Tötung von Geisteskranken. Aufgrund dieser Proteste wurde die Euthanasie aber nur nach außen hin eingestellt; im Verborgenen wurde sie bis zum Kriegsende weiterbetrieben. Die Diskriminierung und Verfolgung der jüdischen Mitbürger in Deutschland wurde von den beiden großen Kirchen dagegen kaum angeprangert, nur einzelne Christen halfen verfolgten Juden.

**T 1 Landesbischof Th. Wurm an Reichsinnenminister W. Frick, 19.7.1940**

[...] Aber immerhin – bis heute steht der Führer und die Partei auf dem Boden des positiven Christentums, das die Barmherzigkeit gegen leidende Volksgenossen und ihre menschenwürdige Behandlung als eine Selbstverständlichkeit betrachtet. Wird nun aber eine so ernste Sache wie die Fürsorge für Hunderttausende leidende und pflegebedürftige Volksgenossen lediglich vom Gesichtspunkt des augenblicklichen Nutzens aus behandelt und im Sinne einer brutalen Ausrottung dieser Volksgenossen entschieden, dann ist damit der Schlußstrich unter eine verhängnisvolle Entwicklung gezogen und dem Christentum als einer das individuelle und das Gemeinschaftsleben des deutschen Volkes bestimmenden Lebensmacht endgültig der Abschied gegeben. Damit ist aber auch § 24 des Parteiprogammes hinfällig geworden. Die Berufung darauf, daß nur das konfessionelle Christentum, nicht aber das Christentum als solches bekämpft werde, verfängt hier nicht; denn alle Konfessionen sind darin einig, daß der Mensch oder das Volk die ihm durch das Vorhandensein pflegebedürftiger Menschen auferlegte Last als von Gott auferlegt und zu tragen hat und nicht durch Tötung dieser Menschen beseitigen darf. Ich kann nur im Grausen daran denken, daß so, wie begonnen wurde, fortgefahren wird. Der etwaige Nutzen dieser Maßregel wird je länger je mehr aufgewogen werden durch den Schaden, den sie stiften werden. Wenn die Jugend sieht, daß dem Staat das Leben nicht mehr heilig ist, welche Folgerungen wird sie daraus für das Privatleben ziehen? Kann nicht jedes Rohheitsverbrechen damit begründet werden, daß für den Betreffenden die Beseitigung eines anderen von Nutzen war? Auf dieser schiefen Ebene gibt es kein Halten mehr. Gott läßt sich nicht spotten, er kann das, was wir auf der einen Seite als Vorteil gewonnen zu haben glauben, auf anderen Seiten zum Schaden und Fluch werden lassen. Entweder erkennt auch der nationalsozialistische Staat die Grenzen an, die ihm von Gott gesetzt sind, oder er begünstigt einen Sittenverfall, der auch den Verfall des Staates nach sich ziehen würde. Ich kann mir denken, Herr Minister, daß dieser Einspruch als unbequem empfunden wird. Ich wage auch kaum die Hoffnung auszusprechen, daß meine Stimme gehört werden wird. Wenn ich trotzdem diese Darlegungen gemacht habe, so tat ich es in erster Linie deshalb, weil die Angehörigen der betroffenen Volksgenossen von der Leitung einer Kirche einen solchen Schritt erwarten. Sodann bewegt mich allerdings auch der Gedanke, daß dieser Schritt vielleicht doch zu einer ernsten Nachprüfung und zum Verlassen dieses Weges Anlaß geben könnte.

Dixi et salvavi animam meam!

Heil Hitler
Ihr ergebener
gez. Wurm

(J. Beckmann, Kirchliches Jahrbuch für die evang. Kirche, 60-71. Gütersloh 1948, S. 414 f.)

**T 2 Predigt des Bischofs von Münster Clemens August v. Galen, 3.8.1941**

[...] Ich hatte bereits am 26. Juli bei der Provinzialverwaltung der Provinz Westfalen, der die Anstalten unterstehen, der die Kranken zur Pflege und Heilung anvertraut sind, schriftlich ernstesten Einspruch erhoben. Es hat nichts genützt. Der erste Transport der schuldlos zum Tode Verurteilten ist von Marienthal abgegangen. Und aus der Heil- und Pflegeanstalt War-

stein sind, wie ich höre, bereits 800 (achthundert) Kranke abtransportiert.
So müssen wir damit rechnen, daß die armen, wehrlosen Kranken über kurz oder lang umgebracht werden. Warum? Nicht weil sie ein todeswürdiges Verbrechen begangen haben, nicht etwa, weil sie ihren Wärter oder Pfleger angegriffen haben, so daß diesem nichts anderes übrigblieb als daß er zur Erhaltung des eigenen Lebens in gerechter Notwehr dem Angreifer entgegentrat. Das sind Fälle, in denen neben der Tötung des bewaffneten Landesfeindes im gerechten Krieg Gewaltanwendung bis zur Tötung erlaubt und nicht selten geboten ist.
Nein, hier handelt es sich um Menschen, unsere Mitmenschen, unsere Brüder und Schwestern – arme Menschen, kranke Menschen – „unproduktive Menschen“ meinetwegen. Aber haben sie damit das Recht auf das Leben verwirkt? Hast du, habe ich nur solange das Recht zu leben, als wir produktiv sind, solange wir als produktiv von andern anerkannt werden?
Wenn man den Grundsatz aufstellt und anwendet, daß man den „unproduktiven Menschen“ töten darf, dann wehe uns allen, wenn wir alt und altersschwach werden! Wenn man die „unproduktiven Menschen“ töten darf, dann wehe den Invaliden, die im Produktionsprozesse ihre Kraft, ihre gesunden Knochen eingesetzt, geopfert und eingebüßt haben!
Wenn man die „unproduktiven Menschen“ gewaltsam beseitigen darf, dann wehe unseren braven Soldaten, die als Schwerkriegsverletzte, als Krüppel, als Invalide in die Heimat zurückkehren!
Wenn einmal zugegeben wird, daß Menschen das Recht haben, „unproduktive Menschen“ zu töten, und wenn es jetzt zunächst auch nur arme, wehrlose Geisteskranke betrifft, dann ist grundsätzlich der Mord an allen unproduktiven Menschen, also an den unheilbar Kranken, den arbeitsunfähigen Krüppeln, den Invaliden der Arbeit und des Krieges, dann ist der Mord an uns allen, wenn wir alt und altersschwach und damit unproduktiv werden, freigegeben.
Wer kann da noch Vertrauen haben zu einem Arzt? Vielleicht meldet er den Kranken als „unproduktiv“ an und erhält die Anweisung, ihn zu töten. Es ist nicht auszudenken, welche Verwilderung der Sitten, welch allgemein gegenseitiges Mißtrauen bis in die Familien hineingetragen wird, wenn diese furchtbare Lehre geduldet, angenommen und befolgt wird! Wehe den Menschen, wehe unserm deutschen Volke, wenn das heilige Gebot Gottes „Du sollst nicht töten“, das der Herr unter Donner und Blitz verkündet hat, das Gott, der Schöpfer, von Anfang an in das Gewissen der Menschen geschrieben hat, nicht nur übertreten, sondern wenn diese Übertretung sogar geduldet und ungestraft ausgeübt wird! [...]
(Ursachen und Folgen, a.a.O., Bd. XIX, S. 518f.)

**Problem und Diskussion**

**1** *Informieren Sie sich über die Haltung der Kirchen gegenüber dem Nationalsozialismus und beurteilen Sie die Politik beider Kirchen gegenüber dem NS-Regime. (Literaturhinweise im Literaturverzeichnis.)*

**2** *Analysieren Sie die Begründungen der Proteste der beiden Kirchenführer gegen die Tötung von Geisteskranken (T 1 und T 2).*

**3** *Suchen Sie Gründe dafür, warum sich die Kirchen nicht in ähnlicher Weise gegen die Verfolgung bzw. Ermordung von Juden gestellt haben.*

## 5.3 Jugend unter der NS-Herrschaft

Bis 1933 gab es die Jugendabteilung der NS-Kampfverbände. Diese Hitlerjugend (HJ) hatte Ende 1932 ca. 100000 Mitglieder. Nach der Machtübertragung an Hitler und die NSDAP, im Sommer 1933, war sie – meist durch zum Teil erzwungene Übertritte großer Gruppen von Jugendlichen aus anderen, oft bündischen Jugendverbänden – auf 3,5 Mio. angewachsen. Die Verbindung der bündischen Traditionen aus der Zeit vor dem Ersten Weltkrieg und aus der Weimarer Zeit mit dem „revolutionären Gedankengut" der Nationalsozialisten und das Gefühl, hier am „Aufbruch in eine neue Zeit" teilhaben zu können, machte den Reiz der HJ aus. Daß beide, bündische Jugend wie Hitlerjugend, den Grundsatz vertraten, Jugend solle von Jugend geführt werden, schuf die Distanz zum Parteienstaat. So bot auch die HJ ein attraktives Gegenbild zu der Welt der Erwachsenen. Die Jugendlichen wurden durch Fahrten, Zeltlager, Heimabende und andere gemeinsame Unternehmungen angesprochen. Die HJ Uniform, die zahlreichen Ämter der Hitlerjugend und die Möglichkeit, eigenständig Verantwortung tragen zu können, waren für viele Jugendliche attraktiv. Besonders groß war der Zulauf bei der Organisation der 10- bis 14jährigen, „Jungvolk" und „Jungmädel". Die Schlagworte der Hitlerjugend „Führer und Gefolgschaft", „Ehre", „Treue", „Gemeinschaft", „Blut und Boden", „Rasse" usw. waren inhaltlich zum großen Teil auch schon in der Jugendbewegung vor 1933 bekannt und bestimmten dort das Denken der bürgerlichen Jugend. So war der Weg zur Hitlerjugend nicht weit. Nur streng kirchlich und die bisher demokratisch-politisch gebundene Jugend hatte es schwer, sich mit der neuen Lehre zu identifizieren.

Hitler wies der Hitlerjugend die zentrale Aufgabe zu, die Jugend im nationalsozialistischen Sinn zu erziehen und sicherzustellen, daß die Jugendlichen dem NS-Staat ergeben und unkritisch dienen würden. Die Erziehung der Jungen hatte das Ziel, „Soldaten der Bewegung" heranzubilden. Die Mädchen sollten auf die Mutterschaft im Sinne der nationalsozialistischen Frauenideologie vorbereitet werden.

Ab 1936 wurde die Hitlerjugend zur Staats-Jugend erklärt, ab 1939 war der Dienst in der Hitlerjugend Pflicht. Die zunehmende Militarisierung der Veranstaltungen und die offene Vorbereitung der Jugendlichen auf den Krieg führte dazu, daß eine größer werdende Zahl von Jugendlichen die Hitlerjugend ablehnte. Der „Dienst" in der Hitlerjugend wurde für sie zu einer lästigen Pflicht, der man sich, wo immer es möglich war, zu entziehen suchte. Doch aus der Verweigerung wurde nur selten „Widerstand".

Einige Jugendliche organisierten sich in spontanen Gruppen, die sich durch ihre Kleidung und durch ihre Freizeitgestaltung bewußt von der Hitlerjugend absetzten. Die bekanntesten dieser Gruppen waren die „Edelweiß-Piraten", die sich an Rhein und Ruhr während des Krieges bildeten.

In der Schule war die Hitlerjugend zunächst eine von den Lehrern gefürchtete Gegenmacht. „Revolutionäre" HJ-Führer stellten die Autorität der Lehrer in Frage. Bei Auseinandersetzungen zwischen Lehrern und Hitlerjugend ging die Hitlerjugend jeweils als Sieger hervor. Das überkommene Schulsystem wurde erschüttert. Die hohe Zahl der Störungen des regelmäßigen Unterrichts durch Veranstaltungen der Hitlerjugend führte zu einem Qualitätsverlust der Schulbildung. Daraufhin wurden die Aktivitäten der Hitlerjugend in der Schule etwas zurückgedrängt.

**Abb. 22 Ich trage die Fahne, 1936**

**Abb. 23 Im August 1933 wurde der „Hitler-Gruß" offiziell in den Schulen eingeführt.** Den Nationalsozialisten war die Schule ein zentraler Ort, an dem die Jugend im Sinne der NS-Ideologie beeinflußt werden sollte.

**Abb. 24 Kriegsversehrte Hitlerjungen, 9. November 1943.** Das Reichspropagandaministerium sperrte dieses Bild: es durfte nicht veröffentlicht werden.

**T 1 Rückblick eines HJ-Führers**

[...] Wir waren Hitler-Jungen, Kindersoldaten, längst ehe wir mit zehn Jahren für wert befunden wurden, das Braunhemd zu tragen. Schon vorher waren wir dauernd „im Einsatz". Wir sammelten Altpapier und Altmetalle, suchten Heilkräuter, schwangen fürs Winterhilfswerk die Sammelbüchse, bastelten Spielzeuge für Babies, führten zu Erheiterung der Soldatenfrauen politische Spielchen auf („In England wohnt ein alter Mann, der nie die Wahrheit sagen kann"), waren aufs „Dienen" vorbereitet, ehe wir als Pimpfe zwei- oder dreimal die Woche und oft auch noch am Sonntag zum „Dienst" befohlen wurden: „Du bist nichts, dein Volk ist alles!"

Wenn andere von der Pimpfenzeit schwärmen (als sei das Ganze nur ein Pfadfinderklub mit anderem Vorzeichen gewesen), so kann ich diese Begeisterung nicht teilen. Ich habe beklemmende Erinnerungen. In unserem Fähnlein bestanden die Jungvolk-Stunden fast nur aus „Ordnungsdienst", das heißt aus sturem militärischem Drill. Auch wenn Sport oder Schießen oder Singen auf dem Plan stand, gab es erst immer „Ordnungsdienst": endloses Exerzieren mit „Stillgestanden", „Rührt euch", „Links um", „Rechts um", „Ganze Abteilung – kehrt" – Kommandos, die ich noch heute im Schlaf beherrsche. Es ging zu wie bei Unteroffizier Himmelstoß (Figur aus Remarques Roman „Im Westen nichts Neues") auf dem Kasernenhof: Zwölfjährige Hordenführer brüllten zehnjährige Pimpfe zusammen und jagten sie kreuz und quer über Schulhöfe, Wiesen und Sturzäcker. Die kleinsten Aufsässigkeiten, die harmlosesten Mängel an der Uniform, die geringste Verspätung wurden sogleich mit Strafexerzieren geahndet – ohnmächtige Unterführer ließen ihre Wut an uns aus. Aber die Schikane hatte Methode: Uns wurde von Kindesbeinen an Härte und blinder Gehorsam eingedrillt. Auf das Kommando „Hinlegen" hatten wir uns mit bloßen Knien in die Schlacken zu werfen; bei Liegestützen wurde uns die Nase in den Sand gedrückt; wer bei Dauerlauf außer Atem geriet, wurde als „Schlappschwanz" der Lächerlichkeit preisgegeben.

Wie haben wir das nur vier Jahre ertragen? Warum haben wir unsere Tränen verschluckt, unsere Schmerzen verbissen? Warum nie den Eltern und Lehrern geklagt, was uns da Schlimmes widerfuhr? Ich kann es mir nur so erklären: Wir alle waren vom Ehrgeiz gepackt, wollten durch vorbildliche Disziplin, durch Härte im Nehmen, durch zackiges Auftreten den Unterführern imponieren. Denn wer tüchtig war, wurde befördert, durfte sich mit Schnüren und Litzen schmücken, durfte selber kommandieren, und sei es auch nur die fünf Minuten, in denen der „Führer" hinter den Büschen verschwunden war. Jugend muß durch Jugend geführt weden, lautete die Losung. In der Praxis hieß das: Wer oben ist, darf treten.

Mit dreizehn hatte ich es geschafft: Ich wurde „Jungzugführer" in einem Dörflein, wo es nur zwölf Pimpfe gab. Beim Sport und beim Geländespiel vertrugen wir uns prächtig, und wenn ich zum Dienstschluß mein „dreifaches Sieg Heil auf unseren geliebten Führer Adolf Hitler" ausrief, strahlten die Augen „meiner Kameraden". Doch der befohlene „Ordnungsdienst" langweilte sie. Eines Tages muckten sie auf. Nun war die Reihe an mir zu treten. Nach Dienstschluß um sechs Uhr abends knöpfte ich mir (um im Jargon jener Jahre zu reden) die drei ärgsten „Rabauken" vor und „schliff sie nach Strich und Faden": ‚Hinlegen – auf', ‚An die Mauer – marsch – marsch', ‚Zurück – marsch – marsch', ‚Tiefflieger von links', ‚von rechts' ‚von links', ‚zehn Liegestützen', ‚fünfzehn Liegestützen', ‚zwanzig' – so in immer schnelleren Wechseln. Ich brauchte nur zu brüllen, den Daumen auf und ab zu bewegen und die Liegestützen zu zählen, ganz so, wie ich es als Sechsjähriger schon beim Strafexerzieren des Reichsarbeitsdienstes mitangesehen hatte. Die armen Kerle stöhnten, schwitzten, schnappten nach Luft – aber sie gehorchten. Ihr (Eigen-)Wille war gebrochen. [...]

(K.-H. Janßen, Eine Welt brach zusammen. In: H. Glaser/A. Silenius (Hrsg.), Jugend im Dritten Reich. Frankfurt 1975, S. 89–91)

**T 2 Adolf Hitler: . . . und sie werden nicht mehr frei ihr ganzes Leben**

*Rede vor der Reichenberger Hitlerjugend, 4. 12. 1938*

[. . .] Diese Jugend, die lernt ja nichts anderes als deutsch denken, deutsch handeln! Und wenn diese Knaben mit 10 Jahren in unsere Organisation hineinkommen und dort oft zum erstenmal überhaupt eine frische Luft bekommen und fühlen, dann kommen sie vier Jahre später vom Jungvolk in die Hitlerjugend, und dort behalten wir sie wieder vier Jahre. Und dann geben wir sie erst recht nicht zurück in die Hände unserer alten Klassen- und Standeserzeuger (Lachen), sondern dann nehmen wir sie sofort in die Partei, in die Arbeitsfront, in die SA oder in die SS, in das NSKK usw. Und wenn sie dort zwei Jahre oder eineinhalb Jahre sind und noch nicht ganze Nationalsozialisten geworden sein sollten (Lachen), dann kommen sie in den Arbeitsdienst und werden dort wieder 6 und 7 Monate geschliffen, alles mit einem Symbol, dem deutschen Spaten (Beifall). Und was dann nach 6 oder 7 Monaten noch an Klassenbewußtsein oder Standesdünkel da oder da noch vorhanden sein sollte, das übernimmt dann die Wehrmacht zur weiteren Behandlung auf zwei Jahre (Beifall), und wenn sie nach zwei, drei oder vier Jahren zurückkehren, dann nehmen wir sie, damit sie auf keinen Fall rückfällig werden, sofort wieder in die SA, SS usw., und sie werden nicht mehr frei ihr ganzes Leben. [. . .]

(Nach: Lautarchiv des Deutschen Rundfunks, Nr. C 1326)

**Problem und Diskussion**

**1** *Diskutieren Sie, inwieweit für Sie die Hitlerjugend attraktiv gewesen wäre. Ziehen Sie zu dieser Diskussion T 1 hinzu und versuchen Sie ihre eigenen Empfindungen als Führer und Geführter mit in die Diskussion einzubringen.*

**2** *Beschreiben Sie die Unterschiede zwischen heutigen Jugendverbänden und der Hitlerjugend und bewerten Sie diese.*

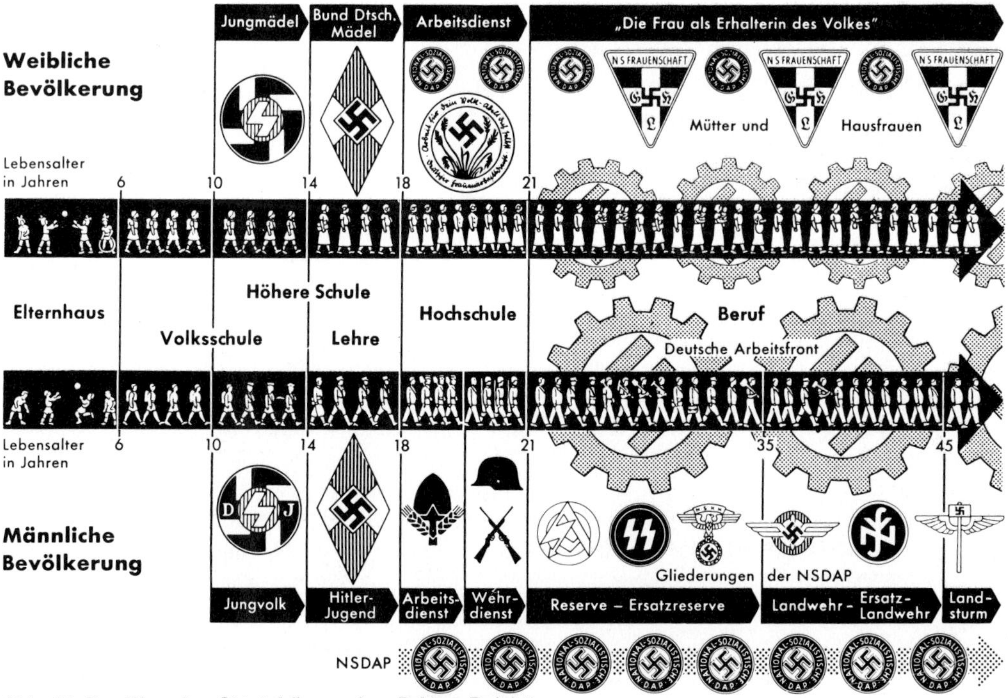


**Abb. 25 Der Weg des Staatsbürgers im „Dritten Reich"**

**Parteiorganisationen und angeschlossene Verbände:**
Nationalsozialistisches Kraftfahrerkorps **(NSKK),** Sturmabteilungen **(SA),** Schutzstaffeln **(SS),** Hitler-Jugend **(HJ), NS-Frauenschaft, NS-Deutscher Studentenbund** und **NS-Deutscher Dozentenbund: Gliederungen der NSDAP** zur Organisation propagandistischer Massenveranstaltungen und paramilitärischer Ausbildung.
**NSV:** Nationalsozialistische Volkswohlfahrt, wie **NS-Lehrer-, Ärzte-, Beamten-, Rechtswahrer-** und **Techniker-Bund** sowie Deutsche Arbeitsfront **(DAF), angeschlossener Verband der NSDAP** mit sozial- und gesundheitspolitischen Aufgaben.
**Politische Leiter:** führende Funktionäre der NSDAP, wie z. B. Blockwarte, Zellen- und Sektionsleiter, Kreis- und Gauleiter, die die Durchsetzung der weltanschaulich-politischen Grundsätze der Partei zu überwachen hatten.

**Abb. 26 Plakat der Deutschen Arbeitsfront,** vermutlich aus dem Jahr 1933.

## 5.4 Die Situation der Industriearbeiter

Die Beseitigung der Arbeitslosigkeit, vor allem die schnelle und sichtbare Senkung der Arbeitslosenzahlen, war für die Nationalsozialisten eine Voraussetzung für die Stabilisierung ihrer Herrschaft. Die „Arbeitsschlacht", wie sie ihren propagandistisch geschickt geführten Kampf zur Arbeitsbeschaffung nannten, erzeugte bei vielen Menschen das Gefühl, daß die Wirtschaft wieder in Gang komme. Mit kurzfristigen Notstandsprogrammen versuchten die Nationalsozialisten Arbeitsplätze zu schaffen; zum Teil griffen sie auf Vorschläge zurück, die bereits 1932 im Reichsarbeitsministerium ausgearbeitet worden waren. So vergab die Regierung Hitler Subventionen und langfristige Kredite für Verschönerungs- und Reparaturarbeiten an Häusern, Kredite für den Neubau von Wohnungen oder die Teilung von großen Altbauwohnungen und forderte den öffentlichen Bau von Straßen und Anlagen. Vor allem wurden arbeitsintensive Erdarbeiten in Gang gesetzt, z. B. die Vorarbeiten für den Autobahnbau, die vom Reich mit relativ geringen Mitteln finanziert wurden und die gleichzeitig kurzfristig viele Menschen beschäftigte. Begleitet wurden diese Maßnahmen von einer beispiellosen psychologischen Bearbeitung der Handwerker und Unternehmer, die aufgefordert wurden, nun wieder Arbeitskräfte einzustellen, da sich unter der neuen Regierung die Wirtschaft positiv entwickeln würde.

**Abb. 27 Hitler spricht vor Rüstungsarbeitern, 1940.**

Durch Manipulationen an der Arbeitslosenstatistik und durch die Einberufung junger Leute in den „Freiwilligen Reichsarbeitsdienst“ konnte Hitler die Zahl der gemeldeten Arbeitslosen in einem halben Jahr drastisch senken. 1934 hatte sie sich im Vergleich zu 1932 halbiert. Die nun greifenden massiven Aufrüstungsprogramme und das Ausklingen der internationalen Weltwirtschaftskrise beseitigten die Massenarbeitslosigkeit. Der Rüstungsboom führte dazu, daß im Jahr 1938 Facharbeiter zur Mangelware wurden.

Aus den verfügbaren Daten lassen sich die Lebensverhältnisse der Arbeiter nur grob rekonstruieren. Die Zahl der Arbeitslosen sank langsam, die Arbeitsmarktlage war branchenspezifisch und regional stark unterschiedlich. Noch 1936 lag der Höchststand der Arbeitslosen bei 2,5 Mio. Die Reallöhne der Arbeiter erreichten erst 1937 das Niveau von 1928. Ihre Steigerung war im wesentlichen durch die Ausdehnung der Arbeitszeit zustande gekommen, aber nicht durch Lohnerhöhungen. Nach 1936 gelang es allerdings den Arbeitern in der Rüstungs- und Bauindustrie, durch kurzfristige Arbeitsverweigerungen Lohnerhöhungen durchzusetzen.

Innerhalb der Arbeiterschaft gab es starke Differenzierungen. Die Arbeiter der Rüstungsindustrie hatten sehr viel höhere Löhne als die Landarbeiter, die immer am unteren Ende der Lohnskala blieben. Bis 1936 war der Alltag eines Arbeiters in der Regel von Entbehrungen gekennzeichnet. Die Statistiken über die Arbeitsunfälle zeigen die starken Belastungen der Arbeiter. Während die Zahl der Beschäftigten von 1933 bis 1938 um ein Viertel stieg, verdoppelten sich die Arbeitsunfälle. Die kontinuierliche Abnahme der Arbeitslosenzahl und die Aussicht, überhaupt Arbeit zu finden, weckte zunächst bei vielen politisch nicht organisierten Arbeitern die Bereitschaft, sich auf das Regime einzulassen. Nur die ehemals politisch Organisierten und die in den Gewerkschaften ver-

wurzelten Arbeiter blieben trotz der nationalsozialistischen Sozialpolitik, die mit Zwang und Verführung die Arbeiter für sich gewinnen wollte, gegenüber dem Regime auf Distanz.
Bereits im März 1933 hatten SA-Trupps in spontanen Aktionen einzelne Gewerkschaftshäuser besetzt und sich auf diese Weise den Zugriff auf die Arbeiterorganisationen und deren Vermögen gewaltsam gesichert. Mit der Erklärung des 1. Mai zu einem staatlichen Feiertag („Tag der nationalen Arbeit“) gelang es den Nationalsozialisten, die Mehrzahl der Arbeiter und die Gewerkschaften über ihre wahren Ziele zu täuschen. Viele folgten im Glauben an das von Hitler propagierte Bündnis zwischen Arbeitgebern und Arbeitern den Maiaufrufen der Nationalsozialisten. Am 2. Mai 1933 wurden dann in einer zentral geplanten Aktion alle Gewerkschaftshäuser besetzt und die Vermögen der Gewerkschaften beschlagnahmt. An die Stelle der Gewerkschaften setzten die Nationalsozialisten im Mai 1933 die Deutsche Arbeitsfront (DAF), die später durch den Beitritt der Unternehmerverbände zum nationalsozialistischen Zwangsverband aller in der Industrie Beschäftigten wurde. Die DAF sollte vor allem die sozialpolitischen Belange der Arbeiter gegenüber den Unternehmern vertreten, hatte aber rechtlich kaum Einfluß auf die soziale Ausgestaltung in den Betrieben. Ihr Hauptarbeitsfeld wurde die Organisierung der Freizeit, mit der fast alle Freizeitbereiche erfassenden Organisation „Kraft durch Freude.“ Die DAF-Organisation „Kraft durch Freude“ (KdF) sollte die Arbeiter für ihre politische Entmündigung entschädigen. Zunächst setzte die DAF eine Verlängerung des bezahlten Urlaubs der Industriearbeiter von durchschnittlich drei auf sechs Tage durch. Zahlreiche Aktivitäten wie Wanderungen, Theaterbesuche, Konzertbesuche, Volkssportveranstaltungen und großartig propagierte Schiffsreisen waren die verlockenden Angebote der Organisation „Kraft durch Freude“. Viele Arbeiter nutzten diese Angebote, nicht nur weil sie besonders preisgünstig waren, sondern weil hier zum erstenmal überhaupt Arbeitern attraktive Angebote für den Freizeitbereich gemacht wurden. Die unpolitische Haltung der Teilnehmer bereitete dem NS-Regime Sorge, da die politischen Angebote, die stets mit den Freizeitangeboten verknüpft waren, von den Arbeitern kaum angenommen wurden.
Die soziale Wirklichkeit in Betrieben war dadurch gekennzeichnet, daß die Nationalsozialisten mit Hilfe der Gestapo (Geheime Staatspolizei) die Ruhe an den Arbeitsplätzen erzwangen. Neben die uneingeschränkte Unternehmermacht trat im Notfall die gefürchtete Gewalt der Gestapo, die alle Anzeichen von politischer Opposition in den Betrieben brutal unterdrückte. Die Arbeiter hatten ihre wenigen Mitbestimmungsrechte verloren, und die Fragen der Tarifauseinandersetzungen wurden autoritär durch „Treuhänder der Arbeit“, vom Reich ernannte Beamte, geregelt.
Mit dem „Gesetz zur Ordnung der nationalen Arbeit“ vom 20. Jan. 1934 wurde die Sozialverfassung der Weimarer Republik, soweit sie nicht längst zerstört war, endgültig aufgelöst. An der Spitze der „Betriebsgemeinschaft“ stand nun der Unternehmer als „Führer des Betriebes“. Die Angestellten und Arbeiter bildeten die „Gefolgschaft“. Im § 2 des Gesetzes hieß es: „Der Führer des Betriebes entscheidet der Gefolgschaft gegenüber in allen betrieblichen Angelegenheiten, soweit sie durch dieses Gesetz geregelt werden. Er hat für das Wohl der Gefolgschaft zu sorgen. Diese hat ihm die in der Betriebsgemeinschaft begründete Treue zu halten...“. An die Stelle des Betriebsrates trat ein einflußloser Vertrauensrat, dessen Mitglieder vom Betriebsführer und der NSDAP nominiert wurden. Der Vertrauensrat hatte die Aufgabe, Maßnahmen zu beraten, „die der Verbesserung der Arbeitsleistung, der Gestaltung, Durchführung der allgemeinen Arbeitsbedingungen, insbes. der Betriebsordnung ...“ dienen (§ 6). Mit Kriegsbeginn wurden die Rechte der Arbeiter in den Industriebetrieben noch weiter eingeschränkt. Die Arbeiter konnten aber auf betrieblicher Ebene aufgrund der Rüstungshochkonjunktur höhere Löhne durchsetzen. Zum Teil konnten sie während des Krieges ihre Lebensbedingungen im Betrieb auf Kosten der nach Deutschland verschleppten ausländischen Zwangsarbeiter und der Kriegsgefangenen, die mit besonders schweren Arbeiten beschäftigt wurden, verbessern. Es gab aber auch zahlreiche Arbeiter, die versuchten, das Los der Zwangsarbeiter und der Gefangenen durch heimliche Hilfe zu erleichtern.

## T 1 Zivile Arbeitsbeschaffung der öffentlichen Hand 1933–1934 (in Mio. RM)

| Verwendungszweck | Bis Ende 1933 | Insges. bis Ende 1934 |
|---|---|---|
| 1. Öffentlicher Bau (Wasserstraßen, Straßen- und Tiefbauten, öffentliche Gebäude, Brücken etc.) | 855,6 | 1002,4 |
| 2. Wohnungsbau | 723,3 | 1280,0 |
| 3. Verkehrsunternehmungen | 950,8 | 1683,9 |
| (Davon: Reichsautobahnen) | (50,0) | (350,0) |
| 4. Landwirtschaft und Fischerei (Meloriationen, landwirtschaftliche Siedlungen etc.) | 337,4 | 389,2 |
| 5. Konsumförderung | 70,0 | 70,0 |
| 6. Andere Zwecke | 164,0 | 568,0 |
| insgesamt | 3101,1 | 4993,5 |
| 7. Zum Vergleich: Rüstungsausgaben | 1900,0 | 5900,0 |

(Nach: H. E. Volkmann, Die NS-Wirtschaft in Vorbereitung des Krieges. In: Ursachen u. Voraussetzungen der Deutschen Kriegszielpolitik. Stuttgart 1979, S. 245)

## T 3 Industrieproduktion im Deutschen Reich 1928–1944 (Index), 1928 = 100

| | Insgesamt | Verbrauchsgüter (insgesamt) | Produktionsgüter insgesamt[a] | Bergbau[b] |
|---|---|---|---|---|
| 1928 | 100 | 100 | 100 | 100 |
| 1929 | 100 | 97 | 102 | 108 |
| 1930 | 87 | 91 | 84 | 94 |
| 1931 | 70 | 82 | 62 | 79 |
| 1932 | 58 | 74 | 47 | 70 |
| 1933 | 66 | 80 | 56 | 74 |
| 1934 | 83 | 93 | 81 | 83 |
| 1935 | 96 | 91 | 99 | 96 |
| 1936 | 107 | 98 | 114 | 107 |
| 1937 | 117 | 103 | 130 | 124 |
| 1938 | 125 | 108 | 144 | 126 |
| 1939 | 132 | 108 | 148 | 135 |
| 1940 | 128 | 102 | 144 | 165 |
| 1941 | 131 | 104 | 149 | 169 |
| 1942 | 132 | 93 | 157 | 177 |
| 1943 | 149 | 98 | 180 | 185 |
| 1944 | 146 | 93 | 178 | 163 |

[a] Ab 1938 zusammengesetzt aus Grundstoffen, Rüstungsgeräten, Bauten, übrige Investitionsgüter.
[b] 1933–1944 nur Kohlenbergbau.

(Alle Angaben für den jeweiligen Gebietsstand.)
(Nach: Ploetz, Das Dritte Reich. Freiburg 1983, S. 112)

## T 2 Arbeitslosigkeit

### a) Arbeitslose in Deutschland 1928–1940 (Jahresdurchschnitt)

| | abhängige Erwerbspersonen[a] in Tsd. | Arbeitslosigkeit: Arbeitslose[d] in Tsd. | Arbeitslosigkeit: in % d. Gewerkschaftsmitglieder | Arbeitslosigkeit: in % d. abhängigen Erwerbspersonen |
|---|---|---|---|---|
| 1928 | 21 995 | 1391 | 8,4 | 6,3 |
| 1929 | 22 418 | 1899 | 13,1 | 8,5 |
| 1930 | 21 916 | 3076 | 22,2 | 14,0 |
| 1931 | 20 616 | 4520 | 33,7 | 21,9 |
| 1932 | 18 711 | 5603 | 43,7 | 29,9 |
| 1933 | 18 540 | 4804 | (46,3)[e] | 25,9 |
| 1934 | 20 090 | 2718 | | 13,5 |
| 1935[b] | 20 886 | 2151 | | 10,3 |
| 1936 | 21 507 | 1593 | | 7,4 |
| 1937 | 22 347 | 912 | | 4,1 |
| 1938 | 23 222 | 429 | | 1,9 |
| 1939 | 24 372 | 119 | | 0,5 |
| 1940 | 28 592[c] | 52 | | 0,2 |

[a] Anhand der Statistik der gesamten Kassenversicherungsmitglieder der reichsgesetzlichen Krankenkassen, Knappschaftskassen und der Seekrankenkasse.
[b] Einschließlich Saargebiet, ohne Saarknappschaft.
[c] Ohne (annektierte) Ostgebiete.
[d] Für 1928 nicht amtliche, errechnete Zahlen der Vollarbeitslosen unter teilweiser Schätzung der Abzüge. Ab 1929 amtliche Zahlen der Reichsanstalt.
[e] Bezogen auf das 1. Halbjahr.

(Nach: Ploetz, Das Dritte Reich. Freiburg 1983, S. 99)

### b) Hoch- und Tiefpunkte der Arbeitslosigkeit 1933–1939 (in Tausend)

| | Hoch | Tief |
|---|---|---|
| 1933 | 6014 | 3715 |
| 1934 | 4059 | 2268 |
| 1935 | 2974 | 1706 |
| 1936 | 2520 | 1035 |
| 1937 | 1853 | 469 |
| 1938 | 1052 | 156 |
| 1939 | 456 | 74 |

(Nach: T. W. Mason, Arbeiterklasse und Volksgemeinschaft. Opladen 1975, S. 1238)

### T 4 Reallöhne der Arbeiter je Woche und Arbeitszeit durchschnittlich wöchentlich

| | Reallöhne je Woche 1928 = 100 (Index) | Arbeitszeit in Std. |
|---|---|---|
| 1928 | 100 | 46,0 |
| 1929 | 102 | – |
| 1930 | 97 | – |
| 1931 | 94 | – |
| 1932 | 86 | 41,5 |
| 1933 | 91 | 42,9 |
| 1934 | 94 | 44,6 |
| 1935 | 95 | 44,4 |
| 1936 | 97 | 45,6 |
| 1937 | 101 | 46,1 |
| 1938 | 105 | 46,5 |
| 1939 | 108 | 47,0 |

(Nach: Sozialgeschichtliches Arbeitsbuch III. Hg. v. D. Petzina u. a. München 1978, S. 98)

### T 5 Unfallanzeigen und Entschädigungen

| Jahr | Gemeldete Berufskrankheiten (Verletzte und Erkrankte) | Zahl der Entschädigungen für Verletzte/Erkrankte oder deren Hinterbliebene | Entschädigungen in Reichsmark |
|---|---|---|---|
| 1932 | 827 000 | 364 000 | 214 417 000 |
| 1933 | 929 600 | 585 600 | 252 984 000 |
| 1934 | 1 173 600 | 591 600 | 260 037 000 |
| 1935 | 1 354 300 | 614 500 | 274 227 000 |
| 1936 | 1 527 300 | 622 900 | 285 003 000 |
| 1937 | 1 799 500 | 641 300 | 301 317 000 |
| 1938 | 2 006 600 | 659 100 | 320 191 000 |

(Nach: K. Teppe, Zur Sozialpolitik des Dritten Reiches am Beispiel der Sozialversicherung. In: Archiv für Sozialgeschichte. Bonn, Neue Gesellschaft 17/1977, S. 231)

### T 6 Lebenslage der Arbeiter 1933–1936

[...] Noch 1936 war der Alltag wohl der meisten deutschen Arbeiter von Armut und Entbehrung gezeichnet, ganz abgesehen von dem Druck des politischen Terrors. Einen ungefähren Eindruck von den damals noch vorherrschenden materiellen Lebensbedingungen mag der Versuch vermitteln, das Haushaltsbudget einer Arbeiterfamilie zu rekonstruieren. Nach einer etwas schematischen Kalkulation des Wirtschaftsreferenten in der Reichskanzlei hätte sich im Jahr 1934 der Lohn eines niedrig bezahlten städtischen Arbeiters (25 RM pro Woche) in einem Fünf-Personen-Haushalt (Ehefrau und drei schulpflichtige Kinder) auf folgende Posten verteilen müssen: Abzüge 11%; Nahrungsmittel 54%; Miete, Heizung und Beleuchtung 30%; Bekleidung 2%. Zur besonderen Verwendung blieben ganze 73 Pf. übrig. Auffallend daran ist, daß Ausgaben für Verkehrsmittel, Bildung, Erholung oder für die Rückzahlung von Darlehen in der Aufstellung gar nicht vorkommen. Die bei diesem Einkommen mögliche Ernährung war außerordentlich karg bemessen: So entfielen pro Woche auf fünf Personen nicht mehr als zwei Pfund Fett und zweieinhalb Pfund Fleisch. Eier, Käse, Obst und Gemüse werden in der Statistik gar nicht aufgeführt. Wie sich fünf Personen mit zwei RM im Monat bekleiden sollten, wagte der Referent nicht zu schildern. Mochte auch in dieser Aufstellung, bei der die Zahlenangaben nur geschätzt waren, das Preisniveau zu hoch angesetzt worden sein, so vermittelt für das Jahr 1936 eine exakte Untersuchung der Haushaltsführung von Familien mit einem Durchschnittseinkommen von 32 RM pro Woche ein ähnliches Bild: Nur 1,5% des Einkommens blieben für Getränke übrig, nur 3,1% für Bildung, Unterhaltung und Erholung. Fast alle Familien dieser Einkommensgruppe waren hin und wieder auf öffentliche und private Unterstützungsquellen angewiesen. Es ist nicht möglich, die Zahl der Arbeiterhaushalte genau zu errechnen, die mit 32 RM pro Woche oder weniger auskommen mußten, sie war bestimmt nicht gering. Zu dieser Schicht der Notleidenden gehörten ohne Zweifel die Arbeitslosen, im Herbst 1936 noch immer über 1 Mill. Personen, zu denen im Winter weitere 800000 beschäftigungslose Saisonarbeiter hinzukamen. [...]

(T. W. Mason, Arbeiterklasse und Volksgemeinschaft, a.a.O., S. 72)

### T 7 Terror im Betrieb

*Bekanntmachung der NS-Betriebszelle Osramwerk D, Berlin, 24. 7. 1933*

Am Freitag, den 21. Juli 1933, nachmittags 18 Uhr ist in Gegenwart von Vertretern des Werkes D und des Geheimen Staatspolizeiamtes 20 Männern und Frauen, welche dem Betriebe angehörten oder noch angehören, folgender Beschluß des Geheimen Staatspolizeiamtes zur Kenntnis gebracht worden: Den Unterzeichneten ist heute im Gebäude des Geheimen Staatspolizeiamtes durch die Geheime Staatspolizei eröffnet, daß sie auf Anordnung der Geheimen Staatspolizei für mehrere Jahre in ein Konzentrationslager überführt werden, falls am Montag, den 24. Juli 1933, im Werk D der Osram GmbH Kommanditgesellschaft noch ein einziges mal durch Mund oder Schrift Propaganda für irgend eine Partei, ausgenommen die NSDAP, getrieben wird. Die Unterzeichneten bezeugen durch ihre eigenhändige Unterschrift, daß sie von Vorstehendem Kenntnis genommen haben.

gez. Böhme, Erich; Brückner, Bernh.; Eckert, Else; Fippel; Selma; Flögel, Richard; Golicz, Marie; Guse, Frieda; Hass, Martin; Hertzog, Paula; Löwa, Gustav;

Mielenz, Max; Müller, Richard; Näther, Emma; Plenzdorf, Marth.; Rosenthal, Martha; Schuch, Johann; Schmidt, Friedrich; Strak, Max; Vassmann, Heinrich; Wagenknecht, Walter; Wienke, Gustav.
Obige Anordnung wird sämtlichen Angestellten und Arbeitern des Werkes D zur Kenntnis gebracht.
gez. W. Böttcher gez. Keppler.
Die Werksleitung hofft, daß durch diese abschließende Maßnahme die für den Betrieb nötige Ruhe wieder einkehren wird.
(75 Jahre IG-Metall. Frankfurt 1966, S. 290).

### T 8 Gesetz zur Ordnung der Nationalen Arbeit (AOG), vom 20.1. 1934 (Auszüge)

Führer des Betriebes und Vertrauensrat
§ 1 Im Betriebe arbeiten der Unternehmer als Führer des Betriebes, die Angestellten und Arbeiter als Gefolgschaft gemeinsam zur Förderung der Betriebszwecke und zum gemeinen Nutzen von Volk und Staat.
§ 2 (1) Der Führer des Betriebes entscheidet der Gefolgschaft gegenüber in allen betrieblichen Angelegenheiten, soweit sie durch dieses Gesetz geregelt werden. (2) Er hat für das Wohl der Gefolgschaft zu sorgen. Diese hat ihm die in der Betriebsgemeinschaft begründete Treue zu halten.
§ 5 (1) Dem Führer des Betriebes mit in der Regel mindestens zwanzig Beschäftigten treten aus der Gefolgschaft Vertrauensmänner beratend zur Seite. Sie bilden mit ihm und unter seiner Leitung den Vertrauensrat des Betriebes.
§ 6 (1) Der Vertrauensrat hat die Pflicht, das gegenseitige Vertrauen innerhalb der Betriebsgemeinschaft zu vertiefen. (2) Der Vertrauensrat hat die Aufgabe, alle Maßnahmen zu beraten, die der Verbesserung der Arbeitsleistung, der Gestaltung und Durchführung der allgemeinen Arbeitsbedingungen, insbesondere der Betriebsordnung, der Durchführung und Verbesserung des Betriebsschutzes, der Stärkung der Verbundenheit aller Betriebsangehörigen untereinander und mit dem Betriebe und dem Wohle aller Glieder der Gemeinschaft dienen. Er hat ferner auf eine Beilegung aller Streitigkeiten innerhalb der Betriebsgemeinschaft hinzuwirken. Er ist vor der Festsetzung von Bußen auf Grund der Betriebsordnung zu hören. [...]
§ 9 (1) Der Führer des Betriebes stellt im Einvernehmen mit dem Obmann der Nationalsozialistischen Betriebszellen-Organisation im März jeden Jahres eine Liste der Vertrauensmänner und deren Stellvertreter auf. Die Gefolgschaft hat zu der Liste alsbald durch geheime Abstimmung Stellung zu nehmen. (2) Kommt zwischen dem Führer des Betriebes und dem Obmann der Nationalsozialistischen Betriebszellen-Organisation eine Einigung über die vorzuschlagenden Vertrauensmänner und deren Stellvertreter oder kommt ein Vertrauensrat aus einem anderen Grunde nicht zustande, billigt insbesondere die Gefolgschaft die Liste nicht, so kann der Treuhänder der Arbeit Vertrauensmänner und Stellvertreter in der erforderlichen Anzahl berufen. [...]
§ 26 In jedem Betriebe, in dem in der Regel mindestens zwanzig Angestellte und Arbeiter beschäftigt sind, ist vom Führer des Betriebes eine Betriebsordnung für die Gefolgschaft des Betriebes (§ 1) schriftlich zu erlassen. [...]
§ 28 (1) Die Verhängung von Bußen gegen die Beschäftigten ist nur wegen Verstoßes gegen die Ordnung oder die Sicherheit des Betriebes zulässig. Bußen in Geld dürfen die Hälfte des durchschnittlichen Tagesarbeitsverdienstes nicht übersteigen; für erhebliche, bestimmt zu bezeichnende Verstöße können jedoch Bußen bis zum vollen Betrage des durchschnittlichen Tagesarbeitsverdienstes vorgesehen werden. Die Verwendung der Bußen bestimmt der Reichsarbeitsminister. (2) Die Verhängung von Bußen erfolgt durch den Führer des Betriebes oder eine von ihm beauftragte Person nach Beratung im Vertrauensrat (§ 6), wenn ein solcher vorhanden ist. [...]
(Reichsgesetzblatt 1934, S. 45 ff.)

### T 9 Aus einem Bericht an den Exilvorstand der SPD über „Kraft durch Freude" (KdF), 1936

[...] Einen Einblick in die Vielgestaltigkeit des KdF-Programms bieten die von den einzelnen Gauen herausgegebenen Prospekte und Monatshefte. So veranstaltet der Gau Sachsen vom Januar bis September 1936 46 Gaufahrten, darunter 4 Seefahrten, außerdem 104 Bezirksfahrten, darunter ebenfalls 4 Seefahrten. Der Gau München-Oberbayern, der allein in München 83 Geschäftsstellen unterhält, hat im Mai 1936 neben Urlaubs- und Wanderfahrten folgende Veranstaltungen durchgeführt:
Theateraufführungen, Frauennachmittage, Kinderfeste, Fröhliche Samstagsnachmittage, Gymnastikkurse, Leichtathletik (Reichssportabz.), Sportspiele (auch Tennis), Schwimmkurse, Reitunterricht, Segelsportfahren an d. Ostsee, Vorträge, Führungen d. Museen usw.,
Bildungs-Arbeitsgemeinschaften, Fachkurse (Stenographie, Deutsch, Rechnen, Musik usw.), Kochkurse.
Unseren Berichten entnehmen wir:
Bayern [...] Die KdF hat jetzt ihre Wanderfahrten sehr ausgebaut. Es werden Tages- und Halbtagswanderungen, Radtouren usw. unternommen. Diese Wanderfahrten haben einen sehr großen Zuspruch, weil sie ausgezeichnet vorbereitet sind und glänzende Führer haben. Geologische und botanische Exkursionen, auch Führungen durch Kunstsammlungen sind in der letzten Zeit stark ausgebaut worden. Eigene KdF-Jugendwandergruppen haben sich gebildet. Die Beliebtheit der KdF-Veranstaltungen ist sehr groß geworden. Auch der einfache Arbeiter kann sich solche Wanderungen leisten, denn sie kommen meist billiger als jede Privatwanderung.

Die KdF wird bei fast allen Volksgenossen als eine wirklich anerkennenswerte Leistung des Nationalsozialismus gewertet. [...]
Über Kraft durch Freude geht hier das geflügelte Wort um: „Die Bonzen fahren nach Madeira. Die Kleinen erhalten eine Straßenbahnrundfahrt in Dresden."
In Sachsen haben mehrere Korruptionsfälle bei der KdF viel Gemecker hervorgerufen. Die Art, wie die KdF Exkursionen durchführt, stößt viele Arbeiter ab. Man fährt aus wie eine Hammelherde und die alberne Erklärerei vor jedem Denkmal und jedem Bild, die der Vertiefung der nationalsozialistischen Weltanschauung dienen soll, widert manchen an. Für KdF hat man einige kräftige Namen gefunden: Bonzenbordell, Posten-Vermittlungs A.G., Ehevermittlung usw. [...]
Auf einem Schwimmkursus der „Kraft durch Freude" an dem über 50 Frauen teilnahmen, habe ich die Erfahrung machen müssen, daß es dort sehr wenig parteimäßig zugeht. Es handelt sich bei den Teilnehmerinnen durchweg um einfache Leute. Man hörte kaum ein „Heil Hitler" und wir, die wir früher bei den Arbeitersportlern waren, fühlten uns sozusagen zu Hause. Ich hatte zunächst Bedenken, an einer KdF-Verstaltung teilzunehmen, aber es bleibt einem ja nichts anderes mehr übrig. Um so mehr war ich angenehm überrascht, bei der Zusammensetzung und der Handhabung dieses Kurses gar nichts Nationalsozialistisches zu finden.
Die Tatsache, daß man um KdF kaum noch herum kommt, wenn man Sport treiben oder Reisen machen will, ist ziemlich allgemein. So nehmen z.B. viele unserer Genossen, die früher bei den Naturfreunden waren, heute die Gelegenheit war, die Reisen mit KdF zu machen. Es bleibt einfach keine andere Möglichkeit. [...]
Kraft durch Freude hat viel Zuspruch. Man kann doch für billiges Geld allerhand haben. Im Central-Theater in Dresden erhält man einen Platz im I. Rang, Tribüne, für 1,25 Mk., regulär kostet er 2,50 Mk., im III. Rang einen Platz für 40 Pf. Auch die Ferienreisen sind preiswert. [...]
KdF arbeitet sehr ruhig. Die Ansichten über diese Organisation sind sehr geteilt. Es ist oft sehr schwer, den Leuten die demagogischen Absichten, die die Nazis damit verfolgen, klarzumachen. Benutzt wird KdF nur von Leuten mit mittleren Einkommen, da ja die schlecht bezahlten Arbeiter nicht einmal 20 Mk für eine Fahrt ins Erzgebirge sparen können. [...]
(Deutschlandberichte der Sozialdemokratischen Partei Deutschlands 3/1936, a.a.O., S. 880ff.)

### T 10 Aus dem Monatsbericht der Wehrwirtschafts-Inspektion XIII/Nürnberg, 18.4.1939

Im Nürnberger Gebiet sollen Arbeitskräfte zu Tariflöhnen kaum zu erhalten sein. Nachrichten von Abwanderungen, Aufsässigkeiten und Disziplinwidrigkeiten mehren sich. Hierzu folgende Einzelbeispiele:
[...] Bei einer Zirndorfer Firma mußte die tariflich vorgesehene Akkordarbeit durch Eingreifen der Gestapo sichergestellt werden. Die durch Dienstverpflichtungen in höheren Verdienst gelangten Arbeiter verweigerten – nach Dienstpflichtende – Rückkehr in das alte Unternehmen. In einem mit Herstellung von Panzertüren beschäftigten Nürnberger Unternehmen wurden Verhaftungen der Gestapo vorgenommen, weil Versuche zur Arbeitseinstellung – angeblich wegen Überbeanspruchung – vorlagen. [...] In Pulverfabrik Hasloch (R-Betrieb) häufen sich Krankmeldungen über elf Tage, weil dann Krankenunterstützungen den Lohnausfall ausgleichen. Fälle grober Indisziplin in der Bayreuther Metallwarenfabrik (R-Betrieb) konnten nur durch Eingreifen der Gestapo behoben werden. [...]
(Bayern in der NS-Zeit I. München 1967, S. 282).

### Problem und Diskussion

**1** *Beschreiben Sie die Arbeitsbeschaffungsmaßnahmen der Nationalsozialisten und bewerten Sie diese Maßnahmen mit Hilfe von T 1.*
**2** *Untersuchen Sie mit Hilfe von T 4 bis T 6 die Lebensbedingungen der Arbeiter und kennzeichnen Sie die Entwicklung.*
**3** *Analysieren Sie mit Hilfe von T 7 und T 8 die Situation der Arbeiter im Betrieb. Vergleichen Sie die Situation mit den sozialen Verhältnissen der Weimarer Republik.*
**4** *Bewerten Sie die unterschiedlichen Einschätzungen des KdF-Programms, wie sie sich in den Berichten der SPD-Korrespondenten in T 9 spiegeln.*

## 5.5 Die Situation der Frauen unter der Herrschaft des Nationalsozialismus

Die „braune-Revolution“ (Schoenbaum) hatte eine militarisierte Männergesellschaft zum Ziel. Ihr Ideal war der „nordische, germanische“ Mann, der blind gehorchende Soldat der „Bewegung“. Innerhalb der NS-Ideologie bekam die Frau die Rolle der Mutter und der „Dienerin des Mannes“ zugewiesen. Sie sollte diesem zuarbeiten und ihm entsprechend den romantischen Vorstellungen des 19. Jahrhunderts ein liebevolles Zuhause bieten. Die Beschränkung der Frau auf Mutterschaft und Kindererziehung, die Ablehnung der Frauenarbeit in der Industrie und der Widerstand gegen die Emanzipation der Frau wurde von weiten Kreisen der Bevölkerung, vor allem auch von den Männern aller Schichten, geteilt.

Für Hitler war die Frau vor allem die Gebärerin künftiger Männer. Das Ziel der Mädchenerziehung war „unverrückbar die kommende Mutter“ und die „natürliche Welt der Frau“ war „ihr Mann, ihre Familie, ihre Kinder, ihr Haus“. Das Hausfrauendasein wurde durch die nationalsozialistische Propaganda verherrlicht. Mit Mutterkreuzen und öffentlichen Lobeshymnen auf die Mutter (Muttertag) wurde der hausfrauliche Alltag als wichtige Tätigkeit anerkannt. Ein Anspruch der Frau auf Selbständigkeit und Gleichberechtigung gegenüber dem Mann wurde aber entschieden zurückgewiesen.

Der Einbindung der Frau in ihre alte Rolle diente auch die Sozialpolitik, mit der die Nationalsozialisten seit 1933 Eheschließungen förderten. Junge Ehepaare erhielten ein zinsloses Darlehen, wenn die Frau ihren Arbeitsplatz aufgab. Der Durchschnittsbetrag des Darlehens betrug 600,– RM, ein Betrag, der 5–6 mal so hoch war wie der Monatsverdienst eines Arbeiters. Die Rückzahlung war langfristig geregelt, für jedes Kind wurde der Betrag um 1/4 gekürzt. Ab 1935 gab es für kinderreiche Familien verschiedene Kinderbeihilfen und Steuerfreibeträge, der Mutterschaftsurlaub wurde ausgedehnt, Geburtskliniken wurden neu eingerichtet oder verbessert. Ziel dieses Programmes war es, die Zahl der Kinder zu erhöhen. Kurzfristig gelang es den Nationalsozialisten, den langfristig fallenden Trend der Eheschließungen und Geburten umzukehren.

Die nationalsozialistische Ideologie von der Rolle der Frau war nicht in der Lage, die langfristigen Trends der deutschen Industriegesellschaft zu verändern. Allenfalls wurden einige Entwicklungen kurzfristig verlangsamt. Die Ideologie behinderte allerdings entscheidend den zu Kriegsbeginn beabsichtigten Kurswechsel in der Frauenarbeitspolitik, als die Nationalsozialisten versuchten, verstärkt Frauen in der Rüstungsindustrie einzusetzen. Im Gegensatz zu England, wo die Frauen im Krieg durch Dienstverpflichtung in den Produktionsprozeß eingegliedert wurden, konnte das NS-Regime das vorhandene Frauenarbeitspotential nicht ausschöpfen und verzichtete aufgrund von Hitlers Grundüberzeugung, daß Frauen nicht in der Industrie arbeiten sollten, auch auf eine durchgreifende Frauendienstpflicht. Zu Beginn des Krieges nahm die Zahl der arbeitenden Frauen von 14,6 Mio. auf 14,1 Mio. im Jahre 1941 ab, da viele Frauen aufgrund der relativ hohen Unterstützungen für Frauen eingezogener Männer keinen Grund mehr für eine weitere Berufstätigkeit sahen. 1944 arbeiteten 14,9 Mio. Frauen; der Anteil der Frauenarbeit blieb damit weit unter dem entsprechenden Anteil von Frauenarbeit in England und den USA.

Die Zahl der erwerbstätigen Frauen stieg von 1932 bis 1939 um ca. 2 Mio. auf 12,7 Mio. Frauen (36% aller Erwerbstätigen). Sie blieb damit aber unter dem Stand von 1928. Die meisten Frauen arbeiteten im Bereich der Landwirtschaft, zumeist als mithelfende Familienangehörige (1939: 4,9 Mio.). Von 1933–1939 stieg die Zahl der Industriearbeiterinnen entgegen den ideologischen Bestrebungen von 1,2 Mio. auf 1,8 Mio. Frauen an. Diese Zahl war etwa gleich hoch, wie die der Hausgehilfinnen und der weiblichen Angestellten. Die Zahl der weiblichen Angestellten stieg aufgrund des Bedarfs in den privaten und den öffentlichen Verwaltungen stetig weiter an.

Von den Industriearbeiterinnen waren zwei Drittel in der Konsumindustrie beschäftigt, etwa 15% in der Metallindustrie. Erst im Krieg verstärkte sich wie im Ersten Weltkrieg der Einsatz von Frauen in

Abb. 28 Plakat 1943.

der Rüstungsindustrie. Nur 4,8% der Industriearbeiterinnen hatten einen Beruf gelernt, dagegen 37,5% der Männer. Die Löhne der jüngeren Frauen, insbesondere der Arbeiterinnen, lagen 25 bis 40% unter den Männerlöhnen. Führungspositionen waren für Frauen in allen Bereichen der Gesellschaft nicht zu erreichen.
Die Lage der in der Landwirtschaft tätigen Frauen verschlechterte sich zwischen 1933 und 1939 stetig, da etwa 400000 Landarbeiter in die Bau- und Rüstungsindustrie abwanderten. Die höheren Industrielöhne ließen die schlecht bezahlte Landarbeit für Männer besonders unattraktiv erscheinen. Deswegen waren die weiblichen Arbeitskräfte, besonders die Bäuerinnen aufgrund ihrer Überlastung als Mutter, Hausfrau und Arbeiterin, ständig überansprucht. Die Folge waren ernsthafte gesundheitliche Beeinträchtigungen der ländlichen Frauenbevölkerung.
Nur bei einer kleinen Gruppe, den Akademikerinnen und Beamtinnen, insbesondere den Lehrerinnen und Juristinnen, setzte das Regime zu Beginn seiner Herrschaft konsequent seine ideologische Auffassung von der Rolle der Frau durch. An dieser kleinen Gruppe der berufstätigen Frau (1,1%) demonstrierten sie ihre langfristigen Ziele, indem sie die Frauen aus auch für Männer attraktiven Berufen verdrängten und die Politik, die am Ende der Weimarer Republik gegenüber Frauen eingeleitet worden war, fortsetzten.
Den Widerspruch zwischen der ideologischen Einstellung gegenüber den Frauen und den ökonomischen Notwendigkeiten einer Rüstungs- und Kriegswirtschaft konnte das NS-Regime nie überwin-

den. Noch 1938 heißt es in einer Verordnung über den Einsatz von Frauen im Kriegsfall: „... Frauen sollen nicht mit Arbeiten beschäftigt werden, die besondere Geistesgegenwart, Entschlußkraft und schnelles Handeln erfordern. Frauen sollen im allgemeinen nicht mit Arbeiten betraut werden, die besonderes technisches Verständnis und technische Kenntnisse erfordern." Nachdem Goebbels im Februar 1943 den „totalen Krieg" ausgerufen hatte, wurden immer mehr Frauen zur Arbeit in kriegswichtigen Betrieben und in der Landwirtschaft verpflichtet. Weitere Männer konnten nur zur Wehrmacht einberufen werden, wenn Kriegsgefangene, Fremdarbeiter oder Frauen ihre Arbeitsplätze ausfüllten. Auf die arbeitsrechtlichen Schutzbestimmungen für Frauenarbeit – Verbot von Nacht- und Schwerarbeit – wurde dabei immer weniger Rücksicht genommen.

**T 1 Hitler über die Rolle der Frau, 1934**

[...] Das Wort von der Frauenemanzipation ist nur ein vom jüdischen Intellekt erfundenes Wort, und der Inhalt ist von demselben Geist geprägt. Die deutsche Frau braucht sich in den wirklich guten Zeiten des deutschen Lebens nie zu emanzipieren. [...]
Wenn man sagt, die Welt des Mannes ist der Staat, die Welt des Mannes ist sein Ringen, die Einsatzbereitschaft für die Gemeinschaft, so könnte man vielleicht sagen, daß die Welt der Frau eine kleinere sei. Denn ihre Welt ist der Mann, ihre Familie, ihre Kinder und ihr Haus. [...] Was der Mann einsetzt an Heldentum auf dem Schlachtfeld, setzt die Frau in ewig geduldiger Hingabe, in ewig geduldetem Leid und Ertragen. Jedes Kind, das sie zur Welt bringt, ist eine Schlacht, die sie besteht für das Sein oder Nichtsein ihres Volkes. [...]
Wenn früher die liberalen intellektualistischen Frauenbewegungen in ihren Programmen viele, viele Punkte enthielten, die ihren Ausgang vom sogenannten Geiste nahmen, dann enthält das Programm unserer nationalsozialistischen Frauenbewegung eigentlich nur einen einzigen Punkt, und dieser Punkt heißt: das Kind, dieses kleine Wesen, das werden muß und gedeihen soll, für das der ganze Lebenskampf ja überhaupt allein einen Sinn hat. [...]
(M. Domarus, Hitler, Reden und Proklamationen, Bd. I. Würzburg 1962, S. 450ff.)

**T 2 NS-Frauenführerin Gertrud Scholtz-Klink über die Hausfrauenarbeit, 1936**

Wir haben damit auch der Hausfrau ihre Arbeitsehre wiedergegeben, die sie einmal in der marxistischen Zeit verloren hatte. Sie kennen alle noch die Zeit, in der es geheißen hatte: Ich möchte halt doch lieber einen Beruf ergreifen, sehen Sie, Hausfrau sein ist gewiß nett, man ist versorgt, aber es ist eine so „unproduktive Tätigkeit" – ein Wort, mit dem in Deutschland so viel herumgeworfen wurde –; als Stenotypistin sehe ich am Abend, was ich geschafft habe, aber von der „unproduktiven Tätigkeit" der Hausfrau sieht man nichts, es sei denn, daß man das Bäuchlein des Mannes, das immer größer wird, als „produktive Arbeit" ansieht. Aber das ist ja letzten Endes kein Trost fürs ganze Leben, im Gegenteil, es kann mit der Zeit eher zu einer Beschwernis werden. Dieses Wort von der „unproduktiven Tätigkeit" der Frau hat die Hausfrauenarbeit, die einer der wirtschaftlich stärksten Faktoren einer Nation ist, in Mißkredit gebracht. Dieses Wort konnte nur im Denken einer Zeit entstehen, die unter Produktivität nur das verstand, was eben in die eigene Tasche, in die eigene Familie sichtbar einging, was man nachzählen, greifen konnte, aber niemals das, was dem Volksganzen und damit indirekt auch dem einzelnen wieder zugute kam. Wie produktiv die Tätigkeit der Hausfrau ist, möchte ich an einem kleinen Beispiel dartun: Wenn in Deutschland in einer Familie in einer Woche ein Stück Brot achtlos beiseitegeworfen wird, das 50 Gramm wiegt – es ist das nur eine kleine Scheibe Brot –, so macht das bei 17½ Millionen Familien, die wir in Deutschland haben, in einem Monat 8750 Doppelzentner Brot aus, d. h. in einem Jahr 445000 Doppelzentner; das sind 400 Eisenbahnwagen voll Brot. Nun prüfen Sie einmal selber, meine Frauen, wie oft Sie ein Stück Brot achtlos beiseite liegen lassen. [...]
Nun müssen wir noch einen Überblick geben über den größten Block in unserer Frauenarbeit. Die Frau in der Arbeitsfront, also die Frau, die sich schaffend ihr eigenes Brot verdient. Man sagt so oft, die Frau gehört nicht in den Beruf, vor allen Dingen nicht an die Maschine; die Fabrik verdirbt die Frau und läßt sie nicht Frau sein. Dieser Gedanke ist falsch. Wir müssen auch hier nur den richtigen Standpunkt zu den Dingen einnehmen.
Die Frau im Beruf wird auch an der Maschine so lange Frau bleiben können, solange die ihr innewohnende Kraft die Arbeitsleistung bestimmt, d. h. solange Kraft und Arbeit in richtiger Harmonie zueinander stehen. Niemals aber darf auf die Dauer etwa vorhandene Arbeit zur Aufpeitschung von Kräften führen, die dem Organismus und der Seele der Frau nicht entsprechen. Dieser Maßstab: die Ausrichtung der Arbeit nach den Kräften, zeigt uns klar die Wege unserer Mädchenerziehung und Frauenarbeitsmöglichkeiten.
(Gertrud Scholtz-Klink, Verpflichtung und Aufgabe der Frau im nationalsozialistischen Staat, Berlin 1936. In: Schriften der Deutschen Hochschule für Politik Heft 23, S. 13–14)

## T 3 G. Scholtz-Klink: Aufgaben der Hausfrau, 1937

[...]
Weil wir heute Hauswirtschaft anders werten müssen als früher, wissen wir, daß eine gute Haushaltführung eine für die deutsche Volkswirtschaft unersetzliche und entscheidende Leistung der Frau darstellt und deshalb für alle Mädchen Voraussetzung und Verpflichtung für ihren Einsatz in der Nation bedeutet. Dann werden wir unseren Teil an der Erringung der Nahrungsfreiheit unseres Volkes lösen können. Wenn auch unsere Waffe auf diesem Gebiet nur der Kochlöffel ist, soll seine Durchschlagskraft nicht geringer sein als die anderer Waffen.
11½ Millionen Frauen stehen als [...] Berufstätige in den deutschen Betrieben, in Kontoren und Verkaufsräumen, in Krankenhäusern und Schulen und an vielen anderen Stellen. Ihre Leistung ist ein nicht wegzudenkender Bestandteil an der Gesamtleistung unserer Nation.
Sie haben ihre besondere frauliche Fähigkeit auf zahlreichen Gebieten der Wirtschaft und des öffentlichen Lebens längst überzeugend bewiesen. Gerade dieser stille und selbstverständliche Einsatz verdient einmal aufgezeigt zu werden, in einer Zeit, in der das deutsche Volk, ebenso wie andere Völker, auf die größtmögliche Leistungsfähigkeit des einzelnen angewiesen ist.
Wir haben Ehe und Mutterschaft immer als die höchste Erfüllung eines Frauenlebens bezeichnet. Wir wissen aber auch, daß diese Erfüllung nicht abhängig ist allein vom Willen der Frau, sondern daß sie Schicksal ist. Tausende deutscher Frauen, denen diese Erfüllung versagt blieb, üben ihren Beruf mit der Kraft ihrer seelischen Mütterlichkeit aus und haben ihn als Dienst am Ganzen zum Inhalt ihres Lebens gemacht. Diese berufliche Auswirkung fraulicher Kraft stellt sie neben die deutschen Mütter als Mitträgerinnen der Nation und Mitgestalterinnen des Volkes: Heute sollen die berufstätigen Frauen fühlen, daß ein ganzes Volk ihnen Dank weiß für ihre Arbeit, ein Volk, dem sie unlösbar verbunden sind und zu dessen Gesundung ihre Arbeit täglich beiträgt. [...]
Wiege und Kochtopf stehen im engen Zusammenhang. Unsere Aufgabe ist es, die deutschen Frauen aus ihrer eigenen Haushaltführung heraus ihrer Volksverpflichtung bewußt werden zu lassen und sie über die volkswirtschaftlichen Zusammenhänge aufzuklären. Gerade auf diesem Gebiet ist es sehr schwierig, mit einem alten falschen Freiheitsbegriff zu brechen, denn keine Hausfrau läßt sich normalerweise gern in den Kochtopf schauen; nur zu leicht sagt sie bei Neuerungen oder Einmischungen von dritter Seite: Wie ich koche, ist meine eigene Angelegenheit, so hat es meine Mutter und Großmutter gemacht, und so mache ich es auch. Es soll sogar die Einmischung des Ehemannes auf diesem Gebiet zuweilen schlecht vertragen werden. Wieviel schwieriger mochte es da scheinen, den Versuch zu machen, von einer Organisation aus in diese geheiligten Überlieferungen einzugreifen! Muß doch von uns heute erreicht werden:
1. Verantwortliche Einschaltung in die Verbrauchslenkung im Sinne des Vierjahresplans,
2. größte Beweglichkeit der Haushalte bei Ernährungsumstellung.
3. Erhaltung volkswirtschaftlicher Werte durch Kampf dem Verderb,
4. Verständnis und Behandlung der neuen Rohstoffe.
[...]
(G. Scholtz-Klink, Einsatz der Frau in der Nation. Berlin 1937, S. 6–8)

## T 4 Über die Ehe, 1942

In jeder Frau unseres Volkes lebt ein natürliches, gleichsam instinktives Wissen um diese echte Liebe und Treue. Daher wird die Frau auch immer von der Ehe als der gesellschaftlich gegebenen Form der Liebesgemeinschaft verlangen, daß sie auf dem Bekenntnis zur Treue und dem Willen zur Dauer aufgebaut ist. Sie wird allen Bestrebungen, die an jenen Voraussetzungen rütteln, fremd gegenüberstehen.
Es sei hier nur kurz auf Ehereformvorschläge hingewiesen, wie sie auch in unserem Volk eine Zeitlang lebhaft erörtert wurden. Allen diesen Reformvorschlägen, wie Zeitehe, Kameradschaftsehe, Jugendehe, Stufenehe, fehlte die Voraussetzung der Treue der Ehegatten gegeneinander und der Verantwortlichkeit gegenüber dem Kinde. Wie gesagt, handelt es sich in der Ehegemeinschaft um tiefste seelische Vorgänge, und wer durch eine Eheschließung die Verantwortung für diese seelische Gemeinschaft auf sich nimmt, der kann nicht von vornherein mit dem Gedanken einer zeitlichen Begrenzung (Zeitehe, Jugendehe) oder einer Auswechslung des Partners (Kameradschaftsehe) spielen. Alle diese Erscheinungen gehörten der liberalistischen Zeit an, in der Egoismus, Triebhaftigkeit und seelische Verflachung so weit gediehen waren, daß geradezu das Leben selbst problematisch geworden war. Denn der letzte Grund jener Ehereformvorschläge war das Haltloswerden der Ehe infolge der beabsichtigten Kinderlosigkeit.
Die Frau sieht in Ehe und Mutterschaft die schönste Erfüllung ihrer Lebensaufgabe und zugleich ihre größte Leistung für die Volksgemeinschaft. Sie wird deshalb bei der Ausübung ihrer ehelichen und mütterlichen Pflichten das Gefühl haben, ihr Amt im Staate voll und ganz zu erfüllen und damit den Wunsch, in dieser ihrer Pflichterfüllung auch anerkannt zu werden. In ihrer volklichen Gliedhaftigkeit steht sie ebenbürtig neben dem Manne. Vor ihrem Gewissen trägt sie die Verantwortung für ihre Familie, für ihre Kinder genau so wie der Mann. Diese selbstverständliche Verantwortlichkeit und Übernahme der Pflichten wird auch die Grundlage für ein deutsches Eherecht sein. Erkennt der Staat der Ehefrau und Mutter die höchste Würde im Volke zu, so wird er ihr auch jeden Schutz angedeihen lassen.

Die Ehefragen haben durch die nationalsozialistische Ideenrichtung neuartige Beleuchtung erfahren. Mann und Frau haben wieder gelernt, daß eine Ehe nie und nimmer aus Egoismus und Materialismus oder unter den Zweckgesichtspunkten der Triebbefriedigung und der Bequemlichkeit geschlossen werden darf, sondern daß dieser Schritt die Übernahme größter Verantwortung bedeutet. Diese Verantwortung erstreckt sich auf den Ehegefährten in seinem vollen körperlichen und geistig-seelischen Menschentum, erstreckt sich ebenso auf das zu erwartende Kind und darüber hinaus auf die Zukunft unseres Volkes. [...]
(E. Vorwerck, Gedanken über die Ehe im nationalsozialistischen Staat. In: Das deutsche Frauenbuch, hg. v. O. Lukas, Berlin 1942, S. 183–186)

### T 5 Heiratsanzeigen

Hamburger Fremdenblatt, 5. Dezember 1935
Witwer, 60 Jahre alt, wünscht sich wieder zu verheiraten mit einer nordischen Gattin, die bereit ist, ihm Kinder zu schenken, damit die alte Familie in der männlichen Linie nicht ausstirbt.

Münchner Neueste Nachrichten, 25. Juli 1940
Zweiundfünfzig Jahre alter, rein arischer Arzt, Teilnehmer an der Schlacht bei Tannenberg, der auf dem Lande zu siedeln beabsichtigt, wünscht sich männlichen Nachwuchs durch eine standesamtliche Heirat mit einer gesunden Arierin, jungfräulich, jung, bescheiden, sparsame Hausfrau, gewöhnt an schwere Arbeit, breithüftig, flache Absätze, keine Ohrringe, möglichst ohne Eigentum.
(H. Focke/U. Reimer, Alltag unterm Hakenkreuz. Hamburg 1979, S. 21)

### T 6 Frauen in der Rüstungsindustrie

Nach Feststellungen des Landesarbeitsamtes, Zweigstelle Nürnberg, waren am 31. Dez. 1939 14500 Frauen weniger in Arbeit als am 1. Sep. 1939. Die Ursachen dieser Erscheinung lag in folgendem Umstand begründet: Der Eigenverdienst von Kriegerfrauen, die also Familienunterstützung bezogen, wurde hohen Abzügen unterworfen (beispielsweise bei Monatsbruttoverdienst von RM 85,– Abzug RM 45,–), so daß der geringe Mehrverdienst keinen Arbeitsanreiz mehr bot. Insbesondere bei Frauen, welche weite Wege oder Bahnfahrt zu ihren Arbeitsstätten zurückzulegen hatten, stand der Mehrverdienst, nach Abzug der Familienunterstützung, kaum im Verhältnis zu den vermehrten Schwierigkeiten bei Führung des Haushaltes, Vornahme von Einkäufen und Vertretung des im Felde befindlichen Mannes in verschiedenen Angelegenheiten.
Ferner schieden zahlreiche werktätige Mädchen nach Kriegstrauung aus ihren bisherigen Stellungen aus. Die Familienunterstützung ermöglichte es ihnen, nicht mehr selbst verdienen zu müssen. Andere Frauen wieder, die zwar im Frieden einem Verdienst nachgingen, aber auf ihn nicht unbedingt angewiesen waren, legten unter den erschwerten Haushaltsverhältnissen ihre Arbeit nieder. In den Monaten Januar/April häuften sich die Beschwerden aus der Rüstungsindustrie über disziplinloses Verhalten von Frauen. So fehlten beispielsweise in einem sozial durchaus gut geleiteten Werk, Rheinisch-Westfälische Sprengstoff AG Nürnberg (Belegschaft 2000 Köpfe), wochenlang regelmäßig montags, manchmal auch noch dienstags etwa 400 Frauen, bei einem anderen Rüstungsbetrieb, Steatit Magnesia, Lauf, (Belegschaft 1800 Mann) täglich rund 300 weibliche Arbeitskräfte. Gründe für dieses Verhalten waren zum Teil einmal das Bestreben unter der Mindestverdienstgrenze zu bleiben, um Abzügen an der Familienunterstützung vorzubeugen, zum anderen veranlaßten die erschwerten Versorgungsverhältnisse – wie vorstehend bereits angedeutet, die Frauen von der Arbeit fern zu bleiben. [...]
(Geschichte der Rüstungsinspektion des Wehrkreises XIII, Winter 1939/40. In: Bayern in der NS-Zeit, Band III. München 1981, S. 595f.)

### Problem und Diskussion

**1** *Beschreiben Sie die Situation der Frauen unter der Herrschaft des Nationalsozialismus mit Hilfe der Materialien T 1 bis T 6.*

**2** *Beurteilen Sie das Verhalten der Frauen, wie es in T 6 geschildert wird, und diskutieren Sie, ob es sich hier nach Ihrer Meinung um „Widerstand" handelte.*

**3** *Versuchen sie mit Hilfe von Befragungen die Situation der Frau während der Zeit der NS-Herrschaft in ihrem Heimatort genauer zu beschreiben.*

## 5.6 Gleichgeschaltete Kultur

Durch konsequente Gleichschaltung der Presse und durch die Zusammenfassung aller in kulturellen Bereichen Tätigen in der „Reichskulturkammer“ (untergliedert in Reichsschrifttumskammer, Reichsmusikkammer, Reichstheaterkammer, Reichsfilmkammer, Reichskammer der bildenden Künste, Reichsrundfunkkammer) im September 1933 wurde die kulturelle Vielfalt in Deutschland zerstört. Der Ausschluß aus der Reichskulturkammer bedeutete für zahlreiche demokratische und jüdische Schriftsteller und andere Künstler Berufsverbot und den Verlust der Existenzgrundlage. Demonstrativ verbrannten die Nationalsozialisten in einer von Goebbels im ganzen Reich organisierten Aktion am 10. Mai 1933 Bücher bedeutender deutscher, zum Teil weltweit anerkannter Schriftsteller, u. a. von Heinrich und Thomas Mann, Stefan Zweig, Bert Brecht, Carl Zuckmayer, Robert Musil, Anna Seghers, Alfred Döblin, Kurt Tucholsky und Erich Kästner.
Mit einer Ausstellung über nach ihrer Meinung „entartete Kunst“ demonstrierten die Nationalsozialisten 1937 in München ihren Anspruch, allein bestimmen zu können, was Kunst sei. Hervorragende Kunstwerke der Weimarer Zeit wurden vom Staat beschlagnahmt und auf Auktionen ins Ausland verkauft. Betroffen waren u. a. Maler und Bildhauer wie Ernst Barlach, Max Beckmann, Otto Dix, Wassily Kandisky, Paul Klee, Käthe Kollwitz, Max Liebermann, Emil Nolde. Viele Schauspieler, Musiker, Architekten sahen bald keine Möglichkeiten mehr, künstlerisch zu wirken, und verließen Deutschland. Als künstlerisch wertvoll galten nur Werke, die auf der Linie der NS-Ideologie lagen und nicht von Juden stammten. Da viele Künstler bereits emigriert waren und es keine breite Diskussion über Kunstfragen in Deutschland gab, bewirkten die Maßnahmen der Nationalsozialisten keine nennenswerten Protestaktionen.

### T 1 Reichsminister Dr. Goebbels in einer Rede, 8. Mai 1933

In dem Augenblick, wo an Stelle des Einzelmenschen wieder die Gemeinschaft Zentrum der Dinge und der öffentlichen Betätigung geworden ist, war für die Kunst die Notwendigkeit gegeben, für sich auch diese Verhältnissetzung zu vollziehen, wenn sie nicht Gefahr laufen wollte, von der Zeit überlaufen und überflutet zu werden. [...]
Das Wesentliche dieser revolutionären Entwicklung ist, daß der Individualismus zerschlagen wird und an die Stelle des Einzelmenschen und seiner Vergottung das Volk tritt. Das Volk steht im Zentrum der Dinge. Die Revolution erobert das Volk und das öffentliche Leben drückt der Kultur, der Wirtschaft, der Politik und dem privaten Dasein seinen Stempel auf. Es wäre naiv zu glauben, daß die Kunst hiervon verschont bleiben könnte. [...]
Wenn der Mensch [...] seine zentrale Stellung im öffentlichen Leben verliert und an seine Stelle die Gemeinsamkeit und das Volk tritt, dann wird die Kunst an diesem historischen Phänomen nicht vorübergehen können. Sie wird diese Gemeinschaft zum Ausdruck bringen müssen. [...] Wir wollen die Kunst wieder zum Volke führen, um das Volk wieder zur Kunst führen zu können. Das eine ist ohne das andere nicht denkbar. Möglich erscheint nur, daß die Kunst den inneren Rhythmus, den Herzschlag des Geistes ihrer Zeit abhorcht, versteht, formt und faßt. [...] Wenn die Politik alles erschüttert und umwirft, alles neu baut, wenn nichts von ihr verschont bleibt, dann darf der Künstler nicht mitgehen noch hinterherlaufen, er muß die Fahne erfassen und voranschreiten. [...]
(Geschichte in Quellen, Bd. V., a.a.O., S. 302)

### T 2 Die Aufgabe der Neuen deutschen Malerei, 1941

[Die deutschen Künstler] malen keine Absinthtrinker und Roulettespieler mehr, keine schwindsüchtigen Zirkusreiterinnen, keine marionettenhaften Balletteusen, keine gähnend leeren Masken und keine geschminkten Freudenmädchen. Es liegt ihnen nichts an der fatalen Einheitlichkeit von Elendsvierteln, großstädtischen Wüsteneien und Kaschemmen. Nicht einmal das Recht, Szenen hoffnungsloser Not mit dem Unterton der scharfen Kritik, der stillen Anklage, des herzlichen Erbarmens darzustellen und so das soziale Gewissen anzusprechen, gestehen sie sich zu [...]. Sie wollen Anwälte des positiv behaupteten Lebens sein. [...]
Da nun jede nationale Erneuerung im Grunde eine Frage der Menschen ist, so rückt bei der Themenwahl unserer heutigen Kunst ganz von selbst der deutsche Mensch in den Mittelpunkt des Interesses. Mit richtigem Instinkt suchen die Künstler dabei ihre Modelle vor allem unter jenen Volksgenossen, die gleichsam

noch von Natur in Ordnung sind, sie greifen da zu, wo die Nachbarschaft des heimischen Bodens, die pflegenden Kräfte der Landschaft, der Schutz des Blutes vor Vermischungen, die Macht gewachsener Tradition und der Segen wohltätiger Arbeit die Substanz gesund erhielten. [...]
Unsere Künstler werden deshalb nicht müde, den schlichten deutschen Menschen fort und fort auch inmitten seiner geselligen und dinglichen Umwelt zu zeigen, also im Rahmen seiner Familie, in der gemeinsamen Arbeit, im Zusammensein mit den Haustieren, die ihm zu Dienst und Pflege anvertraut sind und aus denen selber das Gesundheitsgeheimnis, das Gesetz der natürlichen Ordnungen, so unmittelbar anzuspüren und abzulauschen ist. Alles was die Würde menschlicher Grundverhältnisse besitzt, wird in der Tat hier dankbar verzeichnet [...].
Insbesondere aber begegnet uns immer wieder der Bauer in der Landschaft, als Pflüger, als Säemann, als Schnitter oder bei der winterlichen Holzfuhr, der Bauer mit Erde und Himmel als Nachbarschaft, mit der nährenden Scholle unter seinen derben Schuhen und bescheiden stolz als Gebieter seiner fromm dienenden Tiere, seines wohlbestellten eigenen Grundes. [...]
Vor allem die Darstellung des nackten weiblichen Körpers wird immer Ehrgeiz der Künstler bleiben [...]. Der deutschen Malerei unserer Tage ist nun der Akt vor allem eine Sache blutvollen Lebens. Sie will in ihm die gesunde körperliche Basis, den biologischen Wert der Person als Voraussetzung jeder völkischen und geistigen Neugeburt vor Augen stellen. Ihr geht es um Leiber, so wie sie von Natur sein sollen, um Bestformen, um rein durchgebildeten Gliederbau, um rassige Straffheit, um gut durchblutete Haut, um den angeborenen Wohllaut der Bewegung und um sichtbar vitale Reserven, kurz um eine moderne und deshalb fühlbar sportliche Klassizität [...]. Dem neuen Deutschland ist in der Tat jede gesunde Glücksmöglichkeit ein willkommender Beitrag zu seinem Programm nationaler Lebensfreude, und es pflegt sie insbesondere da, wo sie die Leistungen von Mann und Frau in ihren Urpflichten zu steigern verspricht, also den kämpferischen Geist und die Fruchtbarkeit [...]. Der Ausdruck einfachen und tiefen Daseins ist deshalb das gemeinsame Merkmal vieler Gestalten, Gesichter, Häusergruppen und Landschaften auf unseren Bildern. [...]
(F. A. Kauffmann, Die neue deutsche Malerei. Deutsche Informationsstelle Das Deutschland der Gegenwart, Nr. 11. Berlin 1941, S. 26ff. Nach: Kunst im 3. Reich. Hg. G. Bussmann u. a. Frankfurt a. M., $^3$1980)

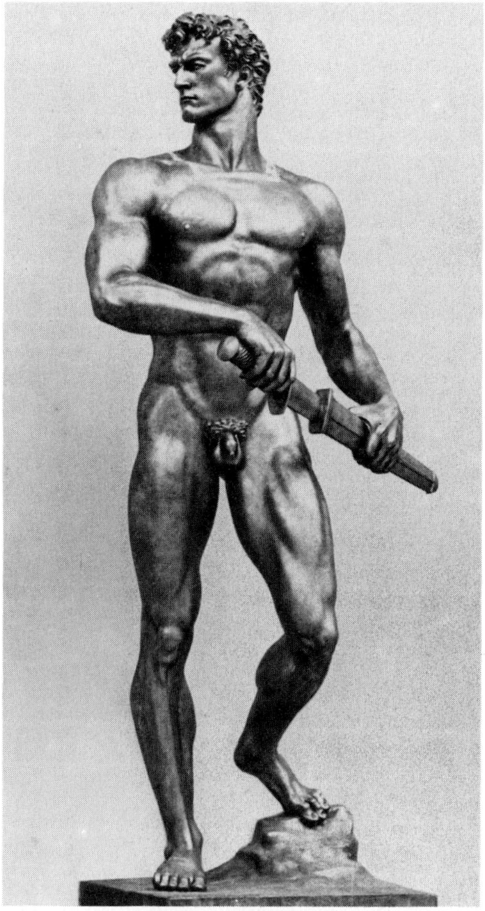

**Abb. 29 Arno Breker: Bereitschaft.** Brekers Werk entsprach in besonderem Maße den nationalsozialistischen Kunstvorstellungen. „Bereitschaft" wurde 1939 auf der großen deutschen Kunstausstellung in München gezeigt. Die überlebensgroße Plastik verkörpert die offene Aggressivität der NS-Ideologie.

**Problem und Diskussion**

**1** *Stellen Sie dieser Auffassung von Kunst die des Philosophen Hegel gegenüber, daß Kunst „vollendete Zufälligkeit und Äußerlichkeit des Stoffs" widerzuspiegeln habe.*

**2** *Fassen Sie zusammen, was man unter „gleichgeschalteter Kultur" versteht.*

**Abb. 30 Zum 50. Geburtstag Hitlers,** 1939, paradierte die SS-Leibstandarte „Adolf Hitler" in Berlin vor dem Reichskanzler.

# 6. Der SS-Staat: Unterdrückung und Widerstand

## 6.1 Der Verfolgungsapparat

Die nationalsozialistische Herrschaft war für den Bürger nur schwer zu überblicken. Verschiedene, miteinander konkurrierende Machtapparate von Staat und Partei, beanspruchten nebeneinander jeweils für sich Zuständigkeiten und Entscheidungskompetenzen. Hitler ließ die Zuständigkeit zum Beispiel von Ministerien und parteiamtlichen Institutionen bewußt offen. Er forderte sogar die Verschmelzung von Partei und Staatsbehörden, um in allen wichtigen Fragen selbst die letzte Entscheidung durch „Führerbefehl" treffen zu können. Im Rivalitätskampf der verschiedenen Behörden und Parteiämter untereinander blieb Hitler die letzte Entscheidungsinstanz, gegen die kein Widerspruch mehr möglich war. Durch diese Herrschaftsmethode und den ständigen Machtzuwachs der SS wurden Rechtssicherheit und Rechtsnormen schließlich aufgelöst.

Die Auflösung der Rechtssicherheit hatte mit der Einführung der „Schutzhaft" durch die Reichstagsbrandverordnung begonnen. Die politische Polizei (Gestapo) konnte nun Schutzhaft ohne gerichtliches Verfahren und gerichtliche Nachprüfung zur „vorbeugenden Bekämpfung" politischer Gegner verhängen. Oft wurden politische Gefangene nach Verbüßung einer von einem ordentlichen Gericht verhängten Strafe erneut von der Gestapo noch im Gerichtssaal wieder festgenommen und in ein Konzentrationslager gebracht.

Einer der Machtapparate der Partei, die SS, die Hitler unmittelbar unterstellt war, konnte ihre Machtposition im nationalsozialistischen Herrschaftssystem ständig ausbauen. Ihr Prinzip war vor allem die Androhung und Anwendung von Terror gegenüber allen Gegnern. Die SS (Schutzstaffel) war ursprünglich eine Art Parteipolizei, die Heinrich Himmler befehligte. Im Januar 1933 umfaßte sie 56000 Mann. Eine Unterorganisation bildete der „Sicherheitsdienst“ (SD) unter Reinhard Heydrich, der geheime Nachrichten über politische Gegner sammelte und oppositionelle Parteimitglieder überwachte. Formell war die SS der obersten SA-Führung unterstellt. Bis 1934 war die SA (Sturmabteilung) die eigentliche politische Kampf- und Schlägertruppe der Nationalsozialisten, die 1932 etwa 200000 Mann umfaßte und als paramilitärische Organisation aufgebaut und gegliedert war.

In Zusammenarbeit mit der Reichswehr entmachtete die SS die SA unter Hitlers Leitung Ende Juni 1934. Angeblich hatte der oberste SA-Führer Röhm die Alleinherrschaft Hitlers in Frage stellen wollen. Im Zuge einer dreitägigen Mordaktion, der etwa 100 Menschen zum Opfer fielen, wurden auch zahlreiche politische Gegner aus dem konservativen Lager heimtückisch umgebracht, die mit der SA nichts zu tun hatten, u.a. der ehemalige Staatskommissar von Kahr und zwei der engsten Mitarbeiter des Ministers von Papen. Auch die Tatsache, daß ihre beiden Generäle von Schleicher und von Bredow ohne jedes Gerichtsurteil erschossen worden waren, veranlaßte die Reichswehr nicht zum Protest. Durch ein Gesetz wurden die Morde als Akt der „Staatsnotwehr“ für Rechtens erklärt.

Nach der Übernahme der Konzentrationslager von der SA im Sommer 1934 konnte Himmler im Juni 1936 seine Macht weiter vergrößern: er wurde nun Reichsführer der SS und Chef der deutschen Polizei. Diese Personalunion machte es ihm möglich, die allgemeine Polizei und die SS miteinander institutionell zu verschmelzen. Diese Verschmelzung von Partei- und Staatsamt schuf die Möglichkeit, den Terror gegen die zu Gegner des Regimes erklärten Menschen bürokratisch zu organisieren und gleichzeitig völlig außerhalb der Legalität durchzuführen.

Die sich als Elite verstehende SS baute ihre Organisation in zahlreichen Unterorganisationen ständig aus und stellte auch eigene bewaffnete Verbände auf. Die SS-Totenkopfverbände übernahmen die Bewachung der Konzentrationslager, aus den SS-Verfügungstruppen entstanden modern bewaffnete Divisionen, die im Krieg dann zur Waffen-SS ausgebaut wurden. 1944 umfaßte die Waffen-SS rund 600000 Mann, die allgemeine SS ungefähr 200000 Mann. Die Wachmannschaften der Konzentrationslager hatten eine Stärke von 24000 Mann.

Die bereits im Frühjahr 1933 errichteten Konzentrationslager waren die eigentlichen Terror- und Zwangsinstrumente des NS-Regimes. Zunächst waren Kommunisten, Sozialdemokraten und andere Gegner der Nationalsozialisten meist für relativ kurze Zeit ohne jede rechtliche Grundlage in die schnell errichteten Barackenlager eingesperrt worden. Die Lebensverhältnisse der Häftlinge waren beträchtlich schlechter als in den normalen Gefängnissen und Zuchthäusern der Justiz. Vor allem waren die Gefangenen hilflos der Willkür der Wachmannschaften ausgeliefert.

1934 übernahm die SS die zahlreichen Konzentrationslager von der SA und organisierte sie in wenigen Hauptlagern nach einheitlich bürokratischen Vorschriften. 1939 betrug die Zahl der Häftlinge etwa 25000. Sie stieg bis zum März 1942 auf 100000. 1944 betrug die Gesamtzahl 397000 Männer und 145000 Frauen. Doch kann hinter diesen Zahlen weder das unsägliche Leid sichtbar werden, das den Gefangenen angetan wurde, noch geben sie Auskunft, wie viele Menschen insgesamt die KZs „durchliefen“.

Im Kriege dienten besonders die in Polen und Rußland von der SS errichteten Konzentrationslager, wie z.B. Auschwitz, der bürokratisch organisierten Tötung von Juden. Arbeitsfähige KZ-Häftlinge mußten Zwangsarbeit leisten oder wurden zu Sklavenarbeiten an Rüstungsbetriebe vermietet. SS-Ärzte erprobten in unmenschlichen Versuchen neue Medikamente an den todgeweihten Opfern. Die mit Güterwagen der Reichsbahn antransportierten Juden aus allen Teilen Europas wurden in den Vernichtungslagern kurz nach ihrer Ankunft durch Gas oder durch Massenerschießungen getötet oder, soweit sie noch gesund und kräftig waren, zur Zwangsarbeit befohlen. Aufgrund der mangelhaften Ernährung und Unterbringung starben viele von diesen Häftlingen in Folge der körperlichen und psychischen Belastung. Die Nationalsozialisten nannten das zynisch „Vernichtung durch Arbeit“.

**Abb. 31 Übersichtskarte der KZ-Lager und Gestapo-Gefängnisse des „Dritten Reiches“.**
(Nach amtlichen Unterlagen der Adjutantur des KZ Buchenwald; Deutschland in den Grenzen von 1937.)

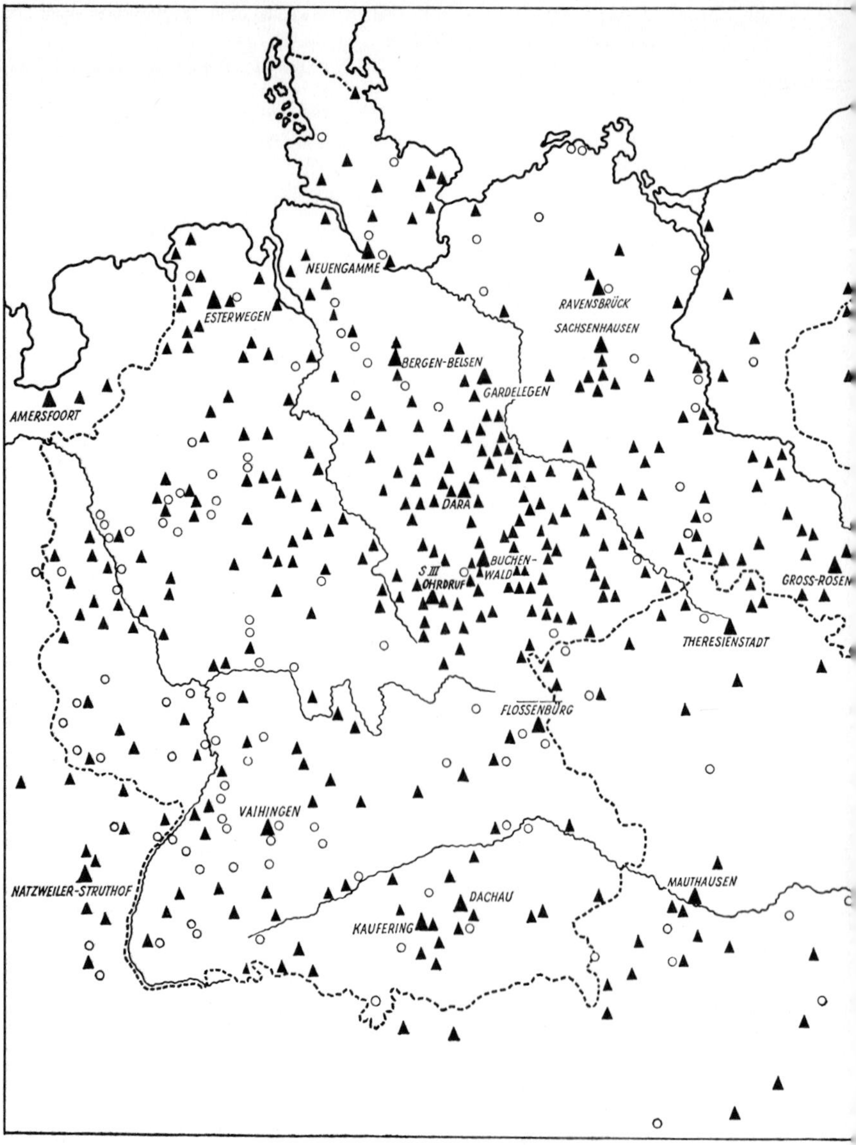


| *Vernichtungslager*[1] | *Vernichtungsaktionen* | *Todesopfer* (Mindestzahlen) |
|---|---|---|
| Kulmhof/Chelmno | 8. Dez. 1941–März 1943, Sommer 1944 | 152 000 |
| Auschwitz-Birkenau | Jan. 1942–Nov. 1944 | über 1 000 000 |
| Belzec | 17. März 1942–Frühjahr 1943 | über 600 000 |
| Sobibor | 7. Mai 1942–Herbst 1943 | 250 000 |
| Treblinka | 23. Juli 1942–Oktober 1943 | 700 000–900 000[2] |
| Lublin-Majdanek | Sommer 1942–Juli 1944 | 200 000, darunter 60 000 Juden |

(Nach: Ploétz, Das Dritte Reich, a.a.O., S. 119)

1 Weitere lagermäßig organisierte Vernichtungsaktionen fanden in Jungfernhof (Jumpravmuiza, Lettland) Ende 1941 bis Ende 1942 und in Maly Trostinec (Weißrußland) Herbst 1942 bis Juni 1944 statt. Den Massenmorden in eigens eingerichteten Lagern gingen die Massenerschießungen von Juden, sowjetischen Kriegsgefangenen u.a. durch die mobilen „Einsatzgruppen“ der SS voraus oder verliefen parallel dazu (etwa 1 Million Todesopfer).

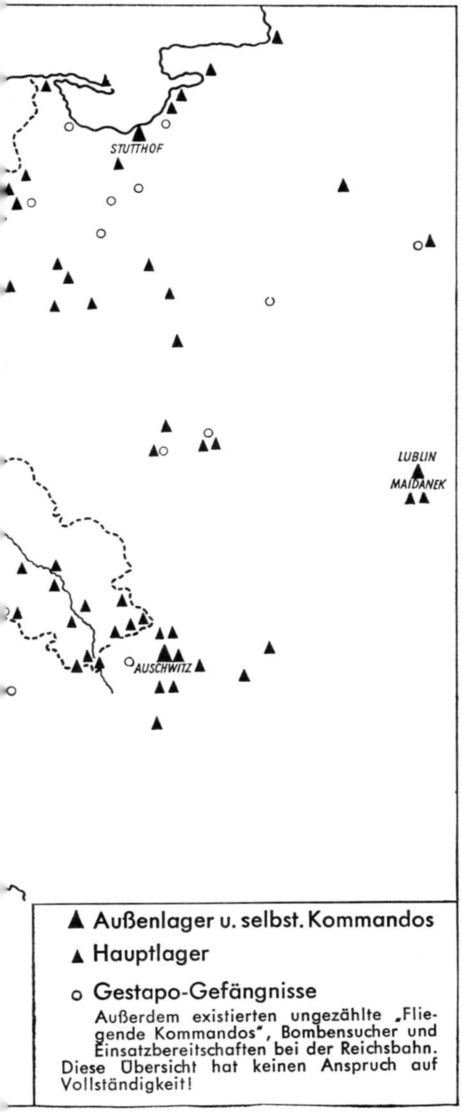


2 Die Gesamtzahl der Todesopfer gilt für die Zeit ab Errichtung des KL. In der Vernichtungslager-Phase bis Herbst 1943 Vergasungen, dann vor allem Erschießungen.

### T 1 Gesetz über Maßnahmen der Staatsnotwehr vom 3. Juli 1934

Die Reichsregierung hat das folgende Gesetz beschlossen, das hiermit verkündet wird:
Einziger Artikel.
Die zur Niederschlagung hoch- und landesverräterischer Angriffe am 30. Juni, 1. und 2. Juli 1934 vollzogenen Maßnahmen sind als Staatsnotwehr Rechtens.
Berlin, den 3. Juli 1934
Der Reichskanzler: Adolf Hitler
Der Reichsminister des Innern: Frick
Der Reichsminister der Justiz: Dr. Gürtner
(Reichsgesetzblatt I, 1934)

### T 2 Die „Röhm-Aktion" in heutiger Sicht

[...]. Da die meisten SA-Führer den als reaktionär und unpolitisch verachteten Reichswehroffizieren den Führungsanspruch über die bewaffnete Macht weiterhin streitig machten, vielerorts zwischen Offizieren und SA-Führern sehr gespannte Verhältnisse entstanden und die bewaffneten Stabswachen der SA, ihre militärischen Übungen etc. das Mißtrauen der Reichswehr zunehmend stärkten, begannen im Frühjahr 1934 auch maßgebliche Männer der Reichswehrführung (vor allem der Chef des Ministeramts v. Reichenau) statt auf eine Überbrückung der Gegensätze auf eine gewaltsame Aktion zu setzen. Als Hitler schließlich im Juni den Überraschungsschlag gegen die in München bzw. in Bad Wiessee versammelte SA-Führung einfädelte, übernahm die Reichswehr durch die Lieferung von Waffen und Transportmitteln für die nach München beorderten Teile der SS-Leibstandarte (unter Sepp Dietrich) und andere SS-Einheiten eine wesentliche Rolle. Auch stand die Reichswehr bereit, selbst einzugreifen, für den Fall, daß es zu einer stärkeren Gegenwehr der SA gegen die SS-Kommandos kommen sollte. Nicht nur Blomberg und Reichenau, sondern auch der Chef der Heeresleitung, General v. Fritsch, und der damalige Chef des Truppenamtes, Generalleutnant Ludwig Beck (der spätere Leiter der Verschwörung gegen Hitler am 20. 7. 1944), sowie die wichtigsten Stellen in den Wehrkreiskommandos waren über die Aktion (wenn auch nicht über den meuchelmörderischen Stil der Durchführung) im Bilde und bereit, sie aktiv zu unterstützen. Die Version, der Gegensatz zwischen SA- und Reichswehrführung sei „ohne Zutun der Armee" von Hitler, Himmler, Göring etc. beseitigt worden, ist gerade auf Grund neuer Dokumentenerkenntnisse nicht zu halten. Die Einzelheiten der Aktion, in deren Verlauf sowohl Röhm wie Dutzende anderer hoher SA-Führer verfahrenslos von bewaffneten SS-Männern im Gefängnis Stadelheim in München oder im Lager Dachau erschossen wurden, während gleichzeitig in Berlin, Breslau und anderen Orten ähnliche Aktionen stattfanden, die z. T. noch Tage andauerten, brauchen hier nicht geschildert zu werden. Die genaue Zahl der Erschossenen, die in die Hunderte ging, steht bis heute nicht fest. Bezeichnend war, daß gleichzeitig mit der Ermordung Röhms und seiner engsten Gefolgsleute aus der SA-Führung nicht nur andere ehemalige „Verräter" (Gregor Strasser) beseitigt und manche persönliche Rechnungen lokaler SS-Führer beglichen, sondern auch alte Gegner Hitlers (v. Kapp, v. Schleicher) sowie prominente konservative und bürgerliche Kritiker, die sich in den vergangenen Wochen und Monaten zu Wort gemeldet hatten (Edgar Jung, Erich Klausener), heimtückisch umgebracht wurden. [...]
(M. Broszat, Der Staat Hitlers. München 1969, S. 270f.)

**T 3 Auschwitz**

*Der Kommandant des KZ Auschwitz, Rudolf Höß, sagte 1946/47 im Nürnberger Prozeß u. a. aus:*

[...] Nach meiner Kenntnis begann die massenhafte Verwendung von KZ-Häftlingen in der deutschen Privatindustrie im Jahre 1940/41. Diese Verwendung steigerte sich fortlaufend bis zum Ende des Krieges. Gegen Ende 1944 waren ungefähr 400000 Konzentrationslagerhäftlinge in der privaten Rüstungsindustrie und rüstungswichtigen Betrieben beschäftigt. Wie viele Häftlinge schon vorher oder nachher eingesetzt waren, kann ich nicht sagen. Nach meiner Schätzung sind in den Betrieben mit besonders schweren Arbeitsbedingungen, z.B. Bergwerken, jeden Monat ein Fünftel gestorben oder wurden wegen Arbeitsunfähigkeit zur Vernichtung von den Betrieben an die Lager zurückgeschickt.

Die Konzentrationslager haben niemals Arbeitskräfte der Industrie angeboten. Vielmehr wurden Häftlinge nur dann in die Betriebe entsandt, wenn die Betriebe vorerst um Konzentrationslagerhäftlinge angesucht hatten [...]

Die Betriebe mußten keine Berichte über Todesursachen usw. abgeben. Auf Grund der Berichte, die wir in den Lagern von der SS-Wachmannschaft und den Arbeitskommandoführern über Verminderung der Zahl der in den betreffenden Betrieben arbeitenden Häftlinge erhielten, wurden die Zahlen der Todesfälle und der Arbeitsunfähigen mitgeteilt, und sodann wurden fortlaufend neue Häftlinge als Nachschub an die betreffenden Betriebe gesandt.

Während meiner Dienstreisen wurde mir fortgesetzt von leitenden Persönlichkeiten der Betriebe gesagt, daß sie mehr Häftlinge haben wollen. Anfang des Krieges bezahlten die Unternehmungen wenig für diese Arbeitskräfte – etwa Mk. 1,–, Mk. 1,20. Später zahlten sie bis zu Mk. 5,00 für gelernte Arbeiter. Unter den zum Arbeitseinsatz gesandten Häftlingen befanden sich

1. nicht-jüdische Häftlinge, die auf Grund ihrer Berufsschulung ausgesucht wurden, und
2. Juden, die nur auf Grund ihrer Arbeitsfähigkeit ausgesucht wurden.

Das Alter der zum Arbeitseinsatz verwendeten Häftlinge war von ungefähr 13 Jahren aufwärts. Häftlinge über 50 Jahre wurden nur selten zum Arbeitseinsatz verwendet, wenn sie besonders kräftig oder besonders geschult waren; sonst wurden sie sofort vernichtet. Diejenigen Arbeitseinsatzhäftlinge, die jeden Abend von dem Betrieb in die Konzentrationslager zurückkehrten, mußten am selben Abend im Konzentrationslager arbeiten, wenn Kollektiv- oder Einzelstrafen dieser Art verhängt wurden. Solche Kollektiv- oder Einzelstrafarbeit wurde wegen kleiner Disziplinarvergehen, z.B. vorschriftswidriges Grüßen, verhängt. Die Häftlinge mußten dann so lange arbeiten, als es das Tageslicht erlaubte, im Sommer 2 bis 3 Stunden. Außerdem wurden die üblichen Strafen verhängt.

(Nach: R. Kühnl, Der deutsche Faschismus in Quellen und Dokumenten. Köln [5]1980, S. 377f.)

**Problem und Diskussion**

**1** *Beschreiben und bewerten Sie das Terrorsystem der Nationalsozialisten, besonders der SS. Diskutieren Sie das Selbstverständnis der SS.*

**2** *Diskutieren Sie die Voraussetzungen des „bürokratischen Terrors“.*

**3** *Untersuchen Sie T 3 und beschreiben Sie die „Verwertung“ der Gefangenen in den KZ-Lagern durch die SS.*

**4** *Erkundigen Sie sich, ob es in der Nähe ihres Schulortes ein Konzentrationslager oder ein Außenlager eines Konzentrationslagers gab.*

**5** *Versuchen Sie in Erfahrung zu bringen, was die damals in Deutschland lebenden Menschen vom Terror in den KZs wußten.*

## 6.2 Judenverfolgung und Massenmord an Juden

Der Antisemitismus war schon vor der Machtübertragung an Hitler einer der tragenden Pfeiler der nationalsozialistischen Weltanschauung. Die antisemitische Agitation der NSDAP wurde nach der Machtübernahme schrittweise in eine Politik umgesetzt, die mit der Diskriminierung und Verfolgung der Juden in Deutschland begann und mit der massenweisen, bürokratischen Ermordung des europäischen Judentums in Vernichtungslagern endete.

Den Auftakt dazu bildete ein am 1. April 1933 im ganzen Reich verbreiteter Boykott-Aufruf, nicht in jüdischen Geschäften zu kaufen. SA-Wachen zogen auf und hinderten die Bevölkerung am Betreten jüdischer Geschäfte. Diese Aktion, die viele Menschen als „Spuk“ abtaten und die Diskriminierung der Juden in wichtigen Gesetzen des Jahres 1933 (z.B.: Gesetz zur Wiederherstellung des Berufsbeamtentums, Reichserbhofgesetz, Schriftleitergesetz) stießen kaum auf Widerstand innerhalb der Bevölkerung. Der Antisemitismus war als eine Art Blitzableiter zur Ablenkung von den

wirtschaftlichen Nöten allgemein populär. Er traf eine Volksgruppe, die kaum 1% der Bevölkerung ausmachte (562000 Menschen) und die allein aufgrund ihrer Religion verfolgt wurde. Die sich steigernden Diskriminierungen veranlaßten bis 1938 220000 jüdische Bürger auszuwandern, ihnen folgten mehr oder minder unfreiwillig bis 1941 weitere 100000.135000deutsche Juden wurden in Lager verschleppt und ermordet. Am Ende des Zweiten Weltkrieges hatten nur ca. 25000 jüdische deutsche Bürger den Massenmord überlebt.
Die „Nürnberger Gesetze" (1935) gaben den rechtlichen Rahmen zur allgemeinen Entrechtung der Juden in Deutschland ab, nachdem bereits seit 1933 die Juden aus ihren Beamtenstellungen an Universitäten und Schulen verdrängt worden waren. Durch das „Reichsbürgergesetz" wurden die Juden zu Reichsbürgern zweiter Klasse. Das „Gesetz zum Schutze deutschen Blutes und der deutschen Ehre" verbot die Mischehe zwischen „Ariern" und Juden sowie außereheliche Beziehungen zwischen beiden. Die Beschäftigung „arischer" Dienstmädchen unter 45 Jahren in jüdischen Haushalten wurde strafbar, ebenso das Hissen der Hakenkreuzfahne durch Juden. Später wurde den Juden das Wahlrecht, die Ausübung von öffentlichen Ämtern, die Zulassung als Ärzte und Steuerberater und die Ausübung zahlreicher anderer Berufe verboten.
Das Attentat des 17jährigen Herschel Grynszpan auf den Gesandtschaftsrat Ernst vom Rath in der deutschen Botschaft in Paris am 7. November 1938 war für die Nationalsozialisten der willkommene Anlaß, ein Judenpogrom (Verfolgung) von bis dahin unbekanntem Ausmaß zu organisieren: Aufgehetzt durch den Reichspropagandaminister Joseph Goebbels zerstörten nationalsozialistische Trupps 191 Synagogen durch Brandstiftung, 7500 Geschäfte, zahlreiche Wohnungen und alle jüdischen Friedhöfe. Sie richteten einen Sachschaden von mindestens 25 Mio. Reichsmark an. 30000 Juden wurden in Konzentrationslager eingeliefert, viele jüdische Mitbürger wurden verletzt und mißhandelt. Die offizielle Statistik meldete 91 Morde. Nach Beendigung der Aktion, die Goebbels zynisch als „Reichskristallnacht" bezeichnete, wurde den Juden eine Sondersteuer von 1,12 Mrd. Reichsmark auferlegt.
Die Aktionen vom 9. November 1939 waren aber nur der Beginn einer neuen systematischen Ausbeutung der Juden. Sie wurden nun aus allen wirtschaftlichen Bereichen ausgeschlossen, ihre Betriebe wurden ersatzlos von „arischen" Treuhändern übernommen oder aufgelöst.
Die Lebensbedingungen der deutschen Juden wurden immer weiter verschärft. Im Jahr 1939 mußten Juden ihren Schmuck und alle Edelmetalle abliefern, „arische" Wohnhäuser räumen, Radios abgeben und ihre Telefone kündigen. Ab 1. September 1941 mußten Juden in Deutschland öffentlich einen gelben Stern tragen. Im eroberten Polen, dem „Generalgouvernement" war dies schon seit dem 23. November 1939 vorgeschrieben.
Mit dem Beginn des Zweiten Weltkrieges und dem Einmarsch deutscher Truppen nach Polen begannen auch die ersten Deportationen von Juden aus Böhmen, Mähren und aus Österreich nach Polen, wo sie in Konzentrationslager eingewiesen wurden. Nach dem deutschen Überfall auf die Sowjetunion ermordeten Einsatztruppen der Sicherheitspolizei und des SD (Sicherheitsdienst) planmäßig Angehörige der polnisch-jüdischen und der russisch-jüdischen Bevölkerung. Die Zahl der durch diese Einsatzgruppen getöteten Juden wird auf über 1 Million geschätzt.
Auf einer Konferenz aller beteiligten Behörden unter Leitung des Chefs des Sicherheitsdienstes und der geheimen Staatspolizei, Reinhard Heydrich, wurde am 20. Januar 1942 die sogenannte „Endlösung der Judenfrage" beschlossen, d.h. die planmäßige massenweise Ermordung von Juden in Konzentrationslagern. Dieser Beschluß war ein Ausdruck des radikalen Antisemitismus, den Hitler und die Nationalsozialisten vertraten. Bereits im Januar 1939 hatte Hitler als Ergebnis eines kommenden Krieges „die Vernichtung der jüdischen Rasse in Europa" verkündet.
Der Mordmaschinerie, für die die Namen Auschwitz-Birkenau, Maydanek, Treblinka, Belzec nur stellvertretend genannt seien, fielen etwa 3–4 Millionen Menschen zum Opfer. Ohne die Mitwirkung zahlreicher Behörden z.B. der Reichsbahn, und ohne die Mithilfe zahlloser untergeordneter

Helfer, die nur „ihren Dienst“ taten und nicht selbst mordeten, wäre die Realisierung der „Endlösung“ nicht möglich gewesen. Die technisch-bürokratische Organisation des Verbrechens teilte die Verantwortung und machte das „Wegsehen“ möglich. Die offizielle Geheimhaltung der unübersehbaren Verbrechen, der Terror und die Angst selbst Opfer dieser Maschinerie zu werden, verhinderte einen wirksamen Widerstand.

**T 1 Reaktionen auf den Boykott der Juden 1935**

*Gewährsleute berichteten aus Deutschland an die Exil-SPD.*

[...] Die Besitzer von Gaststätten werden gezwungen – mit Boykottandrohungen und „anderen Folgen“ – Schilder anzubringen mit der Aufschrift: „Hier sind Juden unerwünscht“. Die meisten Gaststätten haben diese Schilder schon. Viele hängen sie an versteckten Plätzen auf. In einem Cafe in Kassel fand ein jüdischer Stammgast eines Tages auch dieses Plakat vor. Er stellte die Wirtin zur Rede, weil sie ihm noch nichts gesagt habe, daß er ein ihr unerwünschter Gast sei. Die Wirtin bat dutzendmale um Entschuldigung und sagte dem Gast, er solle doch bleiben, das Schild habe sie nehmen müssen.

Der Besitzer des „Schloßhotels Wilhelmshöhe“ weigerte sich, ein solches Schild zu nehmen. Man drohte ihm, daß er die Tragweite seiner Handlung noch zu spüren bekomme.

In Kassel ging eine Jüdin auf den Wochenmarkt. Eine Gemüsehändlerin schreit über ihren Stand weg zu ihr hinüber: „Frau, bei uns können Sie ruhig kaufen, wir sind keine Nazi.“ Die Jüdin kauft bei der Gemüsefrau, schweigt, zählt das Geld für die Ware hin und sagt: „Stimmt es?“ Darauf die Gemüsefrau: „Jawohl, es stimmt, mir kann das ganze Nazipack [...]“ [...]

(Deutschlandberichte der Sopade 2/1935, a.a.O., S. 814)

**T 2 Mob in Lübeck, Juli 1935**

[...] Ende April wurde ein älterer Jude, mit einem Plakat um den Hals, durch die Straßen Lübecks geführt, fortwährend von der zusammengelaufenen Menge getreten, bespuckt und beschimpft. Beim Anspucken taten sich besonders die Mädels vom BdM hervor. Dem Vorfall soll folgendes zugrunde liegen: Der Inhaber einer Altwaren-Verwertungsfirma, die ungefähr 50 Personen beschäftigte, soll keine Angestelltenmarken für die Angestellten geklebt oder zu spät geklebt haben (jedenfalls soll es mehr auf Nachlässigkeit zurückzuführen gewesen sein). Der Mann löste seine Firma auf und wollte nach Hamburg ziehen. Nazistellen dirigierten einen Trupp Erwerbslose, die des Glaubens waren, sie sollten dort Lumpen sortieren, zu dem Mann hin. Dort sagte man ihnen erst, daß sie ihn durch die Straßen führen sollten. Sie erwischten aber nicht den Geschäftsinhaber, sondern seinen gänzlich unbeteiligten Bruder. Der Vorgang hat auf viele Menschen des Bürgertums sehr abstoßend gewirkt. Die mißbrauchten Arbeitslosen erklärten hinterher, sie würden sich ein zweites Mal für eine so gemeine, furchtbare Sache nicht mehr gebrauchen lassen. [...]

(Ebenda, S. 811)

**T 3 Es gab auch unabhängige Menschlichkeit**

*Aus Göttingen ein Beispiel:*

Als meine Mutter einmal Herrn Max Hahn auf dem Markt ansprach, trat ein SS-Mann hinzu und fragte, ob sie denn wisse, mit wem sie spreche. Meine Mutter erwiderte: „Natürlich ich werde doch wohl noch mit meinem langjährigen Hauswirt sprechen dürfen!“ – Frau Hahn bat meine Mutter, nicht neben ihr durch die Straßen zu gehen. Damit gefährde sie sich. Sie verabredeten, künftig dicht hintereinander zu gehen und sich so zu unterhalten. Das klappte. Nur einmal durchbrach Frau Hahn diese Taktik: freudig erregt stürzte sie auf meine Mutter zu und sagte: „Stellen sie sich vor, wir haben unsere Ausreisepapiere nach England bekommen.“

*Das Ehepaar Hahn wurde 1939 vom Ausbruch des 2. Weltkrieges überrascht, nach Osten deportiert und umgebracht.*

(U. Popplow, Göttingen 1932–1935. In: Göttinger Jahrbuch 1979, S. 194).

**T 4 Gesetz „zum Schutze des deutschen Blutes und der deutschen Ehre“, vom 15. September 1935**

Durchdrungen von der Erkenntnis, daß die Reinheit des deutschen Blutes die Voraussetzung für den Fortbestand des deutschen Volkes ist, und beseelt von dem unbeugsamen Willen, die deutsche Nation für alle Zukunft zu sichern, hat der Reichstag einstimmig das folgende Gesetz beschlossen, das hiermit verkündet wird.

§ 1. 1. Eheschließungen zwischen Juden und Staatsangehörigen deutschen oder artverwandten Blutes sind verboten. Trotzdem geschlossene Ehen sind nichtig, auch wenn sie zur Umgehung dieses Gesetzes im Auslande geschlossen sind.

2. Die Nichtigkeitsklage kann nur der Staatsanwalt erheben.

§ 2. Außerehelicher Verkehr zwischen Juden und Staatsangehörigen deutschen oder artverwandten Blutes ist verboten.

§ 3. Juden dürfen weibliche Staatsangehörige deutschen oder artverwandten Blutes unter 45 Jahren nicht in ihrem Haushalt beschäftigen.

**Abb. 32 Den sechseckigen Stern aus gelbem Stoff** mit der Aufschrift „Jude“ mußten ab 1. September 1941 alle Juden im Deutschen Reich tragen. Im eroberten Polen war dies bereits seit dem Herbst 1939 Pflicht.

**Abb. 33 Hanau, Bahnhof, am 28. Mai 1942, 16 Uhr:** Unter den Augen zahlreicher Zuschauer werden die letzten Hanauer Juden abtransportiert.

**Abb. 34 Das KZ Auschwitz war mit 40 km² das größte Vernichtungslager.** Sofort nach der Ankunft nahmen SS-Ärzte die sogenannten Selektionen vor, die Auswahl der Juden nach Einschätzung ihrer Arbeitskraft und nach ihrem Alter.

§ 4. 1. Juden ist das Hissen der Reichs- und Nationalflagge und das Zeigen der Reichsfarben verboten.
2. Dagegen ist ihnen das Zeigen der jüdischen Farben gestattet. Die Ausübung dieser Befugnis steht unter staatlichem Schutz.
§ 5. 1. Wer dem Verbot des § 1 zuwiderhandelt, wird mit Zuchthaus bestraft.
2. Der Mann, der dem Verbot des § 2 zuwiderhandelt, wird mit Gefängnis oder mit Zuchthaus bestraft.
3. Wer den Bestimmungen der §§ 3 oder 4 zuwiderhandelt, wird mit Gefängnis bis zu einem Jahr und mit Geldstrafe oder mit einer dieser Strafen bestraft. [...]
(Hofer, Dokumente, a.a.O., S.285)

### T 5 Aus dem Protokoll der „Wannsee-Konferenz“ zur „Endlösung der Judenfrage“, 20. Januar 1942

Der Chef der Sicherheitspolizei und des SD, SS-Obergruppenführer Heydrich, teilte eingangs seine Bestallung zum Beauftragten für die Vorbereitung der Endlösung der europäischen Judenfrage durch den Reichsmarschall mit und wies darauf hin, daß zu dieser Besprechung geladen wurde, um Klarheit in grundsätzlichen Fragen zu schaffen. Der Wunsch des Reichsmarschalls, ihm einen Entwurf über die organisatorischen, sachlichen und materiellen Belange im Hinblick auf die Endlösung der europäischen Judenfrage zu übersenden, erfordert die vorherige gemeinsame Behandlung aller an diesen Fragen unmittelbar beteiligten Zentralinstanzen im Hinblick auf die Parallelisierung der Linienführung.
Die Federführung bei der Bearbeitung der Endlösung der Judenfrage liege ohne Rücksicht auf geographische Grenzen zentral beim Reichsführer-SS und Chef der Deutschen Polizei (Chef der Sicherheitspolizei und des SD). [...]
III. An Stelle der Auswanderung ist nunmehr als weitere Lösungsmöglichkeit nach entsprechender vorheriger Genehmigung durch den Führer die Evakuierung der Juden nach dem Osten getreten.
Diese Aktionen sind jedoch lediglich als Ausweichmöglichkeiten anzusprechen, doch werden hier bereits jene praktischen Erfahrungen gesammelt, die im Hinblick auf die kommende Endlösung der Judenfrage von wichtiger Bedeutung sind. [...]
Unter entsprechender Leitung sollen im Zuge der Endlösung die Juden in geeigneter Weise im Osten zum Arbeitseinsatz kommen. In großen Arbeitskolonnen, unter Trennung der Geschlechter, werden die arbeitsfähigen Juden straßenbauend in diese Gebiete geführt, wobei zweifellos ein Großteil durch natürliche Verminderung ausfallen wird.
Der allfällig endlich verbleibende Restbestand wird, da es sich bei diesem zweifellos um den widerstandsfähigsten Teil handelt, entsprechend behandelt werden müssen, da dieser, eine natürliche Auslese darstellend, bei Feststellung als Keimzelle eines neuen jüdischen Aufbaues anzusprechen ist. (Siehe die Erfahrung der Geschichte.)
Im Zuge der praktischen Durchführung der Endlösung wird Europa von Westen nach Osten durchgekämmt. [...]
(Hofer, Dokumente, a.a.O., S.303ff.)

### T 6 Peter Brückner: Die „Technik des Nichtwissens“, 1980

*Brückner war Professor für Psychologie an der Technischen Universität Hannover.*

[...] Die zweite Gruppe von Informationen war jedermann zugänglich, wie mir scheint. Sie betraf das Schicksal der Juden. Der langsame Prozeß ihrer Entrechtung vollzog sich öffentlich. Aber dennoch hat es sehr lange gedauert, bis mir die eigentliche und furchtbare Bedeutung des praktizierten Antisemitismus aufging. Ich meine damit, daß ich keine zureichende Vorstellung, keine Phantasie über das Elend hatte, das die NS-Gesetzgebung über die Juden brachte, und das alle Informationen über das jüdische Schicksal für mich lange Zeit hindurch isolierte, fragmentierte Nachrichten geblieben sind, ohne Verbindungen zu jenem – schwankenden, widersprüchlichen – Konzept des „Ganzen“ der NS-Gesellschaft, wie es sich in einem 16jährigen langsam bildete.
Nicht die „Kristallnacht“, sondern die Emigration des Vaters meiner Halbbrüder brachten hier die Zäsur. Bis dahin, Herbst 1938, blieb das Schicksal der Juden für mich viel randständiger als das der Kommunisten oder der Homosexuellen. Dazu trug zweifellos bei, daß es zwar wenigstens Gerüchte über KZ-Lager, politische Verfolgung gab; auch über Erschlagene, Gefolterte, Erschossene, Verschwundene, aber keine Gerüchte über das Leben – oder das langsame Sterben – der Juden.
Man sah sie ja auch nicht mehr, oder kaum. Und wenn man sie sah, hätte man sie nicht erkannt. Woran denn? Daß es ewig Gerüchte über Judenverfolgungen gab, ist gleichwohl merkwürdig, und wenn diese meine Erfahrung hier verallgemeinert werden darf, so vielleicht auch eine andere. Ich sagte schon: Wir wußten, daß es KZ's gab, und kannten – ungefähr – ihre Realität. Dennoch habe ich viele Lagernamen erst nach dem Krieg gehört. Die Gerüchtebildung war also auch hier bemerkenswert unvollständig. Ich habe keine Theorie über die mutmaßlichen Ursachen, ich glaube aber, wenigstens ein dafür wichtiges Element der damaligen Kommunikationsstrukturen zu erkennen.
Es gab bei manchem sonst Hellhörigen eine spürbare Abwehr dagegen, gewisse Nachrichten über das Grauen im NS-Staat zur Kenntnis zu nehmen: Man erschrak, aber verstummte, wurde unwillig, vergaß. Ich wollte wissen, und das „Vergessen“ erschien uns als unwürdig. Und doch erinnerte ich mich, daß ich gelegentlich den Impuls spürte, mich zuzuschließen, wie ein indischer Affe nichts zu sehen und nichts zu hören. Warum? Doch nicht um mich der Einsicht in

Sturktur, Charakter und Zielsetzung des „Dritten Reichs" zu entziehen. Manchmal aus Scham: es gab Verbrechen, denen gegenüber es fast unerträglich sein konnte, Zuhörer zu sein. Im Zugabteil reichten junge Soldaten Fotos herum – nicht die ihrer Bräute, sondern die aufgehängten Polen oder Russen; der Soldat, grinsend, im Vorder- oder Hintergrund, je nachdem. Manchmal aus Angst: vor der Sühne. (War ich denn nicht unschuldig? Gibt es denn im geschichtlichen Kontext Unschuld?) Manchmal – aus Grauen. Ich wollte ja leben, und nicht nur überleben, das heißt aber: Ich wollte auch lachen, mich verlieben, mit Genuß meinen Tee trinken und Gedichte schreiben, und das – oder Ähnliches – wollten auch meine Freunde. Wie soll man das Leben nicht lieben? Und wie konnte man das – nur zu genau wissend, was im Machtbereich des NS-Staates und seiner Heere geschah? [...]
(P. Brückner, Das Abseits als sicherer Ort. Berlin 1980, S. 146f.)

### T 7 Norbert Frei: Das Problem der „Wahrheit" über den Judenmord, 1983

[...] Für Hunderttausende, die mit Sammeltransporten in die Vernichtungslager gebracht wurden, gibt es keine Statistiken und Personenlisten. Unter dem Vorwand, die „exakte Wahrheit" eines in Wirklichkeit namenlos-unsagbaren Grauens erkunden zu wollen, werden Rechenexempel angestellt, die der Bagatellisierung dienen sollen; daneben stehen üble Versuche, das Unrecht an den Juden gegen ein anderes Unrecht – etwa die Vertreibung der Ostdeutschen nach dem Krieg – aufzurechnen. Der im wahrsten Sinne des Wortes unglaubliche Vorgang der technokratisch-kalt ins Werk gesetzten, fabrikmäßigen Ermordung von Menschen aus dem alleinigen „Grund" ihres behaupteten „blutmäßig-rassischen" Andersseins entzieht sich letztlich der Darstellung ebenso wie einer Erklärung. Nicht zuletzt dies machen teilweise deprimierende neue Untersuchungen deutlich, die der Frage nachgehen, was die Alliierten über den Holocaust in den Gaskammern und Erschießungsgruben des Ostens wußten oder wissen konnten: Ein Verbrechen, das noch der pervertiertesten „Funktionalität" entbehrt, scheint sich dem Wissen-Wollen wie dem Glauben-Können des vernunftgeleiteten Individuums, aber auch ganzer Gesellschaftsgruppen und politischer Funktionseliten zu versperren. Die Initiatoren des Massenmordes profitierten davon – wie von der Arbeits- und Verantwortungsteilung der modernen Industriegesellschaft, die das Verbrechen an den Juden selbst für die Mehrheit jener Deutschen verdrängungsfähig machte, die damit als Beamte, Soldaten, Ingenieure, Techniker, Eisenbahner usw. in Verbindung gerieten oder davon erfuhren. [...]
(N. Frei, Die Juden im NS-Staat. In: Ploetz, Das Dritte Reich, a.a.O., S. 194)

### T 8 Die Rettung der Frieda Kleinmann

Ich stamme aus Lodz. Bei Kriegsausbruch wurde meine Familie erst ins Ghetto, dann nach Auschwitz gebracht. Meine Mutter, meine Schwester und ihr Sohn, mein Bruder, seine Frau und Sohn, kamen alle in Auschwitz um. Ich wurde nach Stuttgart überführt. Mit der Annäherung der Sowjetarmee wurde das Lager verlassen, und der Todesmarsch von 10000 Mädchen, die in Stutthoff konzentriert gewesen waren, begann. Es blieben viele Leichen auf dem Weg. Dann kamen wir an einen Ort in die Nähe der Ostsee. Nachts wurden wir an das Meeresufer gebracht. Eine dicke Eisschicht bedeckte den Grund. Wir erhielten den Befehl vorwärtszumarschieren, und die Vernichtung begann. Damit niemand flüchten konnte, wurde die Gegend mit Leuchtraketen hell beleuchtet. Als die Reihe an unsere Gruppe kam, ertönte der Befehl: „Aufstehen, laufen!" Vor Angst konnte ich mich nicht erheben. Plötzlich fühlte ich, daß ich an zwei Stellen getroffen war – am Bein und im Bauch. Ich fiel in Ohnmacht. Als ich zu mir kam, war es Morgen. Ich lag und wartet auf den Tod. Doch der Tod kam nicht. So lag ich eine Weile bewußtlos, bis ich davon erwachte, daß ich dabei war zu ertrinken. Das Gewicht der Leichen hatte das Eis zum Auftauen gebracht. Ich beschloß, das Trockene zu erreichen. Ich wußte nicht, wo ich war. Verwundet und mit meinen letzten Kräften erreichte ich ein Haus. Ich sagte der Frau, die mir entgegenkam, daß ich Jüdin sei, vielleicht die einzige Überlebende der Massenvernichtung und wie durch ein Wunder gerettet, von den Tausenden von Mädchen. Ich bat sie, mich aufzunehmen. Ich sah schrecklich aus. Sie fragte voll Entsetzen: „Das haben die Deutschen gemacht? Ich habe gedacht, daß das Schießen von der nahen Front komme." Frau Erne Händel fing an zu weinen, umarmte mich, tröstete mich, nahm mich in ihr Haus, und von da an pflegte sie mich wie eine Mutter. Sie nahm mir die blutbefleckten Fetzen ab, reinigte und entlauste mich, pflegte meine Wunden. Gab mir vorsichtig zu Essen, bereitete mir ein reines Bett vor und legte mich zu Bett. Sie streichelte mich und sagte: „Jetzt bist du wieder ein Mensch wie alle anderen. Du bleibst bei mir bis zum Ende des Krieges." Schon nach zwei Tagen kamen SS-Leute ins Haus, die seit der Massenvernichtung die Gegend absuchten, um zu sehen, daß keiner sich rettete. Sie fragten, warum ich einen rasierten Kopf habe, wo ich verwundet worden sei und ob ich nicht Jüdin bin. Ich erklärte ihnen, daß ich eine polnische Christin wäre, daß ich bei Frau Härtel arbeite, daß mein Kopf rasiert sei, weil ich Typhus gehabt habe, daß meine Dokumente beim Luftangriff auf die Eisenbahn auf der Fahrt mit Frau Härtel von Königsberg i.Pr. verlorengegangen waren. All das hatte mir Frau Härtel beigebracht.
(A. M. Keim [Hrsg.], Yad Vashem: Die Judenretter aus Deutschland. München 1983, S. 60)

## T 9 Schätzungen über den zahlenmäßigen Umfang der Ausrottungen

| | Mindestzahl | Höchstzahl | Schätzungen des Anglo-Am. Komitees, April 1946 | |
|---|---|---|---|---|
| Deutschland (Grenzen von 1937) | 160 000 | 180 000 | 195 000 | |
| Österreich | 58 000 | 60 000 | 53 000 | |
| Tschechoslowakei (Grenzen von 1937) | 233 000 | 243 000 | 255 000 | |
| Dänemark | (weniger als 100) | | 1 500 | (meist Flüchtlinge in Schweden) |
| Frankreich | 60 000 | 65 000 | 140 000 | |
| Belgien | 25 000 | 28 000 | 57 000 | |
| Holland | 104 000 | 104 000 | 120 000 | |
| Luxemburg | 3 000 | 3 000 | 3 000 | |
| Norwegen | 700 | 700 | 1 000 | |
| Italien | 8 500 | 9 500 | 20 000 | |
| Jugoslawien | 55 000 | 58 000 | 64 000 | |
| Griechenland | 57 000 | 60 000 | 64 000 | |
| Bulgarien (Vorkriegsgrenzen) | – | – | 5 000 | |
| Rumänien (Vorkriegsgrenzen) | 200 000[1] | 220 000[1] | 530 000 | |
| Ungarn (Grenzen vor Erstem Wiener Schiedsspruch) | 180 000 | 200 000 | 200 000 | |
| Polen (Vorkriegsgrenzen) | 2 350 000[1] | 2 600 000[1] | 3 271 000 | |
| Sowjetunion (Vorkriegsgrenzen plus baltische Staaten) | 700 000[1] | 750 000[1] | 1 050 000 | |
| | | | 6 029 500 | |
| | | Abzüglich DP's[2] | 308 000 | |
| | 4 194 000[1] | 4 851 200[1] | 5 721 500 | |

1 Verläßliche Zahlenangaben liegen in diesem Fall nicht vor. Es handelt sich also nur um annähernde Schätzungen.
2 DP = Displaced Persons = Von Deutschen verschleppte Menschen.

(Hofer, Dokumente. a.a.O., S. 306f.)

**Problem und Diskussion**

**1** *Erarbeiten Sie mit Hilfe der Quellen T 1–T 3 Reaktionsmöglichkeiten der Bevölkerung auf die Judendeportationen.*

**2** *Beschreiben Sie mit Hilfe von T 4 und T 5 die Grundzüge der Judenpolitik der NS-Machthaber.*

**3** *Informieren Sie sich über die frühe Geschichte des Antisemitismus in Deutschland. (Stadtbibliothek, Schülerbücherei)*

**4** *Diskutieren Sie mit Hilfe von T 6–8, wie Sie sich unter der Herrschaft des Nationalsozialismus angesichts von Nachrichten über die Verbrechen an Juden verhalten hätten. Entwickeln Sie Handlungsmöglichkeiten (Rollenspiel) und überprüfen Sie diese an der Realität des nationalsozialistischen Herrschaftssystems.*

## 6.3 Vernichtung „lebensunwerten Lebens“

Nicht nur die Juden waren Opfer der nationalsozialistischen Verfolgungs- und Mordmaschinerie, sondern auch die Sinti (Zigeuner) und die Angehörigen der Religionsgemeinschaft „Zeugen Jehovas“. Aber auch Geisteskranke, körperlich mißgebildete und schwerbehinderte Menschen wurden von der NS-Mordmaschinerie erfaßt. Die „Vernichtung lebensunwerten Lebens“ war bereits vor 1933 in Deutschland von Ärzten diskutiert und propagiert worden. Die Nationalsozialisten schufen 1933 und 1935 gesetzliche Grundlagen (Sterilisations- und Ehegesundheitsgesetze), durch die Behinderte der Zwangssterilisierung unterworfen wurden und ihnen zum Teil die Eheschließung verboten wurde.

In Schulbüchern und in Vorträgen wurde die sozialdarwinistische Auffassung verbreitet, daß behinderte und mißgebildete Menschen lebensunwert seien. Man müsse der Natur wieder zu ihrem „Recht“ verhelfen.

Mit Ausbruch des Krieges wurde eine geheimgehaltene Aktion „T 4“ organisiert, bei der in bestimmten Heil- und Pflegeanstalten etwa 70000 Geisteskranke und körperlich Mißgebildete durch Gas oder Gift getötet wurden. Die beteiligten Ärzte, Pflegerinnen und Pfleger waren zur strengsten Geheimhaltung verpflichtet. Trotzdem wurde die Aktion aufgrund der Transporte von Geisteskranken bekannt. Als Folge der massiven Proteste christlicher Kirchenführer wurden die Aktionen im Jahre 1941 offiziell eingestellt (vgl. 5.2). Heimlich wurden sie aber bis Kriegsende in manchen Anstalten fortgesetzt.

### T 1 Vernichtung „lebensunwerten Lebens“ im ehemaligen Krüppelheim Grafeneck

*Die Anstalt Grafeneck auf der Rauhen Alb wurde wie andere psychiatrische Anstalten als Tötungsanstalt eingerichtet. Erwachsene und Kinder, deren Leben als „unwert“ befunden worden war, wurden erschossen oder vergast. Die Leichname wurden verbrannt. Einige kurze Berichte sollen die Situation verdeutlichen, in der sich die „Kranken“, das Personal solcher Anstalten und die Bewohner umliegender Siedlungen befanden, denen das Geschehen nicht entgehen konnte.*

Das gesamte Personal von Grafeneck hatte strengste Anweisung, die Stadt Münsingen und die umliegenden Dörfer keinesfalls zu betreten. Wir durften die Anstalt nur mit ausdrücklicher Genehmigung des Direktors verlassen und mußten dabei auch ausdrücklich angeben, wohin wir gingen. Vor allem wurde darauf gesehen, daß wir keine Lokale besuchten. Später wurde uns eine Ausnahme gestattet mit der Gestütswirtschaft (Eisenschmid) in Marbach, mit der Maßgabe, daß wir dort ab und zu hingehen könnten. Als Erklärung hierzu muß ich noch hinzufügen, daß wir, d.h. das Pflegepersonal, sehr erstaunt waren, als beim Ausladen des Sonderzuges aus Bedburg-Hau, Herr und Frau Eisenschmid zugegen waren. Anschließend, vermutlich am gleichen Abend, erklärte uns Dr. Baumhardt, daß das Ehepaar Eisenschmid in die ganze Sache eingeweiht worden wäre, und wir deshalb ab und zu diese Wirtschaft betreten könnten. Aus unserer Abgeschlossenheit ergab sich natürlich, daß unsere Kantine (gleichzeitig Aufenthaltsraum) sich selten über schlechten Besuch beklagen konnte.

*Ein im Krematorium beschäftigter „Brenner“ der Anstalt Hartheim berichtete am 4.5.1945 vor dem Landgericht Linz u.a.:*

Ein andermal kam ein Transport mit Frauen, welche mit Typhus behaftet waren. Über Auftrag des Hauptmann Wirth wurden vier Frauen in den roten Raum gebracht und dort von Hauptmann Wirth durch Genickschuß erledigt. Weil ich gerade von den Frauen spreche, möchte ich erwähnen, daß diese leichter zu verbrennen waren als die Männer. Ich glaube, dies war deshalb möglich, weil sie mehr Fettstoff haben als die Männer. Auch haben diese ein leichteres Knochengerüste. Die Rückstände von den Verbrennungen wurden anfänglich in die Donau geworfen und später vergraben.

*Die Berichte lassen auch die außerordentlichen seelischen Belastungen erkennen, denen das Personal ausgesetzt war. Die „Euthanasie-Täter“ müssen darauf hingewiesen werden, daß sie ihre Pflicht zu tun haben, „wie Soldaten an der Front“.*

Überhaupt wurden uns, um unser Gewissen zu beschwichtigen, häufig Vorträge gehalten, in denen man uns durch Statistiken, Beispiele usw. die Notwendigkeit dieser Aktion klarzumachen versuchte. Derartige Vorträge wurden auch verschiedentlich von Direktoren von Heilanstalten gehalten. Bei den Vorträgen spielten Statistiken wirtschaftlicher Art eine besondere Rolle. So wurde z.B. angeführt, wie viel Häuser erbaut werden könnten für die Kosten, die durch die Pflege der Geisteskranken entstehen, oder wie viel eltern- und mittellose Kinder ausgebildet werden könnten usw. Man suchte uns auch zu überzeugen, daß die Art der Beseitigung die denkbar humanste sei, denn die Kranken würden durch das Gas nur einschlafen und nichts mehr spüren.

*Ein Transport von 60 Kindern im Alter von acht bis zwölf Jahren entkommt den Gaskammern.*

Einmal kam ein Transport mit Kindern, woher unbekannt. Dr. Baumhardt sah sich die Kinder an, stellte fest, daß sie zurechnungsfähig waren und halbwegs brauchbare Menschen daraus gemacht werden konnten. Er lehnte die Tötung ab, ließ abends im Speisesaal des Schlosses eine Veranstaltung durch die Kinder aufführen, sie sangen und spielten sehr nett und wurden am anderen Tag vollzählig zurückgeschickt.

*Nicht nur Geisteskranke werden getötet. Die Frauenschaftsführerin Else von Löwis, Tochter des früheren badischen Justizministers von Dusch, schreibt am 25. November 1940 an die Frau des Obersten Richters der NSDAP, Walter Buch:*

Mein Vertrauen auf eine siegreiche Überwindung aller Schwierigkeiten und Gefahren, die sich dem ‚größeren Deutschland' auf seinem Weg entgegengestellt haben, ist bis jetzt durch nichts erschüttert worden, und ich habe mich im Glauben an den Führer unbeirrt durch alle Dickichte gekämpft; aber bei dem, was jetzt an uns herantritt, wird einem, wie mir gestern eine junge, 100%ige Parteigenossin sagte, die im rassenpolitischen Amt mitarbeitet, einfach der Boden unter den Füßen weggezogen.

Sie wissen sicher von den Maßnahmen, durch die wir uns zur Zeit der unheilbar Geisteskranken entledigen, aber vielleicht haben Sie doch keine rechte Vorstellung davon, in welcher Weise und in welch ungeheuerlichem Umfang es geschieht, und wie entsetzlich der Eindruck ist im Volk! Hier in Württemberg spielt sich die Tragödie in Grafeneck auf der Alb ab, wodurch dieser Ort einen ganz schauerlichen Klang bekommen hat [...]

Man kann darüber verschiedener Meinung sein, inwieweit Menschen sich das Recht anmaßen dürfen, über Tod und Leben ihrer Mitmenschen zu entscheiden; eins steht jedoch wohl fest: Dieses Recht muß gesetzlich streng festgelegt und mit höchster Gewissenhaftigkeit ausgeübt werden, wenn nicht den gefährlichsten Leidenschaften und dem Verbrechen Tür und Tor geöffnet werden soll. Es war doch von jeher eine beliebte Methode, sich z.B. unbequemer Verwandter dadurch zu entledigen, daß man sie für verrückt erklärte und im Irrenhaus unterbrachte ...

Es sind ja durchaus nicht nur die hoffnungslos Verblödeten und Umnachteten, die es trifft, sondern wie es scheint, werden allmählich alle unheilbar Geisteskranken – daneben auch Epileptiker, die geistig gar nicht gestört sind – erfaßt. Darunter befinden sich vielfach Menschen, die am Leben noch Anteil nehmen, ihr bescheidenes Teil Arbeit leisten, die mit ihren Angehörigen in brieflichem Verkehr stehen; Menschen, die, wenn das graue Auto der SS kommt, wissen, wohin es geht und was ihnen bevorsteht. Und die Bauern auf der Alb, die auf dem Feld arbeiten und diese Autos vorbeifahren sehen, wissen auch, wohin sie fahren, und sehen Tag und Nacht den Schornstein des Krematoriums rauchen. Wir wissen doch auch, daß unter den unheilbar Geisteskranken sich viele geistig hochstehende Menschen befinden, solche, die nur partiell gestört sind, und solche, die nur periodisch gestört sind, und die dazwischen Zeiten vollkommener Klarheit und erhöhter Geistestätigkeit haben. Genügte es denn nicht, daß man sie sterilisiert hat, und ist es nicht entsetzlich zu denken, daß über diesen allen nun das Damoklesschwert von Grafeneck hängt?

Wie ich das alles so hinschreibe, erfaßt mich wieder dermaßen die Ungeheurlichkeit dieser Dinge, daß ich meine, ich müsse aus einem bösen Traum erwachen! Und ausgerechnet jetzt soll die Frauenschaft eine große Werbeaktion in Szene setzen! Was ist das aber für Werbematerial für die katholische Kirche!

Jetzt klammern die Menschen sich noch an die Hoffnung, daß der Führer um diese Dinge nicht weiß, nicht wissen könne, sonst würde er dagegen einschreiten; auf keinen Fall wisse er, in welcher Weise und in welchem Umfang sie geschehen. Ich habe aber das Gefühl, als dürfe es nicht mehr lange so weitergehen, sonst ist auch dieses Vertrauen erschüttert. Es ist ja immer ergreifend, gerade bei einfachen Menschen diesem Vertrauen, diesem selbstverständlichen: ‚Der Führer weiß davon selbstverständlich nichts' zu begegnen, und diese Waffe müsen wir blank erhalten wie keine andere! [...]

Man darf die Welle der Empörung aber nicht so stark werden lassen, daß sie sich gewaltsam Bahn bricht oder, was noch schlimmer wäre, uns von innen heraus anfrißt. Die Sache muß vor das Ohr des Führers gebracht werden, ehe es zu spät ist, und es muß doch einen Weg geben, auf dem die Stimme des deutschen Volkes das Ohr seines Führers erreicht!

*Was hier unter humanen Gesichtspunkten gesehen wird, muß der Oberste NS-Richter in seinem Brief vom 7. Dezember an den zuständigen Reichsführer SS Himmler rassistisch verbrämen, um Gehör zu finden:*

... Mein lieber Himmler!

Es hat für mich in meinem Leben drei Frauen gegeben, die ich außerhalb aller anderen stellen mußte. Alle drei waren für mich eher vom Himmel gestiegene nordische Göttinnen als Frauen, zu denen ich etwa hätte auf die gleiche Stufe treten dürfen. Die eine war Karin Göring, die beiden andern: die Schwestern Grete und Else von Dusch (jetzt Frau von Löwis). Der Vater war badischer Justizminister, mit meinem Vater befreundet. Wenn die Familie: Eltern, Schwestern

und Bruder aufkreuzte, alle zwischen 1,80 und 1,90 m groß, dann versank alles andere. Ich habe nie wieder in meinem Leben so bildschöne, nordische Menschen gesehen. [...]
Wenn ich nicht so grenzenloses Vertrauen zu meinem Reichsführer SS hätte und damit die Gewißheit, daß der Frau auf ihren Brief hin nichts geschieht, dann hätte ich ihn nie abgeschickt. Aber ich weiß, daß die Frau, die nur ganz wenig älter ist als ich, glühend an der Bewegung hängt und von ihrem Familiensitz, Schloß Mauren, Kreis Böblingen in Württemberg aus schon unendlich viel als Frauenschaftsführerin getan hat. Wenn sie uns so schreibt, dann nur, weil sie sich in ihrer Not nicht auskennt und weil sie Dinge sieht, die ihr nicht in den Kopf wollen. Sie versteht es ebenso wenig wie ich. Ich habe nie davon gehört, kann mir vorstellen, was los ist, bin aber der Auffassung, daß etwas daran falsch sein muß, wenn es solche Wogen schlägt. Es gibt gewiß Dinge, die ein Mann verkraftet, an die man aber eine Frau nie hinkommen lassen darf. Also, wenn heute Dinge von uns angepackt werden müssen, weil wir das ewige Leben unseres Volkes erringen wollen, Dinge, vor denen Frauen schaudern müssen, dann müssen sie so angepackt werden, daß sie wirklich verborgen bleiben. Meine Bitte geht dahin, den Dingen nachzugehen, ohne die Frau, für die ich ganz und gar bürge, damit weiter zu behelligen. Irgend etwas muß da falsch sein und von Schaden für die Bewegung, sonst wäre die gute Seele nicht so aus dem Häuschen geraten.

*Himmler antwortet am 19. Dezember dem „lieben Parteigenossen" u. a.:*
Die SS hilft hier nur durch Wagen, Autos u. ä. aus. Der fachkundige und verantwortungsvolle Arzt ist der Befehlende.
In einem Punkt gebe ich Ihnen Recht. Wenn die Angelegenheit so publik wird, wie offenkundig dort, so liegen Fehler in der Durchführung vor. Daß die Durchführung allerdings immer schwer ist, ist auf der anderen Seite klar.
Ich werde mit der zuständigen Stelle sofort in Verbindung treten und sie auf die Fehler aufmerksam machen und den Rat geben, Grafeneck einschlafen zu lassen.

*Der Brief Himmlers an die „zuständige Stelle" vom 19. 12. 1940 ist ebenfalls erhalten. Dort heißt es u. a.:*
Wie ich höre, ist auf der Alb wegen der Anstalt Grafeneck eine große Erregung. Die Bevölkerung kennt das graue Auto der SS und glaubt zu wissen, was sich in dem dauernd rauchenden Krematorium abspielt. Was dort geschieht, ist ein Geheimnis und ist es doch nicht mehr. Somit ist dort die schlimmste Stimmung ausgebrochen, und es bleibt meines Erachtens nur übrig, an dieser Stelle die Verwendung der Anstalt einzustellen und allenfalls in einer klugen und vernünftigen Weise aufklärend zu wirken, indem man gerade in der dortigen Gegend Filme über Erb- und Geisteskranke laufen läßt.
Ich darf Sie um eine Mitteilung bitten, wie dieses schwierige Problem gelöst wurde.
*Die Todesanstalt Grafeneck stellte bald nach diesem Schriftwechsel ihre grausame Tätigkeit ein. Dies dürfte allerdings nicht in Zusammenhang mit Himmlers Anfrage gestanden haben, sie hatte ihre „Arbeit" programmgemäß beendet. Im August 1940 waren 1411 Menschen getötet worden, im September 1228, im Oktober 761 und im November 971.*
(Nach: E. Klee, Euthanasie im NS-Staat. Frankfurt 1983, S. 159–163, 289–291)

**Problem und Diskussion**

**1** *Lesen Sie T 1 und stellen Sie Vermutungen über die Situation des Personals der Tötungsanstalt, aber auch der Bevölkerung der umliegenden Siedlungen an.*

**2** *Wie haben sich die Bewohner der Nachbarschaft verhalten und wie hätten sie sich Ihrer Meinung nach verhalten sollen?*

**3** *Wie haben sich die Frauenführerin und der Oberste Richter der NSDAP verhalten und wie reagiert der Reichsführer SS Heinrich Himmler?*

**4** *Stellen Sie mit Hilfe von T 1 und Texte T 1 u. 2 in Abschnitt 5.2 Vermutungen an, inwieweit Proteste die Machthaber des Dritten Reiches beeindruckten.*

**5** *Diskutieren Sie die Feststellung der Frauenführerin, die Menschen klammerten sich bisher an die Hoffnung, „daß der Führer um diese Dinge nicht weiß, nicht wissen könne, sonst würde er dagegen einschreiten". Welche Situation des Volkes im Verhältnis zur Staatsmacht zeigt sich hinter solcher Bemerkung?*

## 6.4 Widerstand gegen das NS-Regime

Unter der Herrschaft des Nationalsozialismus gab es keinen einheitlichen breiten politischen Widerstand gegen das Regime. Dies hatte zwei Gründe: Zum einen verhinderte die Gestapo durch frühzeitige Verhaftungswellen das Entstehen einer wirksamen Opposition, und zum anderen fehlte dem Widerstand der Rückhalt in der Bevölkerung, da Hitlers Politik lange Zeit, bis zu den Niederlagen im Rußlandfeldzug 1943, populär war.

Der politische Widerstand war in viele unabhängige kleine Gruppen gespalten, die sich uneinig in ihrer Strategie waren oder nicht voneinander wußten oder aufgrund der tiefen weltanschaulichen Gegensätze nicht miteinander handeln konnten. Im wesentlichen wurde der politische Widerstand von Mitgliedern der verbotenen Linksparteien (KPD, SPD), aus den Gewerkschaften und aus den Kreisen der evangelischen und katholischen Kirche gebildet. Daneben gab es ab 1938 eine militärische Opposition. Angesichts der Verfolgung durch die Gestapo und der immer länger dauernder Herrschaft der Nationalsozialisten kam es zwischen den verschiedenen Widerstandsgruppen zu Kontakten, die sich vor allem auf die Fragen der Zukunftsplanungen für die Zeit nach dem Sturz des NS-Regimes erstreckten.

Neben dieser politischen Opposition, die als politischer Widerstandskampf gegen die NS-Herrschaft von den einzelnen Gruppen geführt wurde, gab es Formen von gesellschaftlicher Verweigerung gegenüber dem Regime, bei der einzelne Menschen oder ganze Gruppen versuchten, das Eindringen von Nationalsozialisten in ihre beruflichen Bereiche (Militär, Kirche, Bürokratie) zu verhindern. Eine andere Form der gesellschaftlichen Verweigerung bestand darin, daß man versuchte, bewußt an dem hergebrachten Brauchtum festzuhalten, um so ein Zeichen gegen die Nationalsozialisten zu setzen.

Unterhalb der Ebene des bewußten politischen Widerstands gab es auch eine Reihe von Widerstandshandlungen im Kleinen, ein nonkonformistisches Verhalten, mit dem das Regime aber nicht beseitigt oder auch nur bemerkenswert verunsichert werden konnte. Dieses nonkonformistische Verhalten reichte von der Verweigerung des Hitler-Grußes bis zur Nichtteilnahme an offiziell angesetzten NS-Feiern und NS-Kundgebungen, oder es zeigte sich u. a. in der Aufrechterhaltung des Kontaktes mit Juden oder durch das Eintreten für christliche Prinzipien im Alltag. Auch die Hilfe für Verfolgte oder die Versorgung von ausländischen Zwangsarbeitern mit Lebensmitteln gehört zu solch nonkonformistischem Verhalten. Dieses Verhalten setzte immer Mut voraus, und es ist ein Beleg dafür, daß es den Nationalsozialisten nicht gelang, ihren Anspruch der totalen Herrschaft über die Menschen zu verwirklichen.

Stellvertretend für die vielen, die Widerstand leisteten, seien beispielhaft einige Gruppen und einzelne benannt. Aktiven politischen Widerstand organisierten die Kommunisten, Sozialdemokraten und Gewerkschafter durch den Aufbau von Untergrundorganisationen, die vor allem Gegeninformationen gegenüber der Propaganda der Nationalsozialisten verbreiten sollten und Informationen über die NS-Herrschaft an das Ausland weiterleiteten. Solche Gruppen versuchten durch das Verteilen von heimlich hergestellten Flugblättern und durch den Aufbau von Betriebszellen in den Industriebetrieben den politischen Widerstand zu organisieren. Fast alle derartigen Gruppen wurden aber sehr schnell von der Gestapo entdeckt und zerschlagen. Dieses Schicksal erlitten besonders die streng hierarchisch aufgebauten Untergrundgruppen der verbotenen KPD.

Zwischen 1935 und 1938 verhaftete die Polizei etwa 40000 Mitglieder der verbotenen KPD, so daß die Untergrundarbeit der Kommunisten, ähnlich wie die der Sozialdemokraten und Sozialisten, fast zum Erliegen kam. Die Arbeit dieser Gruppen mußte sich, wie die Arbeit der illegalen Gewerkschaftsgruppen, immer stärker auf interne Schulung und die Weitergabe von Informationen beschränken. Der von den Sozialdemokraten organisierte Widerstand konzentrierte sich zunächst auf die Verbreitung von im Ausland gedruckten Flugblättern und Broschüren, mit denen die Leser

über den Charakter des Regimes aufgeklärt werden sollten. Vertrauensleute sammelten Informationen für den Exilvorstand der SPD in Prag, der mit diesen Informationen die Weltöffentlichkeit über den Nationalsozialismus aufzuklären versuchte. Die Gestapo unterband aber diesen Versuch der Gegenpropaganda immer stärker durch das Aufdecken der Verteilerringe.
Der bürgerliche Widerstand gegen Hitler rekrutierte sich aus zwei Gruppen. Zum Kreis um den ehemaligen Leipziger Oberbürgermeister Goerdeler gehörten der von Hitler 1938 entlassene Generaloberst Ludwig Beck und der Diplomat Ulrich von Hassel. Im „Kreisauer Kreis", benannt nach dem schlesischen Gut des Grafen Helmuth von Moltke, fanden sich hohe Offiziere, Diplomaten, Christen und Sozialdemokraten zusammen. Beide Gruppen entwickelten in zunehmender Zusammenarbeit ein national-konservatives außenpolitisches Programm, das darauf abzielte, die von Hitler errungenen Positionen (Österreich, Sudetengebiete) zu erhalten. Einige Mitglieder des Kreisauer Kreises waren sich aber darüber im klaren, daß ein Frieden ohne Gebietsverluste von den Alliierten nicht zu erhalten wäre. Die nicht abgeschlossenen Diskussionen um die innenpolitischen Neuordnungen Deutschlands zielten auf eine eher ständisch-orientierte Staatsordnung hin, in der liberaldemokratische Vorstellungen der Weimarer Zeit keinen Platz hatten. Allerdings gab es in den Diskussionen auch christlich-sozialistische Elemente, die vor allem von den sozialdemokratischen Vertretern im Kreisauer Kreis vorgetragen wurden.
Der militärische Widerstand hatte sich seit 1938 gegenüber Hitlers Kriegsplänen entwickelt. Hitlers Kriegskurs hatte einen Kreis von politisch oppositionellen Offizieren zu dem Versuch geführt, Hitler abzusetzen, um damit Deutschlands Niederlage in einem kommenden Krieg zu verhindern. Angesichts der außenpolitischen und militärischen Erfolge Hitlers scheiterten die Pläne der militärischen Verschwörung mehrmals.
Im Jahre 1944 wurde Oberst Claus Graf Schenk von Stauffenberg Motor einer Verschwörung gegen Hitler. Als Mitglied der bürgerlich militärischen Widerstandsgruppen um den Kreisauer Kreis unternahm es von Stauffenberg, das Attentat auf Hitler trotz seiner Kriegsverletzung am 20. Juli 1944 selbst auszuführen, nachdem zahlreiche andere Pläne, Hitler zu verhaften oder zu töten, gescheitert waren. Von Stauffenberg hatte als einziger aus dem Kreis der Verschwörer Zutritt zu Hitlers streng bewachtem damaligen Befehlszentrum „Wolfsschanze" in Ostpreußen. Die von Stauffenberg anläßlich einer Lagebesprechung in einer Baracke in der Nähe Hitlers plazierte Bombe verletzte Hitler aber nur leicht. Der nach dem Attentat nur zögernd in Gang kommende Umsturzversuch brach aufgrund der Tatsache, daß Hitler überlebte und daß die überwiegende Mehrzahl der Militärs sich loyal zu Hitler verhielt, noch in der Nacht des 20. Juli 1944 zusammen. General Henning von Tresckow, einer der führenden Repräsentanten des militärischen Widerstandes, hatte gegenüber Stauffenberg geäußert: „Das Attentat muß erfolgen, coute que coute (koste es was es wolle). Sollte es nicht gelingen, so muß trotzdem in Berlin gehandelt werden, denn es kommt nicht mehr auf den praktischen Zweck an, sondern darauf, daß die deutsche Widerstandsbewegung vor der Welt und vor der Geschichte den entscheidenden Wurf gewagt hat. Alles andere ist daneben gleichgültig." Die Männer und Frauen, die das Attentat des 20. Juli vorbereitet und mitgetragen hatten, wollten mit ihrer Tat ein Zeichen für ein anderes Deutschland setzen. Vor dem Volksgerichtshof formulierte einer ihrer aktivsten Köpfe, Graf Fritz Dietlof von der Schulenburg: „Wir haben diese Tat auf uns genommen, um Deutschland vor namenlosem Elend zu bewahren. Ich weiß, daß ich dafür gehängt werde, bereue es aber nicht. Ich hoffe nur, daß ein anderer in einem glücklicheren Augenblick sie durchführen wird, um das Vaterland zu retten."
Die SS und der Volksgerichtshof nahmen an den Verschwörern und ihren Familien grausame Rache. Im Zusammenhang mit dem 20. Juli wurden etwa 7000 Personen verhaftet, Tausende von Menschen wurden hingerichtet, keiner der Hauptbeteiligten, kaum einer der Mitwisser überlebte. Die Ermittlungen der Gestapo ergaben, daß es den Verschwörern gelungen war, ein breites Netz von Vertrauensleuten zu organisieren, die bereitstanden, auf lokaler Ebene die Macht zu übernehmen. Auch der

**Abb. 35 Generalfeldmarschall Erwin von Witzleben nach dem 20. Juli 1944 vor dem Volksgerichtshof.**

Brückenschlag zwischen den bürgerlichen, sozialdemokratischen und kommunistischen Widerstandsgruppen war im Ansatz gelungen.
Mutigen Widerstand als einzelner leistete Georg Elser, der, ohne Verbindung zu anderen Gruppen, am 8. November 1939 versucht hatte, Hitler während der traditionellen Gedenkveranstaltung im Münchner Bürgerbräukeller durch Zündung einer Zeitbombe zu töten (s. Abb. 43a).
Stellvertretend für den Widerstand, den Jugendlichen leisteten, sei hier die studentische Gruppe „Weiße Rose" genannt. Die Studenten um die Geschwister Scholl und den Professor Huber in München wollten durch das Verteilen von Flugblättern im Sommer 1942 bis zum Februar 1943 den Widerstand innerhalb der Studentenschaft organisieren. In ihrem letzten Flugblatt schrieben sie: „Der deutsche Name bleibt für immer geschändet, wenn nicht die deutsche Jugend endlich aufsteht, rächt und sühnt zugleich, ihre Peiniger zerschmettert und ein neues geistiges Europa aufrichtet."
Besonders im Rheinland bildeten sich spontan jugendliche Protestgruppen, ohne gemeinsames Programm, aber einig im Protest gegen die Unterdrückungsmaßnahmen des Dritten Reiches. Aus diesen Gruppen fanden sich die „Edelweißpiraten" zusammen, die als Erkennungszeichen ein Edelweiß trugen und sich zunächst nur durch ihr nonkonformistisches Verhalten von der HJ abgrenzen wollten. Einige der Edelweißpiraten schlossen sich in Köln Widerstandsgruppen an, verteilten Flugblätter oder beteiligten sich an Sabotageakten und Attentaten. Das verstärkte Auftreten von jugendlichen oppositionellen Gruppen, besonders in den Großstädten, zeigte, daß die nationalsozialistische Herrschaft in den letzten Kriegsjahren auch unter den Jugendlichen ihren Einfluß teilweise verloren hatte.

**Abb. 36 Julius Leber,** * 1891, Dr. der Staatswissenschaften, Sohn eines elsässischen Landwirts; mußte nach dem Krieg seine Heimat verlassen; sozialdemokratischer Politiker, seit 1924 Mitglied des Reichstages, 1933–1937 in Haft; gehörte zum Kreisauer Kreis um den Grafen Moltke; als er – noch vor dem 20. Juli – mit kommunistischen Widerstandskämpfern Kontakt aufnahm, wurde er verhaftet, zum Tode verurteilt, am 5. Januar 1945 hingerichtet.

**Abb. 37 Alfred Delp,** * 1907, Sohn eines protestantischen Kaufmanns, trat 1926 in den Jesuitenorden ein, wurde 1937 zum Priester geweiht, arbeitete seit 1942 im Kreisauer Kreis an dem Entwurf einer christlichen Sozialordnung mit; nach dem Juli-Attentat verhaftet, im Januar 1945 zum Tode verurteilt, am 2. Februar hingerichtet.

**Abb. 38 Carl. F. Goerdeler,** * 1884, Sohn eines Regierungsrates; Verwaltungsjurist, 1930–1937 OB von Leipzig, 1931/32 und 1934/35 Reichskommissar für Preisüberwachung mit vielen Kontakten zur Wirtschaft; strenger Protestant, Gegner der Aufrüstung und des Antisemitismus. Mit Kriegsausbruch verstärkter Widerstand gegen das Regime. Nach dem 20. Juli als Mitglied des Kreisauer Kreises zum Tode verurteilt, am 2. Februar 1945 hingerichtet.

**Abb. 39 Helmuth James Graf von Moltke,** * 1907, in pazifistischem Geist erzogen, Vorliebe für die angelsächsische Welt; Jurist, 1939–1944 Sachverständiger für Kriegs- und Völkerrecht beim OKW, Organisator des Kreisauer Kreises (Gut Kreisau/Niederschlesien); erstrebt Erneuerung Deutschlands in christlichem Geist. Nach dem 20. Juli 1944 zum Tode verurteilt, obwohl er an den Attentatsplänen nicht beteiligt war, am 23. Januar 1945 hingerichtet.

**Abb. 40 Hans Scholl,** * 1918, Bruder der Sophie Scholl; zunächst begeisterter Hitlerjunge, 1938 wegen bündischer Jugendarbeit verhaftet; Student der Medizin an der Universität München; Sanitätssoldat an der Ostfront; produzierte und verteilte seit 1942 mit der Widerstandsgruppe „Weiße Rose“ Flugblätter, die auf das Unrecht hinweisen sollten. Wurde verhaftet, 1943 zum Tode verurteilt und am 22. Februar 1943 hingerichtet.

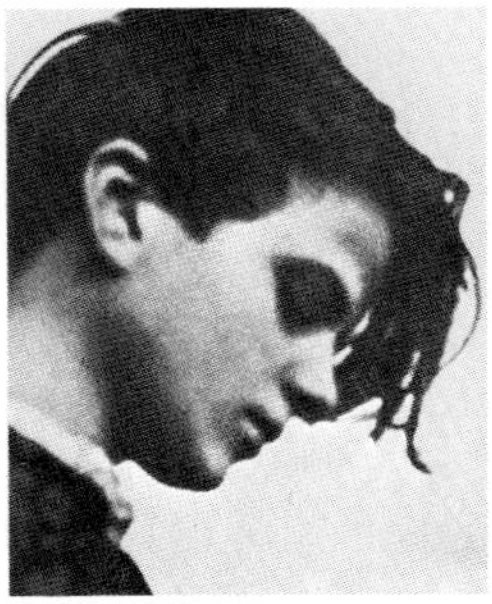

**Abb. 41 Sophie Scholl,** * 1921; Mitglied des „Bundes Deutscher Mädel“, Studentin der Biologie und der Philosophie an der Universität München. Nachdem sie die Diskrepanz zwischen den propagierten Idealen des NS-Staates und seinen Realitäten durchschaut hatte, entschloß sie sich zum Widerstand mit der Gruppe „Weiße Rose“. Nach Flugblattaktionen festgenommen, zum Tode verurteilt und am 22. Februar 1943 hingerichtet.

**Abb. 42 Dietrich Bonhoeffer,** * 1906, Sohn eines Psychiatrie-Professors, evang. Theologe; 1933 bis 1935 Pfarrer in London, dann Leiter des Predigerseminars der Bekennenden Kirche in Finkenwalde, wo seine Gegnerschaft gegen das Regime offensichtlich war; vertrat 1939 bzw. 1942 konkrete Friedensvorschläge deutscher Widerstandsgruppen in England bzw. Schweden. Nach dem Attentat vom 20. Juli als Mitglied des Kreisauer Kreises zum Tode verurteilt, am 9. April 1945 hingerichtet.

**Abb. 43 Claus Graf Schenk von Stauffenberg,** * 1907, entstammte einem alten schwäbischen Adelsgeschlecht, konservativ-elitär erzogen; Offizier; 1940 bis 1943 im Generalstab des Heeres; im Osten erfuhr er vom Terror gegen Juden und russische Kriegsgefangene; nach Verlust eines Armes Stabschef beim Befehlshaber des Ersatzheeres, treibender Kopf des Widerstandes, als Attentäter am 20. Juli 1944 in Berlin standrechtlich erschossen.

Widerstand organisierten auch die politischen Emigranten aus den Bereichen von Literatur und Wissenschaft, die aufgrund der rassistischen und politischen Verfolgung Deutschland verlassen mußten. Die Aktivitäten der etwa 2000 Emigranten aus dem literarischen Bereich, unter ihnen Thomas und Heinrich Mann, trugen dazu bei, daß im Ausland die nationalsozialistischen Propagandalügen nicht geglaubt wurden. Zur wichtigsten Leistung der politischen Emigranten gehört die Herausgabe von etwa 400 Zeitungen, Zeitschriften und Nachrichtendiensten, mit denen das Ausland über die Zustände in Deutschland informiert werden sollte. Aber wie dem Widerstand im Innern blieb auch den Exilorganisationen der durchgreifende Erfolg gegen das NS-Regime versagt. Die Leistungen des Widerstandes insgesamt aber waren eine wichtige moralische und politische Grundlage für den Neuanfang nach der Niederlage 1945.

### T 1 Abstimmung mit den Füßen 1938

*Aus dem Lagebericht der Geheimen Staatspolizeistelle Braunschweig an das Geheime Staatspolizeiamt für den Monat Mai 1938.*

Marxismus: Fehlanzeige.

Zusatz: Zur Beurteilung der allgemeinen Lage ist folgende Erscheinung bei den Veranstaltungen zum 1. Mai d.J. erwähnenswert. Bei dem Abmarsch der Betriebe zu dem Kundgebungsplatz war zunächst eine 100%ige Teilnahme vorhanden, die aber schon während des Marsches durch die Stadt etwas nachließ. Beim Eintreffen vor dem Festplatz strömte der letzte Teil der einzelnen Marschblocks nach allen Seiten auseinander und gingen ohne den Festplatz betreten zu haben in die Stadt zurück. Es setzte danach ein allgemeines Zurückfluten der Massen vom Kundgebungsplatz ein, so daß zu Beginn der Führerrede etwa nur noch 1/3 der gesamten Festteilnehmer auf dem Platze vorhanden waren. [...]

(Mason, Arbeiterklasse ..., a.a.O., S. 649f.).

### T 2 Formen des Widerstandes

Man hat sich angewöhnt, als „Widerstand" im Dritten Reich nur zu qualifizieren, was – wie im Falle Eisinger/Meier, der „Weißen Rose", der national-bolschewistischen Verschwörung der „Roten Kapelle" oder der Männer des 20. Juli 1944 – damals unter dem strafrechtlichen Begriff des Hochverrats subsumiert werden konnte, das heißt, letzten Endes auf den Sturz des Regimes abzielte. Kaum weniger beunruhigend für das Regime waren die viel häufigeren Formen der Oppositionen gegen bestimmte nationalsozialistische Zielsetzungen und Maßnahmen, besonders wenn sie breite Volksstimmung hinter sich hatten und mobilisieren konnten. Empfindlich trafen die braunen Machthaber, die Volksstimmungsmache so sehr als ihre eigene Domäne betrachteten, vor allem die kirchlich-religiös motivierten Volksproteste, die in Bayern und anderswo seit Beginn des Kirchenkampfes 1934/35 immer wieder aufflammten. Schauplatz des Geschehens waren dabei kleine Orte in der kirchenfromme Provinz oft mehr als die großstädtischen Zentren. [...]

Vergleichbare Fälle, in denen Geistliche ihre Autorität bei den Gläubigen ausreizten, soweit ohne letzte Selbstaufopferung möglich, waren Legion, die dabei riskierten Sanktionen erheblich, aber halbwegs kalkulierbar und noch tragbar. Bauern und Mägde, die sich um das volks- und rassepolitische Gebot der Diskriminierung von Fremdarbeitern während des Krieges nicht kümmerten, Arbeiter, die NS-Betriebsversammlungen ostentativ fernblieben oder, zur Durchsetzung besserer Arbeits- oder Lohnbedingungen, gar zum verpönten Mittel der Arbeitsverweigerung griffen, hatten ähnliches zu gewärtigen. Schon das an sich unpolitische Beharren auf traditionellen Formen menschlich-sozialen Umgangs, auf persönlichen Interessen und Neigungen, konnte unter den Bedingungen des NS-Regimes politische Opposition darstellen und die Gestapo auf den Plan rufen.

Wenn auch die Anwendung des Widerstandsbegriffes hierfür problematisch sein mag, so verdeutlichen solche häufigen Vorkommnisse doch, daß es im Dritten Reich neben fundamentalem aktiven Widerstand viele Potentiale partieller gesellschaftlicher Resistenz gab, die das Durchsetzen der tendenziell unbegrenzten Ziele der totalitären Herrschaft beschränkten und Räume der Immunität bewahrten. [...]

(E. Fröhlich/H. Mehringer, Der Schrei der Ohnmächtigen. In: Süddeutsche Zeitung v. 17./18. 9. 1983, Beilage)

### T 3 Widerstand der KPD 1934

*Aus einem Bericht der Bayerischen Politischen Polizei über die illegalen marxistischen Bewegungen in Bayern 1934, 2. 1. 1935*

[...] Der Anfang des Jahres im Bezirk Südbayern beobachteten äußerst regsamen und intensiven Organisationstätigkeit (der KPD) wurde anfangs Februar durch die Festnahme einer größeren Anzahl illegaler Funktionäre jäh ein Ende gesetzt. Dabei wurde der Verteilungsapparat des illegalen Organs der KPD Südbayerns „Neue Zeitung" ausgehoben. Unter den Festgenommenen befand sich ferner der Ortsgruppenleiter, das letzte in Freiheit befindlich gewesene Mit-

glied der illegalen BL (Bezirks-Leitung) Südbayern, bei dem zahlreiche Aufzeichnungen über die Organisation der KPD in Bayern beschlagnahmt wurden. Damit stand die kommunistische Bewegung in Südbayern führerlos da. Mit welch unübertrefflicher Hartnäckigkeit die KPD an dem Verfolgen ihrer Aufgaben und Ziele arbeitet, zeigt der Umstand, daß die verwaisten Funktionärsstellen sofort wieder besetzt und alsbald wieder Vorarbeiten zur Bildung einer neuen BL eingeleitet wurden. [...]
Im Dezember wurde in einem der besten Wohnviertel Münchens in den Mitternachtsstunden eine weitere kommunistische Geheimdruckerei ausgehoben, als eine Massenauflage einer neuen äußerst revolutionären illegalen Schrift mit dem Titel „Durch den Maulkorb" hergestellt und zum Versand hergerichtet worden war. Der Verfasser, ein Dr. rer. pol., Diplom Landwirt und Schriftsteller, und die Hersteller der Schrift wurden festgenommen. [...]
Die illegale Jugend, die nach dem Fünfergruppensystem organisiert war, Stadtteilinstrukteure geschaffen und Mitgliederbeiträge kassiert hatte, war eine der aktivsten kommunistischen Gruppen in München, hatte innerhalb ganz kurzer Zeit nicht weniger als sieben illegale Hetzschriften hergestellt und darunter neben ihrem aus dem Ausland eingeschmuggelten Organ „Junge Garde" auch ein Flugblatt „An die gläubigen Katholiken" in mehreren Kirchen zur Verteilung gebracht, die Herausgabe einer Schulzeitung, die Gründung von Betriebs- und Schulzellen und die Zersetzung der Arbeitsdienstlager und Landhelfergruppen vorgesehen. Der Politische Leiter, ein 20jähriger Student, wurde vom Bayerischen Obersten Landesgericht zu 2 Jahren Gefängnis, die jugendlichen Mitbeteiligten zu Gefängnisstrafen von 6 Monaten bis 2 Jahren verurteilt. Die im Laufe des Jahres wiederholt unternommenen Versuche, die kommunistische Jugend wieder neu erstehen zu lassen, sind durch diese Aktion bisher immer wieder gescheitert. [...]
Im September wurden in einem Münchner Großbetrieb sämtliche Funktionäre und Mitglieder einer illegalen RGO-Gruppe festgenommen, die innerhalb des Betriebes rege Propaganda betrieben, Beiträge kassiert, Flugblätter verteilt hat und es gewagt hatte, eine beachtliche Opposition zu schaffen. Ferner war sie bestrebt, die unzufriedenen Arbeiter des Betriebes Schritt für Schritt für den revolutionären Kampf zu gewinnen. Weitere organisatorisch zusammengefaßte RGO-Gruppen [Revolutionäre Gewerkschaftsopposition] wurden nicht mehr festgestellt. [...]
(Bayern in der NS-Zeit I. München 1977, S. 232f.)

### T 4 Urteil eines westdeutschen Historikers über die KPD

Die politische Linie der Kommunisten im Widerstand wies erhebliche Differenzen gegenüber den Positionen der Moskauer Führung auf. Das gilt auch für andere, während des Krieges operierende kommunistische Widerstandsgruppen. Die Mannheimer Kommunisten, die unter dem ehemaligen Landtagsabgeordneten Georg Lechleiter eine Zeitung, „Der Vorbote", herausgaben, beharrten ebenfalls auf den früheren kommunistischen Vorstellungen. Nach einer Verhaftungswelle im Februar 1942 wurden von den 26 Mannheimer Angeklagten 19 zum Tode verurteilt und hingerichtet.
Die Gruppe Schulze-Boysen/Harnack (Rote Kapelle) war ein Sonderfall: sie verband Aktivitäten im Widerstand mit Spionage für die Sowjetunion. In der Darstellung des antifaschistischen Kampfes bestand daher früher die Tendenz, die Gruppe wegen des „Landesverrates" nicht zum Widerstand zu zählen. Die neuere Forschung weist jedoch zu Recht darauf hin, daß die Grenze zwischen „Widerstand und Verrat" gegen ein totalitäres System wie das Dritte Reich kaum zu ziehen ist und überdies die Gruppe durch ihre Spionagetätigkeit den Krieg abkürzen wollte.
Die Einschätzung des kommunistischen Widerstands gegen den Nationalsozialismus kann jedoch nicht vom Extremfall der „Roten Kapelle" aus erfolgen. Vielmehr ist festzuhalten, daß die Kommunisten aus politischen wie auch moralischen Gründen sofort mit Opfermut und Zähigkeit den Kampf gegen das Hitler-Regime aufnahmen und immer wieder neue kommunistische Widerstandsgruppen gegen die Diktatur entstanden. Auch wenn die KPD durch ihre ultralinke Politik vor 1933 die Gegner Hitlers schwächte und durch ihre verfehlte Politik nach 1933 die Wirksamkeit ihres Widerstandes beschränkte, gehört der kommunistische Widerstand doch zur positiven Bilanz des Antifaschismus in Deutschland. Die Politik der KPD und der undemokratische Charakter des Stalinismus, der Terror Stalins in der Sowjetunion usw. waren eine schwere Belastung für die kommunistischen Widerstandskämpfer. Doch bei der großen Mehrzahl von ihnen handelte es sich um überzeugte, tapfere und anständige Kämpfer für eine bessere Welt, die heute nicht wegen ihrer Parteizugehörigkeit diskriminiert werden sollten. Ebenso ist es verfehlt, die beträchtlichen Ausmaße des kommunistischen Widerstandes verkleinern zu wollen.
Andererseits hat die Strategie und Taktik der KPD nicht nur den antifaschistischen Widerstand (zumindest teilweise) behindert und geschwächt, sondern auch selbst zu den großen eigenen Verlusten erheblich beigetragen. Die Tragödie der kommunistischen Widerstandskämpfer bestand eben darin, daß sie mutig gegen den faschistischen Terror kämpften, zugleich aber einer Bewegung angehörten, die selbst auf die alleinige Macht, die Diktatur ihrer Partei abzielte und völlig von der Sowjetunion Stalins abhängig war, die also letztlich keine demokratische Alternative zur Hitler-Diktatur bilden konnte. Doch diese politische Bewertung der KPD kann die moralische Leistung der kommunistischen Widerstandskämpfer nicht schmälern.

Mit Recht sagt daher Detlef Peukert, die Kommunisten hätten Anspruch auf Würdigung ihres Beitrags zum Widerstand, sowohl wegen der Zahl ihrer Opfer und ihres selbstlosen Einsatzes, als auch und insbesondere, weil sich „die kritische Besinnung der besten Köpfe im kommunistischen Widerstand in die Kontinuität der demokratischen und sozialen Emanzipationsbewegung in Deutschland" stellt. In diesem Sinne ist der kommunistische Widerstand ein legitimer Teil des deutschen Widerstandes gegen die Hitler-Diktatur.
(H. Weber, Die KPD in der Illegalität. In: Widerstand und Verweigerung in Deutschland 1933–1945. Hrsg. von R. Löwenthal/P. von zur Mühlen. Bonn 1982, S. 100f.)

### T 5 Ludwig Linsert: Sozialdemokratischer Widerstand

[...]
Durch verwandtschaftliche Beziehungen konnten wir, meine Frau und ich, Anfang 1933 ein Lebensmittelgeschäft pachten und mit einem Tagesumsatz, also Umsatz und nicht Gewinn, von nur 15 RM eröffnen. Die vorhandene Ware wurde uns per Schuldschein überlassen. Dieses kleine Geschäft in einem Kiosk, das wir nach und nach, auch durch Um- und Ausbau, auf 100000 RM Jahresumsatz brachten, sollte bis zu meiner Verhaftung als eine Art Zentrale eine wichtige Rolle spielen. Kam eine Kontaktperson, mußte sie sich dadurch ausweisen, daß sie Hutzucker verlangte, der damals kaum noch auf dem Markt war und den wir nicht führten, oder beim Einkauf anderer Waren die Geldstücke, gleich welcher Art, so auf den Ladentisch legen, daß 4 Geldstücke im Quadrat lagen mit einem fünften in der Mitte. Auch und gerade wenn der Laden voll war, fiel das kaum auf, und man bedeutete durch Blicke oder Gesten, daß die betreffende Person vor dem Geschäft oder am Hintereingang warten möge.
Inzwischen hatten wir angefangen selbst Flugblätter herzustellen. Dazu eine Schreibmaschine mit auswechselbaren Typen, einen Abziehapparat und schließlich viel Papier, das vorsichtig und in kleinen Mengen in verschiedenen Läden gekauft wurde. Die ersten Flugblätter, deren Inhalt mir im einzelnen nicht mehr erinnerlich ist, steckten wir in die Briefkästen, vornehmlich in Arbeitervierteln und zwar weit ab von der eigenen Wohngegend. Natürlich trugen wir bei der Herstellung der Flugblätter Gummihandschuhe, um keine Fingerabdrücke zu hinterlassen. Inzwischen gab es jedoch den NSDAP-Hauswart, den Blockwart und immer mehr stramme Nazis, die die Flugblätter sofort zur Polizei brachten. So entschlossen wir uns zu einer weniger riskanten Verteilung. Es gab damals in den großen Kaufhäusern kleine Kindergeldbeutel aus Wachstuch, das Stück zu 10 Pfennigen. Unsere Gruppe, die aus 7–10 Personen bestand, kaufte nun, wechselweise und natürlich auch wie die vorhergenannten Anschaffungen aus eigenen Mitteln systematisch Geldbörsen auf. In diese falteten wir unsere Flugblätter und „verloren" sie in Treppenhäusern, auf viel begangenen Gehwegen, auf Parkbänken und in Telefonzellen. Da es in unserem Geschäft nicht üblich war, mit „Heil Hitler" zu grüßen, hatten wir eine kleine Zahl von „Sympathisanten", die uns manchmal, ohne von unserer illegalen Tätigkeit zu wissen, „Erfolgsmeldungen" zuflüsterten. Oft wurde gewaltig aufgebauscht und aus einigen hundert verteilten Flugblättern sind manchmal tausende geworden. Uns konnte dies nur recht sein.
Wer im Laufe der Zeit auf die Idee kam, Gummistempel anzufertigen, mit Farbe zu bestreichen und sie auf gepflasterte Gehwege und Häuserwände bzw. Mauern zu drücken, weiß ich nicht mehr. Aber es war leicht, diese Inschriften, unter anderem das Hakenkreuz am Galgen, zu überstreichen. Schließlich fiel uns ein, statt Farbe eine Silbernitratlösung aufzutragen. Diese hatte die Eigenschaft, sich bei Tageslicht einzuätzen und konnte nur ausgemeißelt werden. Zu Allerheiligen, dem katholischen Totengedenktag, ätzten wir auf dem Königsplatz, der nach Entfernung der Grünflächen zu einem granitenen Aufmarschplatz der SA und SS gemacht worden war, folgende Mahnung in die Granitplatten: „Denkt auch an die von Hitler Ermordeten!" Diese Aktion ist mir deshalb noch so deutlich in Erinnerung, weil der Stempel groß und unhandlich, dadurch schlecht zu tarnen war.
Inzwischen hatte ich mir ein Motorrad angeschafft und konnte nun mit dieser Maschine nach Augsburg fahren und die dortige Gruppe mit Flugblättern versorgen, die ich jeweils an einem Hochspannungsmast deponierte. Auch mit den Augsburgern trafen wir uns einige Male, als Wanderverein getarnt, zwischen Augsburg und München in Haspelmoor und Dießen am Ammersee. [...]
(In: Widerstand und Verweigerung ..., a.a.O., S. 78f.)

### T 6 Verfolgung der SPD

*Bericht des Geheimen Staatspolizeiamtes Karlsruhe, Juni 1936*
[...] In Mannheim gelang es den Kriminalbeamten Frietsch und Michel, ebenfalls eine neu aufgebaute illegale Organisation der SPD aufzudecken und insgesamt 62 Personen in Mannheim und Umgebung festzunehmen und wegen Vorbereitung zum Hochverrat zur Anzeige zu bringen. Durch die weiteren Ermittlungen war es möglich, in Worms und Darmstadt ebenfalls 29 Personen der SPD durch die Beamten des Geheimen Staatspolizeiamtes Darmstadt festnehmen zu lassen.
So wie in Waldshut und in Mannheim gelang es den Kriminalbeamten Traub und Rauer in Freiburg, die dortige illegale SPD aufzudecken und insgesamt 29 Personen wegen Vorbereitung zum Hochverrat zur Anzeige zu bringen.

Gegen sämtliche Personen wurde vom Generalstaatsanwalt in Karlsruhe Haftbefehl erlassen. [...]
Auf Grund dieser umfassenden Aktion, die von den oben erwähnten Beamten durchgeführt worden ist, kann ohne weiteres angenommen werden, daß der illegale Apparat der KPD und SPD auf längere Zeit aufgelöst bzw. zerschlagen ist.
Ich bitte daher den beteiligten Beamten für ihre ganz außergewöhnliche Leistungen durch Bewilligung von angemessenen Belohnungen eine besondere Anerkennung zuteil werden zu lassen. Ich bringe hierfür in Vorschlag:

| | |
|---|---|
| Kriminalkommissar Traub in Freiburg | RM 100,– |
| Kriminalkommissar Gehrum in Kehl | RM 50,– |
| Kriminalsekretär Frietsch in Mannheim | RM 50,– |
| Kriminalsekretär Nagel in Karlsruhe | RM 100,– |
| Kriminalsekretär Mai in Lörrach | RM 50,– |
| Kriminalassistent Schlude in Karlsruhe | RM 100,– |
| Kriminalassistent Michel in Mannheim | RM 50,– |
| Kriminalassistent Rauer in Freiburg | RM 50,– |

[...]
(J. Schadt, Verfolgung und Widerstand in Baden, Stuttgart 1975, S. 193f.).

### T 7 „Die weiße Rose" – ein Flugblatt, 1942

Aufruf an alle Deutschen!
Der Krieg geht seinem sicheren Ende entgegen. Wie im Jahre 1918 versucht die deutsche Regierung alle Aufmerksamkeit auf die wachsende U-Bootgefahr zu lenken, während im Osten die Armeen unaufhörlich zurückströmen, im Westen die Invasion erwartet wird. Die Rüstung Amerikas hat ihren Höhepunkt noch nicht erreicht, aber heute schon übertrifft sie alles in der Geschichte seither Dagewesene. Mit mathematischer Sicherheit führt Hitler das deutsche Volk in den Abgrund. Hitler kann den Krieg nicht gewinnen, nur noch verlängern! Seine und seiner Helfer Schuld hat jedes Maß unendlich überschritten. Die gerechte Strafe rückt näher und näher!
Was aber tut das deutsche Volk? Es sieht nicht und es hört nicht. Blindlings folgt es seinen Verführern ins Verderben. Sieg um jeden Preis! haben sie auf ihre Fahne geschrieben. Ich kämpfe bis zum letzten Mann, sagt Hitler – indes ist der Krieg bereits verloren.
Deutsche! Wollt Ihr und Eure Kinder dasselbe Schicksal erleiden, das den Juden widerfahren ist? Wollt Ihr mit dem gleichen Maße gemessen werden wie Eure Verführer? Sollen wir auf ewig das von aller Welt gehaßte und ausgestoßene Volk sein? Nein! Darum trennt Euch von dem nationalsozialistischen Untermenschentum! Beweist durch die Tat, daß Ihr anders denkt! Ein neuer Befreiungskrieg bricht an. Der bessere Teil des Volkes kämpft auf unserer Seite. Zerreißt den Mantel der Gleichgültigkeit, den Ihr um Euer Herz gelegt! Entscheidet Euch, ehe es zu spät ist!
Glaubt nicht der nationalsozialistischen Propaganda, die Euch den Bolschewistenschreck in die Glieder gejagt hat! Glaubt nicht, daß Deutschlands Heil mit dem Sieg des Nationalsozialismus auf Gedeih und Verderb verbunden sei! Ein Verbrechertum kann keinen deutschen Sieg erringen. Trennt Euch rechtzeitig von allem, was mit dem Nationalsozialismus zusammenhängt! Nachher wird ein schreckliches, aber gerechtes Gericht kommen über die, so sich feig und unentschlossen verborgen hielten.
Was lehrt uns der Ausgang dieses Krieges, der nie ein nationaler war?
Der imperialistische Machtgedanke muß, von welcher Seite er auch kommen möge, für allezeit unschädlich gemacht werden. Ein einseitiger preußischer Militarismus darf nie mehr zur Macht gelangen. Nur in großzügiger Zusammenarbeit der europäischen Völker kann der Boden geschaffen werden, auf welchem ein neuer Aufbau möglich sein wird. Jede zentralistische Gewalt, wie sie der preußische Staat in Deutschland und Europa auszuüben versucht hat, muß im Keime erstickt werden. Das kommende Deutschland kann nur föderalistisch sein. Nur eine gesunde föderalistische Staatsordnung vermag heute noch das geschwächte Europa mit neuem Leben zu erfüllen. Die Arbeiterschaft muß durch einen vernünftigen Sozialismus aus ihrem Zustand niedrigster Sklaverei befreit werden. Das Truggebilde der autarken Wirtschaft muß in Europa verschwinden. Jedes Volk, jeder einzelne hat ein Recht auf die Güter der Welt!
Freiheit der Rede, Freiheit des Bekenntnisses, Schutz des einzelnen Bürgers vor der Willkür verbrecherischer Gewaltstaaten, das sind die Grundlagen des neuen Europas.
Unterstützt die Widerstandsbewegung, verbreitet die Flugblätter!
(Hofer, Dokumente, a.a.O., S. 327f.)

### T 8 Die Geschwister Scholl vor dem Volksgerichtshof

[...] Der Angeklagte Hans Scholl hat seit Frühjahr 1939 Medizin studiert und steht – dank der Fürsorge der nationalsozialistischen Regierung – im achten Semester! Zwischendurch war er im Frankreichfeldzug in einem Feldlazarett und von Juli bis November 1942 an der Ostfront im Sanitätsdienst tätig. Als Student hat er die Pflicht vorbildlicher Gemeinschaftsarbeit. Als Soldat – er ist als solcher zum Studium kommandiert – hat er eine besondere Treuepflicht zum Führer. Das und die Fürsorge, die gerade ihm das Reich angedeihen ließ, hat ihn nicht gehindert, in der ersten Sommerhälfte 1942 Flugblätter der „Weißen Rose" zu verfassen, zu vervielfältigen und zu verbreiten, die defätistisch Deutschlands Niederlage voraussagen, zum passiven Widerstand der Sabotage in Rüstungsbetrieben und überhaupt bei jeder Gelegenheit auffordern, um dem deutschen Volk seine nationalsozialistische Lebensart und also auch Regierung zu nehmen. Das, weil er sich einbildete, daß nur so das deutsche Volk durch den Krieg durchkommen könne!

Von Rußland im November 1942 zurückgekehrt, forderte Scholl seinen Freund, den Mitangeklagten Probst, auf, ihm ein Manuskript zu liefern, das dem deutschen Volk die Augen öffne! Einen Flugblattentwurf wie gewünscht lieferte Probst dem Scholl auch tatsächlich Ende 1942.
In Gesprächen mit seiner Schwester Sophie Scholl entschlossen sich beide, Flugblattpropaganda im Sinne einer Arbeit gegen den Krieg und für ein Zusammengehen mit den feindlichen Plutokratien gegen den Nationalsozialismus zu treiben. Die beiden Geschwister, die ihre Studentenzimmer bei derselben Vermietung hatten, verfaßten gemeinsam ein Flugblatt „An alle Deutschen“.
In ihm wird Deutschlands Niederlage im Krieg vorausgesagt; der Befreiungskrieg gegen das „nationalsozialistische Untermenschentum“ angesagt und werden Forderungen im Sinne liberaler Formaldemokratie aufgestellt. Außerdem verfaßten die Geschwister ein Flugblatt „Deutsche Studentinnen und Studenten“ (in späteren Auflagen „Kommilitoninnen und Kommilitonen“). Sie sagen der Partei den Kampf an, der Tag der Abrechnung sei gekommen, und scheuen sich nicht, ihren Aufruf zum Kampf gegen den Führer und die nationalsozialistische Lebensart unseres Volkes mit dem Freiheitskampf gegen Napoleon (1813) zu vergleichen und auf ihn das Soldatenlied „Frisch auf, mein Volk, die Flammenzeichen rauchen“ anzuwenden!!
Die Flugblätter haben die Angeklagten Scholl teilweise mit Hilfe eines Freundes, des Medizinstudenten Schmorell, vervielfältigt und in allseitigem Einvernehmen verbreitet:
1. Schmorell fuhr nach Salzburg, Linz, Wien und warf dort 200, 200, 1200 adressierte Flugblätter für diese Städte und in Wien außerdem 400 für Frankfurt am Main in Briefkästen.
2. Sophie Scholl warf in Augsburg 200 und ein andermal in Stuttgart 600 in Postbriefkästen.
3. Nachts streute Hans Scholl zusammen mit Schmorell Tausende in Münchner Straßen aus.
4. Am 18. Februar legten die Geschwister Scholl 1500 bis 1800 in der Münchner Universität in Päckchen ab, und Sophie Scholl warf einen Haufen vom 2. Stock in den Lichthof.
Hans Scholl und Schmorell haben auch am 3., 8. (?) und 15.2. 1943 nachts an vielen Stellen Münchens, so vor allem auch an der Universität, Schmieraktionen mit den Inschriften „Nieder mit Hitler“, „Hitler der Massenmörder“, „Freiheit“ durchgeführt. Nach der ersten Aktion erfuhr das Sophie Scholl, war damit einverstanden und bat – freilich vergeblich –, künftig mitmachen zu dürfen!
Die Auslagen – im ganzen ungefähr 1000 Mark – haben die Angeklagten selbst bestritten.
... Wenn solches Handeln anders als mit dem Tode bestraft würde, wäre der Anfang einer Entwicklungskette gebildet, deren Ende einst: 1918 war:
(Hofer, Dokumente. a.a.O., S. 330f.)

### T 9 Aus einer Denkschrift Goerdelers, Herbst 1943

[...] Daß Deutschland materiell genügend stark wieder werden muß, ergibt sich aus der Notwendigkeit, das Deutsche Reich zumindest gegen einen dauernden Druck der gewaltigen russischen Kraft zu sichern. Daraus ergibt sich auch die Notwendigkeit, den territorialen Bestand Deutschlands, wie er sich durch die Geschichte als sinnvoll und notwendig herausgestellt hat, zu erhalten.
Alle Pläne, Deutschland aufzuteilen, müssen immer wieder Spannungen in Deutschland und damit in Europa erzeugen. Denn Deutschland liegt nun einmal in der Mitte des Kontinents. Als deutsche Grenzen kommen in Betracht: im Osten etwa die Reichsgrenze von 1914;
im Süden die in der Konferenz von München 1938 anerkannte Grenze einschließlich Österreichs; auch muß Südtirol, ein rein deutsches Land, bis zur Grenze Bozen–Meran zu Deutschland zurückkehren. Die italienische Herrschaft hat dort nur Verbitterung und Rückschritt erzeugt; im Westen ist die Elsaß-Lothringen-Frage sehr schwer zu lösen; es gibt keine Ruhe, wenn Elsaß-Lothringen in seinem alten Bestand zu Deutschland oder Frankreich geschlagen wird; es gibt zwei andere Möglichkeiten:
a) entweder Elsaß-Lothringen wird ein autonomes Land etwa in der Stellung der Schweiz, oder
b) durch eine neutrale Kommission wird die Sprachgrenze ermittelt, wie sie 1918 und 1938 war. Zwischen diesen beiden Linien muß die Grenze zwischen Frankreich und Deutschland liegen. Daß in diesem zweiten Falle Deutschland Elsaß-Lothringen weitgehende Selbstverwaltung zuweist, liegt ebensosehr in sachlichen Notwendigkeiten wie in unseren Überzeugungen und Zielen begründet;
im Norden muß in ähnlicher Weise wie im Westen die gerechte Grenze gegenüber Dänemark ermittelt werden.
Im übrigen werden in einem europäischen Staatenbunde, auf den wir hinstreben müssen, innereuropäische Grenzen eine immer geringere Rolle spielen. Dieser territoriale Bestand des Deutschen Reiches setzt eine Verständigung über Polen voraus. Soweit sich jetzt übersehen läßt, ist der Bestand Polens davon abhängig, daß die deutsche Front im Osten die polnische Ostgrenze von 1938 hält. Bricht sie zusammen, so ist Polen an Rußland verloren. [...]
(B. Scheurig [Hrsg.], Deutscher Widerstand 1938–1944. München $^{2}$1984, S. 208f.)

### T 10 Aus den Grundsätzen des Kreisauer Kreises für die staatliche Neuordnung. Entwurf 9.8.1943

[...]
I. Die Gemeinde
Gemeindevertretungen werden von allen Wahlberechtigten in geheimer, unmittelbarer Wahl gewählt.

Aktiv wahlberechtigt ist jeder, der das 21. Lebensjahr vollendet hat oder Kriegsteilnehmer ist; Familienoberhäupter erhalten für jedes nicht wahlberechtigte Kind eine zusätzliche Stimme; wählbar ist jeder, der das 27. Lebensjahr vollendet hat und auf dessen Kandidatur sich eine nach der Größe der Gemeinde zu bestimmende Zahl von Wahlberechtigten einigt; nicht wählbar sind Waffenträger. [...]

III. Das Land

1. Der Landtag der Länder und die Stadtversammlung der kreisfreien Städte werden von den Vertretungen der Kreise und Städte bzw. von den Vertretungen der politischen Untergliederungen solcher Städte gewählt. – Wählbar ist jeder männliche Landes- oder Stadtbürger, der das 27. Lebensjahr vollendet hat. Nicht wählbar sind politische Beamte und Waffenträger. Durch die Wahlordnung ist sicherzustellen, daß mindestens die Hälfte der Gewählten nicht einer der wählenden Körperschaften angehört.

Dem Landtag obliegen folgende Aufgaben:
Beschlußfassung über Haushalt, Steuern und Landesgesetze;
Fragerecht gegenüber dem Landeshauptmann und Resolutionsrecht zu allen Fragen der allgemeinen Landespolitik und Landesverwaltung;
Wahl des Landesverwesers auf Vorschlag des Landesrats.

2. Die Landesregierung besteht aus dem Landeshauptmann und der erforderlichen Anzahl von Staatsräten. Der Landeshauptmann wird vom Landtag auf Vorschlag des Landesverwesers gewählt; die Staatsräte werden vom Landesverweser auf Vorschlag des Landeshauptmanns ernannt. Die Mitglieder der Landesregierung müssen ihren angestammten Wohnsitz in ihren Ländern haben.

Der Landesregierung obliegt neben der Regierung des Landes die Durchführung der Reichsaufgaben auf dem Landesgebiet.

3. Dem Landesrat obliegt es, dem Landtag Kandidaten für die Wahl des Landesverwesers vorzuschlagen, Empfehlungen an den Landtag zu richten und die Disziplinargerichtsbarkeit über die Mitglieder der Landesregierung auszuüben.

4. Der Landesverweser wird auf Vorschlag des Landesrats durch den Landtag auf 12 Jahre gewählt und vom Reichsverweser in seinem Amt bestätigt. Dem Landesverweser obliegt die Überwachung der gesamten Landesverwaltung und die Ernennung der Beamten. Er trägt die Verantwortung für die Verwirklichung der Reichspolitik in dem Lande. Er führt den Vorsitz im Landesrat.

IV. Das Reich

1. Der Reichstag wird von den Landtagen gewählt. Wählbar ist jeder männliche Reichsbürger, der das 27. Lebensjahr vollendet hat. Nicht wählbar sind politische Beamte und Waffenträger. Vorläufig ist durch die Wahlordnung sicherzustellen, daß mindestens die Hälfte der Gewählten nicht einer der wählenden Körperschaften angehört.

Dem Reichstag obliegen folgende Aufgaben:
Beschlußfassung über den Reichshaushalt, die Reichssteuern und die Reichsgesetze.
Fragerecht gegenüber dem Reichskanzler und Resolutionsrecht zu allen Fragen der Reichspolitik.
Wahl des Reichsverwesers auf Vorschlag des Reichsrats.

2. Die Reichsregierung besteht aus dem Reichskanzler und den Reichsministern. Der Reichskanzler wird von dem Reichsverweser mit Zustimmung des Reichstags berufen; die Minister werden vom Reichsverweser auf Vorschlag des Reichskanzlers ernannt.

Der Reichsverweser kann den Reichskanzler abberufen; die Abberufung wird mit der Ernennung eines neuen Reichskanzlers wirksam. Der Reichstag hat das Recht, die Abberufung des Reichskanzlers mit qualifizierter Mehrheit zu verlangen, sofern er zugleich dem Reichskanzler die Berufung eines neuen Reichskanzlers vorschlägt.

3. Der Reichsrat besteht aus den Landesverwesern, den Präsidenten des Reichstags und der Reichswirtschaftskammer und aus vom Reichsverweser mit Zustimmung der Reichsregierung auf 8 Jahre berufenen Reichsräten. Der Reichsrat soll dem Reichstag Kandidaten für die Wahl des Reichsverwesers vorschlagen, Grundsätze für die Versetzung von Beamten aus einem Land in ein anderes Land und aus dem Dienst eines Landes in den Dienst des Reiches festsetzen; Empfehlungen an den Reichstag richten, die Disziplinargerichtsbarkeit über die Reichsregierung und die Landesverweser ausüben.

4. Der Reichsverweser wird auf Vorschlag des Reichsrats vom Reichstag auf 12 Jahre gewählt. Der Reichsverweser hat den Oberbefehl über die Wehrmaht und den Vorsitz im Reichsrat. Mit der Gegenzeichnung des Reichskanzlers vertritt er das Reich nach außen. Er vollzieht die Reichsgesetze, ernennt und entläßt die Reichsminister und Reichsbeamten. [...]

(Ebenda, S. 199ff.)

### T 11 Zeichen gegen die absolute Inhumanität

Indem die Verschwörung des 20. Juli 1944 intellektuell und politisch im Horizont der Ideologie eines eigenständigen „deutschen Weges“ verblieb, ist sie einer geschichtlichen Epoche zuzuordnen, die mit dem Zusammenbruch des Nationalsozialismus und der faschistischen Bewegungen im Mai 1945 – mit einigen nachlaufenden Tendenzen bis zum innenpolitischen Wendejahr 1948/49 – ihren Endpunkt fand. Konsequenterweise sind von ihm praktische politische Einflüsse auf die Demokratie-Gründung in Westdeutschland nicht ausgegangen. Die Überlebenden sahen sich vielmehr weithin politisch isoliert und beklagten, wie Theodor Steltzer und Paulus van Hugen, den Weg zur Bonner Parteiendemokratie. Die kommunistischen Widerstandsgruppen sahen sich in Mitteldeutschland, wenn auch in geringerem Maße als die bürgerlich-de-

mokratischen Repräsentanten des Widerstands, weitgehend ausgeschaltet.
In beiden deutschen Teilstaaten fiel die politische Initiative unter wechselndem politischen Vorzeichen, an die in Weimar hervorgetretenen politischen Eliten zurück. Die gleichwohl erfolgende Berufung auf die Tradition des Widerstands, der im Sinne der nun dominierenden parlamentarischen oder volksdemokratischen Ausrichtung umgedeutet wurde, stellte daher eine grundlegende Verzeichnung der Absichten wie der Kampfbedingungen des Widerstands, zugleich eine Verdrängung der tieferen gesellschaftlichen Ursachen der nationalsozialistischen Diktatur dar.
Aus größerem Abstand heraus und aufgrund der eingehenden Erschließung der nur fragmentarisch überlieferten Zeugnisse ist demgegenüber die geistige und politisch-ethische Eigenständigkeit gerade des nationalkonservativen Widerstands hervorzuheben, der sich nicht in die affirmativen Klischees unverbindlich bleibender Gedenkveranstaltungen einzwängen läßt. Es waren nicht die Demokraten und nicht die unterdrückten republikanischen Parteien, auch nicht die Kirchen als Institution, die Deutschland gegen Hitler zu verteidigen und die politische, militärische, vor allem aber die moralische Katastrophe abzuwenden versuchten, die durch den ungebremsten Amoklauf des späten Hitler-Regimes eintreten mußte. Es waren in vieler Hinsicht Außenseiter, nach dem 20. Juli aus der Solidargemeinschaft der Nation Ausgestoßene, die den Entschluß faßten, unter unsäglich schwierigen Bedingungen und zuletzt im Bewußtsein äußerer Aussichtslosigkeit den Umsturz zu wagen und damit ein Zeichen gegen die in Hitler verkörperte Herrschaft der absoluten Inhumanität zu setzen, während die große Mehrheit der Nation und ihrer Eliten schwieg. [...]
(H. Mommsen, Außenseiter, die ein Zeichen setzten. In: Süddeutsche Zeitung 14./15.7. 1984, Beilage S. 1./2.)

### T 12 Patriotismus als gemeinsamer Grundcharakter

[...] Es dürfte indessen der Sache weitaus angemessener sein, aus dem wachsenden Abstand heraus um ein besseres Verständnis auch für die politischen Motive und Zielsetzungen gerade der Männer des 20. Juli bemüht zu sein und über die nationale Sichtbeschränkung hinauszugelangen, die mit der Fixierung auf die alten Auseinandersetzungen um den „preußisch-deutschen Machtstaat" oder den „Autoritarismus" verbunden zu sein pflegt.
Am einfachsten ist das im Hinblick auf ihre innenpolitischen Vorstellungen. Selbst wenn Goerdeler und die Kreisauer „reaktionären" Ideen angehangen haben, so springt doch ins Auge, daß sie hinsichtlich der entscheidenden Postulate, nämlich der Wiederherstellung des Rechtsstaats, einer Verfassungsordnung und der Freiheit der Person, trotz aller Kritik an der „Parteiendemokratie" viel näher an Weimar als am Dritten Reich waren und zugleich viel näher an der Zukunft der Bundesrepublik. Keine der verschiedenen Gruppierungen erhob einen totalen Machtanspruch, jede war zur Zusammenarbeit mit der anderen bereit, und eben damit gingen sie über Weimar und den Hauptgrund der eigenen Niederlage hinaus. Wenn die Gestapo-Berichte vom „Weimarer Zwischenstaat" sprechen, so stellt sich im Rückblick nach vierzig Jahren unter innenpolitischen Gesichtspunkten ganz eindeutig das Dritte Reich als ein „Zwischenstaat" dar, vor dessen Folie das Bismarck-Reich, die Weimarer Republik und die Bundesrepublik weit mehr an Ähnlichkeiten als an Unterschieden aufweisen. Und war es wirklich so ganz und gar reaktionär, wenn die Kreisauer den Staat von den „kleinen Gemeinschaften" her aufbauen wollten oder wenn sie die „übermäßige Technisierung der Landwirtschaft" beklagten oder wenn Schulenburg eine Verlagerung der Industrie von den Großstädten in die Mittel- und Kleinstädte erstrebte? War nicht manches von demjenigen sehr zukunftsvoll, was den ersten Kritikern als reaktionär erschien?
Ohne Zweifel ist der Patriotismus ein gemeinsamer Grundcharakter fast aller Verschworenen gewesen, und zwar jener sehr handfeste und reale Patriotismus, der Österreich und das Sudetenland sogar 1944 nicht preisgeben wollte und der für das Deutsche Reich eine Führungsrolle in Europa beanspruchte. Aber bevor man sich der Empörung über die „Illusionisten" überläßt, sollte man sich die Frage vorlegen, ob irgendein Staat sogar in der Niederlage jemals von sich aus Grenzen aufgab, die er für gerecht hielt. [...]
Soweit der deutsche Widerstand nicht bloßes Widerstreben und nicht lediglich ein Kampf um institutionelle Selbstbehaptung war, war er durch mannigfaltige Formen des Lernens und der Wandlung bestimmt, die mehr oder weniger ein Bewußtsein dieser Tragik in sich schlossen. Der Deutschnationale und der Sozialdemokrat, die sich in der Weimarer Zeit als „national unzuverlässiges Element" oder als „militaristischen Reaktionär" betrachteten, hatten gelernt und sich wesentlich gewandelt, als sie sich zu lebensgefährlicher Gemeinsamkeit zusammenfanden. [...]
(E. Nolte, Verräter, Patrioten, Reaktionäre – Vorbilder für heute? In: FAZ 21.7.1984, Beilage)

### T 14 Die Schwäche des Widerstandes gegen Hitler

*Die Neue Zürcher Zeitung berichtete am 11. 7. 1984 über die Diskussion von Historikern u. a. zu diesem Thema.*
[...]
Auf der Historikertagung herrschte Einigkeit darüber, daß die Schwäche des deutschen Widerstandes nach der Machtergreifung Hitlers auch aus der Fehleinschätzung der Perfektion und der Brutalität der nationalsozialistischen Gewaltherrschaft resultierte.

Erst nachdem der Unterdrückungsapparat sich voll etabliert hatte, sei erkannt worden, daß Widerstand gegen Hitler Camouflage und Verschwörungstaktiken erforderte. Die deutsche Opposition gegen das nationalsozialistische Gewaltregime sei ferner in den ersten Jahren nach der Machtergreifung Hitlers weitgehend durch politische Konzeptionslosigkeit geprägt gewesen. Der Widerstand habe sich in Etappen entwickelt, die wesentlich von den Maßnahmen und der Veränderung des nationalsozialistischen Herrschaftssystems bestimmt gewesen seien.
Hier freilich wies Hofer darauf hin, daß der Nationalsozialismus genau so totalitär gewesen sei, wie es „die Verhältnisse und die Umstände" erlaubt hätten. Der Bochumer Historiker Mommsen ergänzte diese Bemerkung mit dem Hinweis, daß es als Folge des von Goebbels planmäßig ausgebauten Hitler-Mythos neben dem Diktator keine Institution mehr gegeben habe, die, wie im Falle Italiens die Monarchie, von einer Umsturzregierung zur Legitimationsbeschaffung hätte benützt werden können.
Auf breite Zustimmung im Volke konnte die deutsche Widerstandsbewegung ohnehin nicht rechnen. Die Massen jubelten Hitler aus Überzeugung zu. Er wurde von einer durch die neuen Machthaber noch dazu angeheizten nationalistischen Grundströmung getragen. Die Diskussionen innerhalb der Verschwörergruppe über die Möglichkeiten der Unterstützung eines Umsturzes durch das Volk führten zu der Erkenntnis, daß damals, obwohl die Niederlage Deutschlands in dem von Hitler angezettelten Krieg bereits für viele erkennbar war, eine Volksbewegung kaum Aussicht auf Erfolg haben konnte. Allerdings gab es unter den Verschwörern in diesem Punkt unterschiedliche Auffassungen.
Aus den bisherigen Forschungen zum Problem einer Volksbewegung ergibt sich, daß etwa 20000 bis 40000 Personen in irgendeiner Form am Widerstand beteiligt und zum Aufstand gegen Hitler bereit waren. Der Bielefelder Historiker Klessmann zog daraus den Schluß, daß es für die Widerstandsbewegung nach einem Attentat auf Hitler keine Chance gegeben habe, in einem Bürgerkrieg zu bestehen. Zur anfänglichen Fehleinschätzung des Unterdrückungsapparates und der politischen Konzeptionslosigkeit trat die Schwäche einer fehlenden breiten Basis der deutschen Widerstandsbewegung im Volk.
In den Debatten wurde in diesem Zusammenhang vor der Gefahr einer Verwässerung des Widerstandsbegriffs bei der Erforschung des gesamten Spektrums der deutschen Opposition gegen Hitler gewarnt. Hofer wandte sich dabei gegen den von der Forschung neuerdings verwandten Begriff der Resistenz, der auch die bloße Verweigerung und die innere Emigration einschließe, während die Résistance in den von deutscher Hand besetzten Ländern aktiven Widerstand gegen Hitler geleistet habe. Daß diese Warnungen durchaus ihre Berechtigung hatten, wurde in Diskussionsbeiträgen deutlich, bei denen beispielsweise der Versuch unternommen wurde, die Ablehnung deutscher Bauern, Land für den Bau militärischer Anlagen zur Verfügung zu stellen, als Widerstand zu deklarieren.
Die Abschlußdebatte über die politische und moralische Motivation beim Entschluß zum Widerstand trug denn freilich ganz wesentlich zur begrifflichen Erklärung bei. Der amerikanische Historiker von Klemperer machte darauf aufmerksam, daß Widerstand alles andere als Routine sei. Widerstand stelle vielmehr einen Grenzfall dar. Wer in den Widerstand gehe, folge dem Gebot eines ungeschriebenen, höheren Rechts, wenn die gesetzmäßige Herrschaft zur Tyrannis entartet sei. [...]

### T 15 Marion Gräfin Dönhoff: Die Vorstellungen der Leute vom 20. Juli und die deutsche Wirklichkeit

*Gräfin Dönhoff ist Herausgeberin der Wochenzeitung* DIE ZEIT

[...]

Hitler war es nur gelungen, einem autoritätsgläubigen Volk weiszumachen, daß er nichts anderes wolle, als Deutschland wieder auf die Füße zu stellen, damit nicht jeder auf ihm herumtrampeln könne. Ihm war es gelungen, das Volk zu hypnotisieren, so daß es willig die Umwertung aller Begriffe akzeptierte und schließlich die Surrogate für das Original hielt: Die Treue des SA-Mannes stand über der Treue zu Wahrheit und Recht; die Rasse des Herrenmenschen trat an die Stelle von Ethik und Humanitas; der Glaube an den Führer ersetzte alle Zehn Gebote. Dieser Führer und sein Mythos hatten tatsächlich den Glauben an eine geistige Welt und ihre Wirklichkeit zerstört.
Wollte man die Vorstellungen der Leute vom 20. Juli charakterisieren, so würden die Stichworte wohl lauten: Skepsis gegenüber dem technischen Fortschritt, Vorbehalte gegen den Kapitalismus, Verschmelzung von konservativen und sozialistischen Werten, Verstaatlichung der Grundstoffindustrien, betont religiöse Bindungen, asketische Lebensweise, Mitverantwortung des einzelnen im Betrieb, Dezentralisierung und Selbstverwaltung, große Hoffnung auf europäischen Zusammenschluß.
Asketische Lebensweise? Die Skepsis dem Wohlstand gegenüber teilten sie mit dem großen französischen Politiker Alexis de Tocqueville, der hundert Jahre zuvor geschrieben hatte: „Der Hang zum Wohlstand lenkt die Bürger von der Betätigung in der Politik ab, und die Liebe zum Wohlstand bringt sie in eine immer größere Abhängigkeit von den Regierungen." Und Verstaatlichung der Grundindustrien? Auch das Ahlener Programm der CDU/CSU sah ja diese Maßnahme vor – anders war das damals nicht vorstellbar.
Es ist erstaunlich, wie nahe viele dieser Vorstellungen dem Lebensgefühl der jungen Generation von heute sind. Unwillkürlich drängt sich da die Frage auf: Was wäre wohl geworden, wenn die Männer und Frauen des Widerstandes es gewesen wären, die nach dem

Krieg das neue Deutschland aufgebaut und die Prioritäten für unsere Gesellschaft gesetzt hätten?
Es ist tragisch, daß sie alle noch in letzter Stunde ausgelöscht worden sind. Vielleicht ebenso schmerzlich aber ist es, daß sie im Bewußtsein der Deutschen – deren Geschichte wahrlich nicht reich an Höhepunkten ist – so wenig präsent sind. Fast scheint es, als sei ihr Sterben im doppelten Sinne umsonst gewesen: sowohl gegen die Damaligen wie auch für die Heutigen.
(Die Zeit v. 20.7.84, S.3)

### T 16 Klaus von Dohnanyi: Sie handelten aus Vaterlandsliebe

*Der Hamburger Erste Bürgermeister zum 40. Jahrestages des Aufstandsversuches vom 20. Juli 1944*
Es ist die Einsamkeit, die wir bedenken müssen, wenn wir vom Widerstand sprechen. Denn Widerstand in Deutschland forderte eine andere Haltung als Widerstand in den danach von uns besetzten Ländern. Dort kämpfte man gegen den äußeren Feind, hier gegen die eigene Regierung; dort wurde man getragen von der Zustimmung des Volkes, hier aber war der Widerstandskämpfer unendlich einsam.
Ich war dreizehn Jahre alt, als Paris im Juni 1940 fiel. Unvergeßlich bleibt mir aus jenen Tagen das abgehärmte, enttäuschte, ja verzweifelte Gesicht meines Vaters inmitten der fahnenbunten Jubelstimmung. Das Gebet für die Niederlage des eigenen Volkes, der notwendigen Niederlage aus moralischen, politischen und aus historischen Gründen, dieses Gebet muß wohl das schwerste sein, das einem Patrioten zu sprechen abverlangt werden kann.
Denn sie waren Patrioten, die Frauen und Männer des Widerstandes. Wo immer sie für Menschlichkeit, Freiheit und Gerechtigkeit eintraten, sind sie zugleich für ein besseres Deutschland eingetreten. Die Nazizeit hat uns gelehrt – oder sollte uns mindestens gelehrt haben – Vaterlandsliebe kritischer aber auch tiefer zu verstehen.
Heute wissen wir – und sollten niemals vergessen: Nicht die Mahner und Kritiker haben das „Nest beschmutzt“, sondern die fahnenschwingenden Spießer. Nicht die Attentäter haben den Eid gebrochen, sondern Hitlers Gefolgschaft.
Es hat in Deutschland keine umfassende Widerstandsbewegung gegeben, konnte sie wohl auch nicht geben. Aber es hat vielfältigen Widerstand gegeben. Aus politischen, aus ethischen, aus religiösen Gründen. Wenn wir des 20. Juli gedenken, dann gedenken wir deshalb zugleich all der ungezählten tapferen Frauen und Männer, die gegen den Nationalsozialismus und für eine freie und gerechte Gesellschaft gekämpft und gelitten haben; vom Anfang der Nazibewegung während der Weimarer Republik bis zum Ende des Zweiten Weltkrieges. Ungeachtet ihrer Parteizugehörigkeit. In Deutschland, in der Emigration, aber auch zum Beispiel im Kampf für die Spanische Republik.
Zu diesem Widerstand gehörten auch diejenigen, die oft unter Gefahr für ihr eigenes Leben und das ihrer Familien den Verfolgten zu Hilfe kamen.
Es war im Winter 1942/43. Die Verhaftung meiner Eltern stand unmittelbar bevor. Meine Mutter und ich warteten von Einkäufen kommend auf den Autobus. Ein älterer Jude, den gelben Stern auf seinem abgerissenen Mantel, kehrte vor uns die Straße. Mehrere Male hatte er angestrengt versucht, den Schubkarren über die Bordschwelle zu schieben. Er war zu schwach. Teilnahmslos sahen die vielen wartenden Menschen zu. Ich werde es nie vergessen, wie meine Mutter, aschfahl geworden, ihre Hände öffnete, die schweren Einkaufsnetze achtlos fallen ließ, den Schubkarren zur Hand nahm und ihn auf den Bürgersteig schob. Es war dies, so glaube ich heute, die nachdrücklichste moralische Ermahnung zur Menschlichkeit, die ich in meinem Leben erfahren habe.
Der deutsche Widerstand hat das Vaterland nicht bewahren, die Freiheit nicht zurückgewinnen können. Leiden und Sterben hinterließen uns politischen Auftrag und moralisches Vermächtnis ...
Sie ermahnen uns, nicht zu vergessen wie die Weimarer Demokratie verspielt wurde. Wie das deutsche Bürgertum gegenüber der ersten Republik versagte. Daß es keine Alternative zur mühevollen und immer auch von menschlichen Fehlern gekennzeichneten politischen Tagesarbeit gibt. Mir scheint, es sind auch heute Zuviele, die sich bequem fernhalten und kritisieren, anstatt selbst politisch Hand anzulegen. Sich über Parteipolitik naserümpfend zu erheben, ist wenig demokratisch. Parteien immer wieder von innen zu erneuern, ist die demokratische Aufgabe.
Auch Demokratie ist der Veränderung unterworfen. Während man aber bei unseren westlichen Nachbarn den Wechsel politischer Strömungen gelassen als Anzeichen wirtschaftlicher, sozialer und ökologischer Veränderungen hinnimmt, hören wir bei uns schon wieder Stimmen, die mit dem Wort „Weimar“ Krisen- und Untergangsstimmung verbreiten. Demokratie braucht nicht nur die Mitarbeit der Bürger, sondern auch Selbstvertrauen.
Die Krise der Industriegesellschaft hat ja erst begonnen. Niemand kann doch übersehen, wie die Armut der Dritten Welt wächst, mit großen Risiken auch für uns. Niemand kann übersehen, daß Massenarbeitslosigkeit in den Industriestaaten droht und daß eine neue Armut beginnt, sich auch bei uns breitzumachen. Niemand kann übersehen, daß der ungezügelte, kommerzielle Wettbewerb der Unternehmen und Nationen die Natur, von der der Mensch lebt, immer tiefer zerstört. Und niemand kann die Risiken des ungebrochenen Wettrüstens übersehen.
Die Bewährung der Demokratie in der kommenden Krise, das ist der politische Auftrag des deutschen Widerstandes an uns heute. Unser Land, Europa, diese Erde in Frieden und Freiheit bewohnbar zu erhalten.
(Das Parlament, 4.8.84)

## T 17 Helmut Kohl: Verpflichtung gegenüber dem Rechtsstaat. Der Bundeskanzler zum 20. Juli 1944

Die gemeinsame Basis derer, die den Staatsstreich vorbereiteten, war ihre ethisch-moralische Überzeugung. In ihren Denkschriften und Programmen finden wir das Bekenntnis zu Menschenwürde, Glaubens- und Gewissensfreiheit, zum Schutz der Familie, zur Rechtsstaatlichkeit, zu sozialer Gerechtigkeit und zu friedlicher Zusammenarbeit der Völker in Europa. Die Idee und Tradition des deutschen Rechtsdenkens und die Verpflichtung gegenüber dem Rechtsstaat waren treibende Kräfte, die zum Handeln führten.
Die Chance des Erfolges war von Anfang an gering. Der Weg der Verschwörer drohte zum Opfergang zu werden. Aber sie waren bereit, die eigene Existenz preiszugeben; für die Gerechtigkeit und für die Zukunft des Vaterlandes. Es galt vor aller Welt zu beweisen, daß die Deutschen kein Volk von Kollaborateuren Hitlers waren.
Als die Alliierten am 6. Juni 1944 in der Normandie gelandet waren und in Italien auf Florenz vorrückten, und als die Ostfront vor dem Zusammenbruch stand, war das Ende des Krieges absehbar.
In dieser Situation fragte Graf Stauffenberg den Generalmajor von Tresckow bei der Heeresgruppe Mitte, ob das Attentat angesichts dieser hoffnungslosen Lage politisch und militärisch überhaupt noch Sinn habe. Tresckow gab eine berühmte Antwort, die auf alle Zeit über dem Geschehen des 20. Juli stehen wird und die bis heute fortwirkt in der deutschen Geschichte und auf alle Zukunft: „Das Attentat muß erfolgen, coûte que coûte. Sollte es nicht gelingen, so muß trotzdem in Berlin gehandelt werden. Denn es kommt nicht mehr auf den praktischen Zweck an, sondern darauf, daß die deutsche Widerstandsbewegung vor der Welt und vor der Geschichte den entscheidenden Wurf gewagt hat. Alles andere ist daneben gleichgültig."
Die Verschwörer haben das eigene Leben unter einen großen, jenseits ihrer Person und ihrer Zeit liegenden Zweck gestellt. Dieses Opfer ist nicht umsonst gewesen.
Der 20. Juli hat es uns Deutschen möglich gemacht, unsere Würde zu bewahren. Winston Churchill hat schon 1946 im britischen Unterhaus erklärt, daß dieser Widerstand zum Edelsten und Größten gehört, was in der Geschichte aller Völker je hervorgebracht wurde: „Ihre Taten und Opfer sind das unzerstörbare Fundament eines neuen Aufbaues."
Viele von denen, die am 20. Juli gegen Hitler aufstanden, gegen die Vernichtung der Juden und gegen den totalen Krieg, waren anfangs geblendet durch das Scheitern der Republik und durch vordergründige Erfolge der Diktatur. Es mindert aber keineswegs ihren Rang, daß sie Irrtümer korrigieren, ja daß sie schmerzlich ihre Verstrickung in Unrecht eingestehen mußten. Lange haben die deutschen Führungsschichten, und die ausländischen Diplomaten nicht anders, die Politik des Diktators mißverstanden als traditionelle Großmachtpolitik.
Spät erst, zu spät begriffen die Nachbarn der Deutschen, daß die Unterdrückung im Innern Vorbereitung war für den Krieg nach außen und daß ihre Nachgiebigkeit gegenüber Hitlers Hegemonialstreben den großen europäischen Krieg geradezu heraufbeschwor. Der Zerstörung des Rechts mußte die Zerstörung des Landes folgen. Seit Beginn des Krieges hat Hitler im Kreis seiner Vertrauten damit gedroht: Wenn die Deutschen nicht siegen könnten, dann sollten sie untergehen. Auch das Wissen um diese absurde Konsequenz des Diktators war ein Motiv für den Widerstand und die Bereitschaft zum persönlichen Opfer. [...]
Lassen Sie mich aber auch hinzufügen: Wer sich heute gegen die freiheitliche Demokratie des Grundgesetzes ein Recht auf Widerstand anmaßt, hat nichts begriffen vom sittlichen Ernst und vom moralischen Rang des deutschen Widerstands. Wer die Grundwerte und die Regeln des demokratischen Rechtsstaates mißachtet und dagegen mit Gewalt vorgeht, verrät Mangel an geschichtlichem Verständnis und an demokratischem Ernst.
(Das Parlament, 4.8.84)

## T 18 DDR 1984: Die Tat tapferer Patrioten

*Der Versuch, Hitler am 20. Juli 1944 zu töten, mußte gemäß DDR-Historikern bisher scheitern, weil Monopolbourgeoisie und reaktionäre Kräfte sich zusammengetan hätten. Der Blick auf das Attentat hat sich gewandelt. Auszüge aus dem „Neuen Deutschland" vom 20. Juli 1984:*

Das Attentat vom 20. Juli 1944 war Ausdruck des Widerstandes jener Kräfte innerhalb des Bürgertums, des Adels und der militärischen Führung, die auch mit Sozialdemokraten und Kommunisten zusammenarbeiten und durch sofortige Beendigung des Krieges eine nationale Katastrophe zu verhindern suchten, die das faschistische Terrorregime beseitigen und eine Art bürgerliche Demokratie errichten wollten.
Die in tiefer Illegalität kämpfende Landesleitung der KPD hatte von der bürgerlichen Bewegung Kenntnis und war, getreu ihrer auf der Brüsseler Konferenz 1935 beschlossenen Volksfrontstrategie zum Sturz des Faschismus, zur Zusammenarbeit bereit. [...]
Bei der Formierung einer Opposition in bürgerlichen und militärischen Kreisen spielten besonders bei einigen real denkenden und gebildeten Militärs die Traditionen der friedlichen, für beide Seiten stets vorteilhaft gewesenen deutsch-russischen beziehungsweise deutsch-sowjetischen Beziehungen eine große Rolle. [...]
Ein wesentliches Motiv für das Handeln der Nazigegner aus den Reihen des Offizierskorps war auch die Verurteilung der faschistischen Unterdrückungs- und Ausrottungspraxis in den besetzten Ländern, vor allem in Polen und in der Sowjetunion. Bereits im

**Abb. 43a Der Bürgerbräukeller in München nach dem Attentat von Georg Elser am 8. 11. 1939.**

November 1939 schrieb Helmut Stieff, später Generalmajor, nach einer Reise durch Polen: „Ich schäme mich, ein Deutscher zu sein! Diese Minderheit, die durch Morden, Plündern und Sengen den deutschen Namen besudelt, wird das Unglück des ganzen deutschen Volkes werden, wenn wir ihnen nicht bald das Handwerk legen".

Wie die Motive der einzelnen Personen und Gruppen, so waren auch die Zielvorstellungen sehr unterschiedlich. Während Goerdeler und seine politischen Freunde die Erhaltung der bestehende Macht- und Eigentumsverhältnisse erstrebten, gab es im Kreisauer Kreis Vorstellungen, die auf Verstaatlichung der Schlüsselindustrien, Beseitigung der Monopole und Mitbestimmung der Arbeiterschaft in Staat und Gesellschaft hinausliefen. Unterschiedlich war auch die Haltung zur KPD und zur Bewegung „Freies Deutschland".

Die Männer des 20. Juli 1944 machten einen schwierigen Lernprozeß durch, bis sie zur Tat schritten. Die Tragik der mutigen Tat Oberst Stauffenbergs und der mit ihm verbundenen patriotischen Kräfte liegt darin, daß nicht genügend dafür gesorgt war, auch bei einem Fehlschlag des Attentats auf Hitler den Aufstand zu seinem Sturz mit den entsprechenden Kräften weiterzuführen. Sie schritten zur Tat ohne ausreichende Verbindung zur übrigen antifaschistischen Widerstandsbewegung und den Volksmassen. Ihr Opfergang ist unser Vermächtnis.

(Die Zeit vom 27.7.84, S.8)

### Problem und Diskussion

**1** *Beschreiben Sie mit Hilfe von T 1 – T 8 Widerstandsformen und versuchen Sie den Begriff „Widerstand" einzugrenzen.*

**2** *Analysieren Sie die Pläne des Widerstandes (T 9, 10) und versuchen Sie eine Bewertung im historischen Kontext.*

**3** *Diskutieren Sie die unterschiedlichen Urteile über den Widerstand der Frauen und Männer des 20. Juli anläßlich des 40. Jahrestages. (T 11–18)*

# 7. Der Weg in den Zweiten Weltkrieg

## 7.1 Wirtschaftliche Vorbereitungen

Im November 1932 forderten Repräsentanten der Wirtschaft in einer Eingabe an den Reichspräsidenten von Hindenburg die Ernennung von Adolf Hitler zum Reichskanzler. Maßgebliche Vertreter der Schwer- und Chemieindustrie, vor allem der IG-Farbenkonzern, waren nun auf das Wirtschaftsprogramm der NSDAP eingeschwenkt. Die Industrie ging davon aus, daß – entsprechend Hitlers Versicherungen vor dem Industrieclub 1932 in Düsseldorf – die NSDAP die kapitalistische Wirtschaftsordnung und das Privateigentum nicht beseitigen werde und daß die von der Partei versprochene Aufrüstungspolitik die ökonomischen Schwierigkeiten der Weimarer Zeit, unter maßgeblicher Beteiligung der Industrie, lösen würde.
Große Teile der Wirtschaft billigten das nationalsozialistische Expansionsprogramm, das auf der Voraussetzung beruhte, daß Deutschland weitgehend unabhängig von Einfuhren wichtiger Rohstoffe und Lebensmittel werden müßte (Autarkie).
Bereits vier Tage nach seiner Ernennung zum Reichskanzler erklärte Hitler vor den Befehlshabern der Reichswehr, die wirtschaftliche Krise langfristig durch Aufrüstung und Eroberung neuen Lebensraumes im Osten lösen zu wollen. Die nationalsozialistische Wirtschaftspolitik war von Anfang an der „Wehrhaftmachung des deutschen Volkes" orientiert. Diesem Ziel wurde auch die die zunächst notwendige Bekämpfung der Arbeitslosigkeit untergeordnet.
Der heutige Forschungsstand zeigt, daß Nationalsozialismus, Reichswehr und Großwirtschaft einen ungeschriebenen Pakt schlossen, bei dem die nationalsozialistische Staatsführung die Ziele vorgab, die Reichswehr die Bedarfspläne zur Aufrüstung formulierte und die Großindustrie in relativer Unabhängigkeit – bei Erhaltung des marktwirtschaftlichen Systems – das Aufrüstungsprogramm vollzog.
Die Staats- und insbesondere die Militärausgaben wuchsen zwischen 1934 und 1939 so stark an, daß diese nicht durch das Steueraufkommen zu decken waren. 1938 betrugen die Staatsausgaben rund 30 Mrd. Reichsmark, das waren 35% des Volkseinkommens. Die Steuereinnahmen beliefen sich auf 17,7 Mrd. Reichsmark. Die Rüstungsausgaben wurden von Anfang an über Kredite der Reichsbank finanziert, die der Wirtschaft über eine Scheinfirma (Metalurgische Forschungsgesellschaft, MEFO) Kapital zur Verfügung stellte. Die enorme Steigerung der Verschuldung des Reiches nahmen die Nationalsozialisten bewußt in Kauf, da sie möglichst schnell einen modernen und umfangreichen Rüstungsstandard der Wehrmacht erreichen wollten. Die von der Wehrmacht zu erobernden Gebiete sollten dann die Kosten der Aufrüstung tragen.
Die Volkswirtschaft wurde durch die Aufrüstung vollständig umstrukturiert. „Während sich das Bruttosozialprodukt (BSP) von 1932 bis 1939 von 85 Mrd. Reichsmark auf 180 Mrd. Reichsmark etwas mehr als verdoppelte, stiegen die Rüstungsausgaben von 0,8 Mrd. Reichsmark um mehr als auf das 35fache oder von unter 1% des BSP auf ca. 23% an." (Doulfer, 325.) 1943 machten die Rüstungsausgaben 61% des BSP aus. Insgesamt beliefen sich die Rüstungsausgaben nach Schätzungen in den Jahren von 1932 bis 1939 etwa auf 80 Mrd. Reichsmark.
Um das Ziel der Autarkie Deutschlands in wichtigen Bereichen der Rüstungswirtschaft zu erreichen, finanzierten die Nationalsozialisten, unabhängig von den unwirtschaftlichen Kosten, die Herstellung von synthetischem Benzin und schlossen mit der IG-Farbenindustrie darüber einen langfristigen Vertrag ab. Ebenso übernahm das Reich die Kosten für die Herstellung von künstlichem Kautschuk (Buna). Gleichfalls wurde die Erschließung deutscher Erzlager vorangetrieben und der Ersatz von Textilgrundstoffen durch Kunststoff-Fasern eingeleitet.

**Abb. 44 Eröffnung der ersten Reichsautobahnstrecke** durch Hitler am 19. Mai 1935 bei Darmstadt.

Die Autarkie- und Rüstungspolitik führte die Wirtschaft mehrmals in größere Krisen, die die Nationalsozialisten durch die immer stärker werdende Verbindung zwischen staatlicher Bürokratie und Industrie und schließlich durch die politische und militärische Expansion zu lösen versuchten.
1936 wurde von Hitler der „Vierjahresplan" verkündet, dessen Ziel er in einer Denkschrift eindeutig auf die Vorbereitung eines Krieges festlegte: „Die deutsche Armee muß in vier Jahren einsatzfähig, die deutsche Wirtschaft muß in vier Jahren kriegsfähig sein." Mit der Durchführung des Vierjahresplanes wurde der preußische Ministerpräsident Hermann Göring beauftragt, der in einer neuen Superbehörde alle rüstungswirtschaftlichen Abläufe koordinieren sollte. In der Behörde des Vierjahresplanes wirkten zahlreiche Repräsentanten der Wirtschaft als Koordinatoren, so zum Beispiel an leitender Stelle der IG-Farben-Direktor Krauch, der zugleich seine Position im IG-Farben-Konzern beibehielt und immer mehr zu einem der wichtigsten Wirtschaftsfachleute des NS-Staates wurde.
Am 5. November 1937 legte Hitler im Kreis der Oberbefehlshaber der Wehrmacht und des Reichsaußenministers eine Bilanz seiner viereinhalbjährigen Herrschaft vor und kam dabei zu dem Ergebnis, daß die Autarkie auf dem Gebiet der Rohstoffversorgung vielleicht möglich sei, auf dem Gebiet der Lebensmittelversorgung sei sie allerdings unmöglich. Entsprechend seinen politischen und militärischen Zielen erklärte Hitler nun den Befehlshabern der Wehrmacht, daß wirtschaftliche Unabhängigkeit nur durch eine „einzige, uns vielleicht traumhaft erscheinende Abhilfe...", in der Gewinnung eines größeren Lebensraumes zu erreichen sei. Hitler verkündete den Zeitpunkt als gekommen, Blitzkriege zur Stärkung der eigenen wirtschaftlichen Position vorzubereiten.
Angesichts der Überlastung der deutschen Wirtschaft durch die Rüstungsproduktion und des star-

**Abb. 45 Eine neu aufgestellte Flakabteilung** (Flugabwehr) auf dem Wege nach Berlin. Die Reichsautobahnen ließen sich sehr gut militärisch nutzen; sie gehörten zum Rüstungsprogramm Hitlers.

ken Rückgangs der Devisen und der Rohstoffvorräte drängten führende militärische, industrielle und wirtschaftliche Kreise auf die Errichtung einer nationalsozialistischen Großraumwirtschaft in Mittel- und Osteuropa. Die schnelle Aufrüstung stürzte die deutsche Wirtschaft in eine Krise, in der es nur noch die Alternative Staatsbankrott oder Krieg zu geben schien.
Zunächst versuchte das NS-Regime die Krise politisch zu lösen. Der Anschluß Österreichs an das deutsche Reich im März 1938 bedeutete die erste Stufe im Expansionsprogramm. „Die in Österreich vorgefundenen Rohstoffvorräte, sowie Geld und Devisenbestände erwiesen sich als so groß, daß die deutsche Rohstoff-Devisenwirtschaft nach der bestehenden Planung das Jahr 1938 hindurch fortgeführt und aufrecht erhalten werden" konnte (Volkmann, S. 325).
Österreich brachte an Gold und Devisenbeständen den 21fachen Betrag dessen ein, was die Reichsbank an Barvermögen besaß. Auch der Einmarsch in die Tschechoslowakei verbesserte kurzfristig die Rüstungs- und Rohstoffsituation. Vor allem fielen den Nationalsozialisten hochwertige Produktionsanlagen für die Rüstung in die Hand.
Die neuere Forschung hat auch die ökonomischen Hintergründe für den überraschend abgeschlossenen Pakt zwischen Hitler und Stalin im August 1939 offengelegt. Der Ausbau der Handelsbeziehungen zwischen der Sowjetunion und dem nationalsozialistischen Deutschland hatte auf deutscher Seite das Ziel, eine mögliche englische Blockade des deutschen Handels im Falle eines Krieges unwirksam werden zu lassen.
Die Lieferungen der Sowjetunion, besonders der für die Kriegsrüstung notwendigen Mangan- und Chromerze, von Phosphat und Asbest schufen die Voraussetzungen für die kriegerische Expansion, deren Opfer dann auch die Sowjetunion werden sollte.

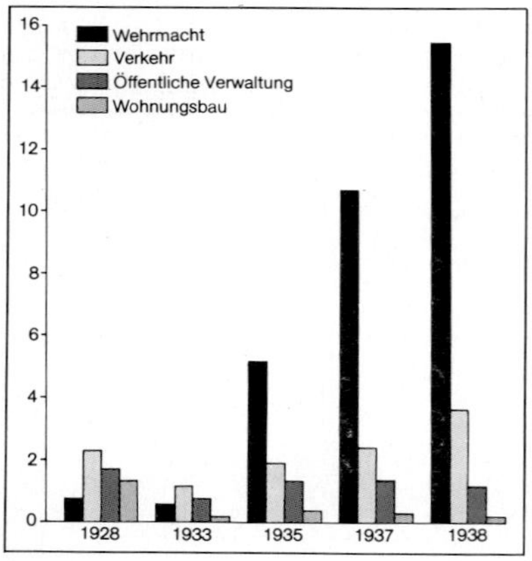


**T 1a**
**Öffentliche Investitionen im Deutschen Reich** (in Mrd. RM)

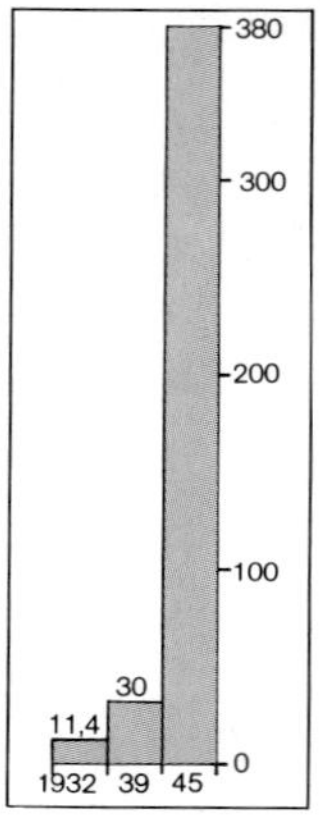


**T 1b**
**Staatsverschuldung im Deutschen Reich** (in Mrd. RM)

### T 2 Aus Hitlers geheimer Denkschrift über den Vierjahresplan (1936)

Wenn es uns nicht gelingt, in kürzester Frist die deutsche Wehrmacht in der Ausbildung, in der Aufstellung der Formationen, in der Ausrüstung und vor allem auch in der geistigen Erziehung zur ersten Armee der Welt zu entwickeln, wird Deutschland verloren sein! Es gilt hier der Grundsatz, daß das, was in Monaten des Friedens versäumt wurde, in Jahrhunderten nicht mehr eingeholt werden kann.
Es haben sich daher dieser Aufgabe alle anderen Wünsche bedingungslos unterzuordnen. [...]
Wir sind übervölkert und können uns auf der eigenen Grundlage nicht ernähren. [...] Die endgültige Lösung liegt in einer Erweiterung des Lebensraumes bzw. der Rohstoff- und Ernährungsbasis unseres Volkes. Es ist die Aufgabe der politischen Führung, diese Frage dereinst zu lösen [...]
Die Erfüllung dieser Aufgaben in der Form eines Mehr-Jahres-Plans der Unabhängigmachung unserer nationalen Wirtschaft vom Ausland wird es aber auch erst ermöglichen, vom deutschen Volk auf wirtschaftlichem Gebiet und dem Gebiete der Ernährung Opfer zu verlangen, denn das Volk hat dann ein Recht, von seiner Führung, der es die blinde Anerkennung gibt, zu verlangen, daß sie auch auf diesem Gebiete durch unerhörte und entschlossene Leistungen die Probleme anfaßt und sie nicht bloß beredet, daß sie sie löst und nicht bloß registriert!
Es sind jetzt fast 4 kostbare Jahre vergangen. Es gibt keinen Zweifel, daß wir schon heute auf dem Gebiet der Brennstoff-, der Gummi- und zum Teil auch in der Eisenerzversorgung vom Ausland restlos unabhängig sein könnten. Genauso wie wir zur Zeit 7 oder 800000 t Benzin produzieren, könnten wir 3 Millionen t produzieren. Genauso wie wir heute einige Tausend t Gummi fabrizieren, könnten wir schon jährlich 70 und 80000 t erzeugen. Genauso wie wir von 2½ Millionen t Eisenerz-Erzeugung auf 7 Millionen t stiegen, könnten wir 20 oder 25 Millionen t deutsches Eisenerz verarbeiten und, wenn notwendig, auch 30. Man hat nun Zeit genug gehabt, in 4 Jahren festzustellen, was wir nicht können. Es ist jetzt notwendig, auszuführen das, was wir können.
Ich stelle damit folgende Aufgabe:
I. Die deutsche Armee muß in 4 Jahren einsatzfähig sein.
II. Die deutsche Wirtschaft muß in 4 Jahren kriegsfähig sein.
(Hofer, Dokumente. a.a.O. S. 86)

### T 3 Deutschlands Selbstversorgung bei wichtigen Nahrungsmitteln (∅ in %)

| | 1927/28 | 1933/34 | 1938/39 |
|---|---|---|---|
| Brotgetreide | 79 | 99 | 115 |
| Hülsenfrüchte (ohne Linsen) | 62 | 50 | 71 |
| Kartoffeln | 96 | 100 | 100 |
| Gemüse | 84 | 90 | 91 |
| Zucker | 100 | 99 | 101 |
| Fleisch | 91 | 98 | 97 |
| Eier | 64 | 80 | 82 |
| Fett | 44 | 53 | 57 |
| Nahrungsmittel insgesamt: | 68 | 80 | 83 |

Insgesamt kam man aber zur Deckung des zivilen wie auch des Wehrmachtbedarfs ohne Agrarimporte nicht aus, die zwischen Beginn des Vierjahresplans und Kriegsausbruch mengenmäßig um rund 50% anstiegen und damit ca. 40% aller Einfuhren ausmachten. Im Einzelfall und auf bestimmte Jahre bezogen, mußte die ernährungswirtschaftliche Lage vom wehrwirtschaftlichen Standpunkt aus als völlig unbefriedigend angesehen werden.
(H. E. Volkmann, Die NS-Wirtschaft in Vorbereitung des Krieges. In: Das Deutsche Reich und der Zweite Weltkrieg. Hrsg. vom Militärgeschichtlichen Forschungsamt. Band 1. Stuttgart 1979, S. 301)

**T 4 Deutschlands Einfuhr an wichtigen mineralischen Rohstoffen** (in 1000 t)

| Ware | 1939 gesamt | 1939 aus der UdSSR | 1940 gesamt | 1940 aus der UdSSR | 1. Halbjahr 1941 gesamt | 1. Halbjahr 1941 aus der UdSSR |
|---|---|---|---|---|---|---|
| Phosphorsaurer Kalk | 1025 | 31 | 174 | 129 | 127 | 55 |
| Asbest | 18 | 1 | 12 | 8 | 12 | 7 |
| Chromerz | 193 | – | 40 | 26 | 4 | – |
| Manganerz | 235 | 6 | 119 | 65 | 116 | 75 |
| Mineralöle u. Rückstände | 4694 | 5 | 1806 | 617 | 816 | 248 |
| Platin und Platinmetalle (in kg) | 3320 | 1 | 2290 | 1474 | 1546 | 1262 |
| Rohzinn | 9 | – | 7 | 1 | 1 | 0 |
| Rohnickel | 3 | – | 5 | 2 | 2 | 1 |
| Kupfer | 144 | – | 105 | 7 | 52 | 7 |

Im Blick auf den geplanten Lebensraumkrieg gegen die UdSSR begnügte sich das Dritte Reich mit einem Minimum an Gegenleistungen, die gerade das Maß dessen erreichten, was notwendig erschien, um die russischen Einfuhren nicht zu gefährden. Bei dem Überfall auf die Sowjetunion stand Deutschland jedenfalls tief in deren Schuld. Über ihre Höhe differieren die Angaben der russischen und deutschen Statistiker, was nicht zuletzt auf den schwankenden Rubelkurs zurückzuführen ist. Nimmt man einen Mittelwert, dann dürfte Berlin etwa zwischen 57 und 67% der russischen Lieferungen mit deutschen industriellen Gütern, vor allem mit Metallwaren, Maschinen und elektrotechnischem Gerät kompensiert haben; die Restschuld blieb ungedeckt. [...]
(Ebenda, S. 358)

**Problem und Diskussion**

**1** *Beschreiben Sie die wirtschaftlichen Maßnahmen der Nationalsozialisten in den Anfangsjahren ihrer Herrschaft. Ziehen Sie T 1–6, Kap. 5.4, hinzu.*

**2** *Auf welche Ziele orientierten die Nationalsozialisten ihre Wirtschaftspolitik nach 1936?*

**3** *Analysieren Sie Hitlers Denkschrift zum Vierjahres-Plan und stellen Sie Vermutungen an, wie die Adressaten (Militärs und Wirtschaftsfachleute) Hitlers Pläne beurteilt haben werden.*

**4** *Untersuchen Sie T 4 und beschreiben Sie die Bedeutung der sowjetischen Lieferungen für das NS-Regime.*

## 7.2 NS-Außenpolitik: Friedensreden und Drohungen

Die nationalsozialistische Außenpolitik, die im wesentlichen von Hitler selbst konzipiert und durchgesetzt wurde, knüpfte an der imperialistischen Großmachtpolitik des deutschen Reiches vor 1914 an und versuchte diese Großmacht- und Großraumpolitik schrittweise zu verwirklichen. Der entschiedene Versuch, die Ergebnisse des Ersten Weltkrieges und die Bestimmungen des Versailler Vertrages zu verändern, fand die Zustimmung der konservativen Führungsgruppen in Politik und Wirtschaft.
Hitlers Außenpolitik schien zunächst nur die traditionelle Außenpolitik des deutschen Reiches fortzusetzen, seine spezifischen Ziele, die Eroberung von Lebensraum im Osten und die Vernichtung der Juden in Europa, wurden aufgrund der guten Tarnung zu spät erkannt. Entsprechend Hitlers Darlegungen in seinen Büchern „Mein Kampf" und seinem „Zweiten Buch" verfolgte er eine Außenpolitik, die das Ziel hatte, das germanische Herrenvolk zum Herrscher über ganz Mittel- und Osteuropa zu machen. Die Sowjetunion sollte erobert werden, der Bolschewismus und das Judentum waren zu vernichten. Fernziel war eine weltweite Vorherrschaft der „höherwertigen" germanischen Rasse. Zunächst sollte die Welt aber in eine deutsche und in eine englische Einflußsphäre aufgeteilt werden.

Die ersten Schritte der nationalsozialistischen Außenpolitik schienen den Friedenswillen der deutschen Regierung zu belegen. Die Hitlerregierung verlängerte den Vertrag mit der Sowjetunion von 1926 (Berliner Vertrag). Sie schloß mit dem Vatikan am 20. Juli 1933 ein Konkordat (Staatsvertrag) und vereinbarte im Januar 1934 einen Nichtangriffspakt mit Polen. Mit diesem Vertrag schien die aggressive Politik der Weimarer Republik gegenüber Polen zunächst beendet. Die angeblichen Friedensabsichten der Nationalsozialisten wurden auch durch das deutsch-englische Flottenabkommen von 1935 bestätigt, in dem sich das deutsche Reich verpflichtete, seine Flotte nur bis zu 35% des Bestandes der britischen Marine aufzurüsten. Die Zahl der deutschen U-Boote wurde auf 45% der britischen beschränkt.

Diese „Friedenspolitik" wurde durch Friedensreden Hitlers und Goebbels begleitet, mit denen sie den Eindruck in der Welt erwecken wollten, daß Deutschland seine Ziele nur auf friedlichem Wege verfolgen würde. Zugleich testete aber Hitler mit einer Reihe von aggressiven Akten die Standfestigkeit der westlichen Staaten und kündigte schrittweise die vertraglichen Verpflichtungen Deutschlands einseitig auf.

Den Auftakt bildete der Austritt aus dem Völkerbund am 14. Oktober 1933, um freie Hand für seine Aufrüstungspläne zu haben. Am 16. März 1935 führte die Hitlerregierung unter Bruch der Bestimmungen des Versailler-Vertrages die allgemeine Wehrpflicht ein. Hitler unterstützte das faschistische Italien bei dessen Überfall auf das afrikanische Abessinien und lieferte gleichzeitig dem abessinischen Negus Waffen für seinen Kampf gegen Italien. Auf diese Weise wurde der afrikanische Konflikt verlängert, in dessen Windschatten die deutsche Wehrmacht am 7. März 1936 überraschend in die nach dem Versailler Vertrag entmilitarisierte Zone des Rheinlandes einmarschierte.

Wie schon bei der Einführung der Wehrpflicht protestierten Großbritannien und Frankreich gegen die Vertragsbrüche Deutschlands nur zögernd. In propagandistisch gut vorbereiteten „Volksabstimmungen" ließ Hitler seine Politik (Austritt aus dem Völkerbund, Rheinlandbesetzung) von der Bevölkerung billigen. Die über 90%ige Zustimmung der Bevölkerung war nicht nur ein Werk der Propaganda, sondern auch ein Zeichen dafür, daß die aggressive Politik Hitlers, die die Ergebnisse des Ersten Weltkrieges zu verändern versuchte, populär war.

Die Unterstützung der faschistischen Truppen des Generals Franco im spanischen Bürgerkrieg (1936–1939), das Bündnis mit Japan gegen China im japanisch-chinesischen Konflikt und das engere Bündnis mit Italien leitete die zweite Phase der nationalsozialistischen Außenpolitik ein. In einer geheimen Rede vor den Oberbefehlshabern der Wehrmacht und dem Reichsaußenminister legte Hitler am 5. November 1937 seine weitreichenden Eroberungsziele dar und kündigte die schrittweise Verwirklichung seines Lebensraumprogramms an.

Der Anschluß Österreichs an das Deutsche Reich war von den Nationalsozialisten langfristig vorbereitet worden. Nachdem Italien grundsätzlich einer Angliederung zugestimmt hatte, forderte Hitler im Februar 1938 die Beteiligung von österreichischen Nationalsozialisten an der österreichischen Regierung. Der österreichische Bundeskanzler von Schuschnigg lehnte die Übergabe des Innenministeriums an die Nationalsozialisten ab und versuchte durch eine unzureichend vorbereitete Volksabstimmung in Österreich die Machtübernahme der Nationalsozialisten zu verhindern. Ein deutsches Ultimatum vom 11. März 1938, das den österreichischen Bundeskanzler zum Rücktritt und die Übergabe der Macht an den Nationalsozialisten Seyß-Inquart forderte, verstärkte den Druck auf Österreich und gab den Vorwand für den Einmarsch deutscher Truppen am 12. März 1938 ab. Die europäischen Mächte, insbesondere Großbritannien, reagierten nicht auf den Einmarsch.

Die deutschen Truppen wurden mit großem Jubel von der Bevölkerung empfangen; Hitlers Einzug in Wien glich einem Triumphzug. Die Volksabstimmung über den „Anschluß" Österreichs an das Deutsche Reich zeigte, daß der Diktator, dem offensichtlich alles gelang, auf dem Höhepunkt seiner Popularität stand.

**Abb. 46 Der Aufmarsch der Wehrmacht,** hier der neugeschaffenen Panzerwaffe, gehörte früh zum Programm der Reichsparteitage in Nürnberg. Solche Machtdemonstrationen müssen vor dem Hintergrund der außenpolitischen Ziele Hitlers gesehen werden.

Zielstrebig bereitete Hitler die nächste Krise vor, in der er die Ausweitung des deutschen Einflusses auf die 1918 gegründete Tschechoslowakei erreichen wollte. Entsprechend den Aufforderungen Hitlers erhob der Führer der Sudetendeutschen, Konrad Henlein, gegenüber der Regierung der Tschechoslowakei immer unerfüllbarere Forderungen. Politisch standen die Sudetendeutschen in ihrer Mehrheit den Nationalsozialisten nahe und unterstützten einen politischen Kurs, der auf die Zerstörung des tschechoslowakischen Staates hinauslief.
Im Mai 1938 hatte Hitler der Wehrmacht die Weisung erteilt, sich auf einen Einmarsch in die Tschechoslowakei vorzubereiten. Als Termin war der 1. Oktober 1938 ins Auge gefaßt worden. Gegenüber dem Ausland, insbesonder Großbritannien, versicherte Hitler immer wieder, daß die Abtretung des Sudetenlandes die letzte territoriale Forderung des Deutschen Reiches zur Abrundung seines Besitzstandes in Europa sein sollte.
Die britische Regierung hielt an ihrem Konzept, Konflikte durch Verhandlungen friedlich zu lösen, unter ihrem Premierminister Neville Chamberlain fest und versuchte so lange als irgend möglich, kriegerische Auseinandersetzungen in Europa zu vermeiden. Die deutschen Forderungen wurden zum Teil als berechtigt angesehen. Großbritannien wollte den deutschen Wünschen entgegenkommen, um den status quo in Mittel- und Osteuropa zu erhalten.
Chamberlain bot Hitler auf dem Höhepunkt der Sudetenkrise die Übergabe des Sudetenlandes an Deutschland an, um damit einen von Hitler provozierten Krieg zu verhindern. Hitler dagegen stellte weiterreichende Forderungen und drohte mit dem militärischen Einmarsch in die Tschechoslowakei. Der militärische Konflikt konnte durch die von Italien angeregte „Münchner Konferenz" am 29. September 1938 noch einmal verhindert werden, da Großbritannien und Frankreich neue Zuge-

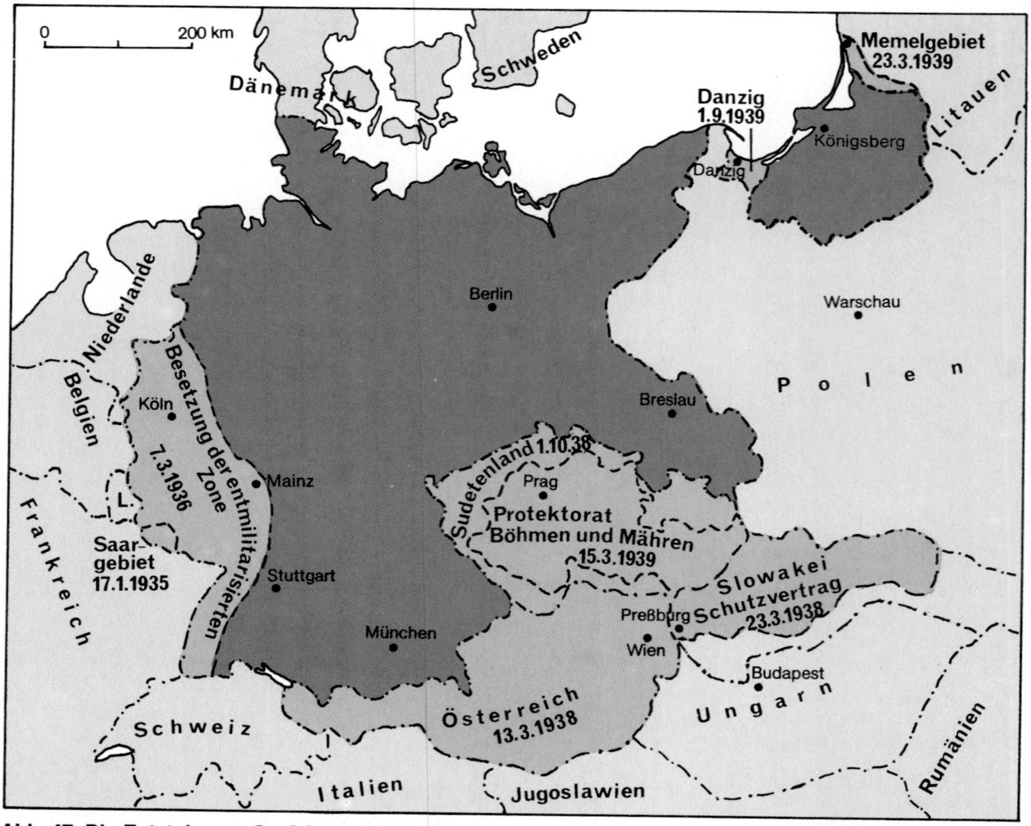


**Abb. 47 Die Entstehung „Großdeutschlands" und die Erweiterung des deutschen Machtbereichs bis 1939**

ständnisse machten. Die Tschechoslowakei mußte das sudetendeutsche Gebiet an Deutschland und weitere Gebiete an Polen und Ungarn abtreten. Die Existenz der restlichen Tschechoslowakei wurde durch England und Frankreich garantiert.

Der Friede in Europa schien noch einmal gerettet, insbesondere durch einen von Hitler und Chamberlain unterzeichneten deutsch-britischen Nichtangriffspakt, der die britischen Politiker und die Welt über die deutschen Absichten täuschte. Parallel hierzu schloß Deutschland mit Frankreich im Dezember 1938 ebenfalls einen Nichtangriffspakt ab.

Hitlers Ziele waren in der Sudetenkrise deutlich geworden: er wollte den Krieg, und seine „Friedenspolitik" zielte darauf ab, die Westmächte über seine wahren Absichten zu täuschen. Großbritannien hoffte dagegen, durch seine Appeasement-Politik und durch die territorialen Zugeständnisse, die sein eigenes Interesse nicht besonders betrafen, den Frieden in Europa zu erhalten.

Am 15. März 1939 marschierten deutsche Truppen unter Bruch der Münchner Vereinbarungen in Prag ein. Damit war die Tschechoslowakei als Staat zerstört. Die Deutschen errichteten ein „Protektorat Böhmen und Mähren". Die übrigbleibende Slowakei wurde ein Vasallenstaat Deutschlands. In Folge des Einmarsches deutscher Truppen in Prag garantierten Frankreich und England erneut Polens Unabhängigkeit, als letzte Warnung und als Zeichen, keine weiteren deutschen Übergriffe hinzunehmen.

Der für die Öffentlichkeit am 23. August 1939 überraschend geschlossene Nichtangriffspakt

zwischen Deutschland und der Sowjetunion war der Versuch, auch die Sowjetunion über die deutschen Pläne zu täuschen. Durch die Sicherung der sowjetischen Rohstofflieferungen an Deutschland sollte die bereits beschlossene Eroberung Polens abgesichert werden. Für Stalin bedeutete der Vertrag eine Durchbrechung der immer befürchteten Einkreisung der Sowjetunion durch Großbritannien und Frankreich. Bei dem nach Stalins Ansicht unvermeidlichen Krieg sollte die Sowjetunion zunächst den schwächeren Teil, nach seiner Ansicht Deutschland, unterstützen, um dadurch Zeit für die eigene Rüstung im Blick auf einen möglichen Konflikt zu gewinnen.
Dem Hohen Kommissar des Völkerbundes in Danzig, Carl Jacob Burckhardt, hatte Hitler am 11. August 1939 seine wahren Ziele gegenüber der Sowjetunion dargelegt: „Alles, was ich unternehme, ist gegen Rußland gerichtet. Wenn der Westen zu dumm und zu blind ist, dies zu begreifen, werde ich gezwungen sein, mich mit den Russen zu verständigen, den Westen zu schlagen und dann nach seiner Niederlage mich mit meinen versammelten Kräften gegen die Sowjetunion zu wenden. Ich brauche die Ukraine, damit man uns nicht wieder wie im letzten Krieg aushungert." (Hildebrandt, S. 43)
Wie hätte ein Krieg nun noch verhindert werden können?

**T 1 Außenpolitische Ziele Hitlers, 1924/25**

[...] Die Forderung nach Wiederherstellung der Grenzen des Jahres 1914 ist ein politischer Unsinn von Ausmaßen und Folgen, die ihn als Verbrechen erscheinen lassen. Ganz abgesehen davon, daß die Grenzen des Reiches im Jahre 1914 alles andere eher als logisch waren. Denn sie waren in Wirklichkeit weder vollständig in bezug auf die Zusammenfassung der Menschen deutscher Nationalität noch vernünftig in Hinsicht auf ihre militärgeographische Zweckmäßigkeit. [...]
Indem unsere bürgerliche Welt die Wiederherstellung der Grenzen vom Jahre 1914 als politisches Programm für Deutschland aufstellt, scheucht sie jeden etwa aus dem Bunde unserer Feinde springenwollenden Partner wieder zurück, da dieser Angst haben muß, isoliert angegriffen zu werden und dadurch des Schutzes der einzelnen Mitverbündeten verlustig zu gehen. Jeder einzelne Staat fühlt sich durch jene Parole betroffen und bedroht. [...]
Selbst bei günstigem Erfolge würde ein solcher Versuch der Wiederherstellung der Grenzen von 1914 zu einer weiteren Ausblutung unseres Volkskörpers führen in einem Umfange, daß für die das Leben und die Zukunft der Nation wirklich sichernden Entschlüsse und Taten kein wertvoller Bluteinsatz mehr vorhanden wäre [...] Demgegenüber müssen wir Nationalsozialisten unverrückbar an unserem außenpolitischen Ziele festhalten, nämlich dem deutschen Volk den ihm gebührenden Grund und Boden auf dieser Erde zu sichern. [...]
Damit ziehen wir Nationalsozialisten bewußt einen Strich unter die außenpolitische Richtung unserer Vorkriegszeit. Wir setzen dort an, wo man vor sechs Jahrhunderten endete. Wir stoppen den ewigen Germanenzug nach dem Süden und Westen Europas und weisen den Blick nach dem Land im Osten. Wir schließen endlich ab die Kolonial- und Handelspolitik der Vorkriegszeit und gehen über zur Bodenpolitik der Zukunft.
Wenn wir aber heute in Europa von neuem Grund und Boden reden, können wir in erster Linie nur an Rußland und die ihm untertanen Randstaaten denken. Das Schicksal selbst scheint uns hier einen Fingerzeig geben zu wollen. Indem es Rußland dem Bolschewismus überantwortete, raubte es dem russischen Volk jene Intelligenz, die bisher dessen staatlichen Bestand herbeiführte und garantierte. [...]
(A. Hitler, Mein Kampf, a.a.O., S. 736–742)

**T 2 Friedenspolitik als taktisches Mittel**

*Aus einer geheimen Rede Hitlers vor Verlegern und führenden Redakteuren der deutschen Presse am 10. 11. 1938.*

[...] Die Umstände haben mich gezwungen, jahrzehntelang fast nur vom Frieden zu reden. Nur unter der fortgesetzten Betonung des deutschen Friedenswillens und der Friedensabsichten war es mir möglich, dem deutschen Volk Stück für Stück die Freiheit zu erringen und ihm die Rüstung zu geben die immer wieder für den nächsten Schritt als Voraussetzung notwendig war. Es ist selbstverständlich, daß eine solche jahrzehntelang betriebene Friedenspropaganda auch ihre bedenklichen Seiten hat; denn es kann nur zu leicht dahin führen, daß sich in den Gehirnen vieler Menschen die Auffassung festsetzt, daß das heutige Regime an sich identisch sei mit dem Entschluß und dem Willen, den Frieden unter allen Umständen zu bewahren. Das würde aber nicht nur zu einer falschen Beurteilung der Zielsetzung dieses Systems führen, sondern es würde vor allem auch dahin führen, daß die deutsche Nation, statt den Ereignissen gegenüber gewappnet zu sein, mit einem Geist erfüllt wird, der auf die Dauer als Defaitismus gerade die Erfolge des heutigen Regimes nehmen würde und nehmen müßte. Der Zwang war die Ursache, warum ich jahrelang nur vom Frieden redete. Es war nunmehr notwendig, das deutsche Volk psychologisch allmählich umzustellen und ihm langsam klarzumachen, daß es Dinge gibt,

die, wenn sie nicht mit friedlichen Mitteln durchgesetzt werden können, mit Mitteln der Gewalt durchgesetzt werden müssen. Dazu war es aber notwendig, nicht etwa nun die Gewalt als solche zu propagieren, sondern es war notwendig, dem deutschen Volk bestimmte außenpolitische Vorgänge so zu beleuchten, daß die innere Stimme des Volkes selbst langsam nach der Gewalt zu schreien begann. Das heißt also, bestimmte Vorgänge so zu beleuchten, daß im Gehirn der breiten Masse des Volkes ganz automatisch allmählich die Überzeugung ausgelöst wurde: wenn man das eben nicht im guten abstellen kann, dann muß man es mit Gewalt abstellen; so kann es aber auf keinen Fall weitergehen. Diese Arbeit hat Monate erfordert, sie wurde planmäßig begonnen, planmäßig fortgeführt, verstärkt. [...]
(Vierteljahrshefte für Zeitgeschichte Jg. 6/1958, S. 182f.)

### T 3 Goebbels: Den Gegner über die Ziele täuschen, 1940

*Aus einer Rede des Reichspropagandaministers vor geladenen Vertretern der deutschen Presse.*

[...] Bis jetzt ist es uns gelungen, den Gegner über die eigentlichen Ziele Deutschlands im unklaren zu lassen, genauso wie unsere innenpolitischen Gegner bis 1932 gar nicht gemerkt hatten, wohin wir steuerten, daß der Schwur auf die Legalität nur ein Kunstgriff war. Wir wollten legal an die Macht kommen, aber wir wollten sie doch nicht legal gebrauchen. [...] Man hätte uns ja erdrücken können. [...] Nein, man hat uns durch die Gefahrenzone durchgelassen. Genau so war das in der Außenpolitik. [...] 1933 hätte ein französischer Ministerpräsident sagen müssen (und wäre ich französischer Ministerpräsident gewesen, ich hätte es gesagt): Der Mann ist Reichskanzler geworden, der das Buch „Mein Kampf" geschrieben hat, in dem das und das steht. Der Mann kann nicht in unserer Nachbarschaft geduldet werden. Entweder er verschwindet, oder wir marschieren. Das wäre durchaus logisch gewesen. Man hat darauf verzichtet. Man hat uns gelassen, man hat uns die Risikozone ungehindert durchgehen lassen und wir konnten alle gefährlichen Klippen umschiffen. [...]
(Das Deutsche Reich und der Zweite Weltkrieg, Bd. 1. Hrsg. vom Militärgeschichtl. Forschungsamt. Stuttgart 1979, S. 114)

### T 4 Hitler vor den Oberbefehlshabern der Wehrmacht, 5.11.1937

*Aus der Niederschrift des Obersten Hoßbach*

Der Führer stellt einleitend fest, daß der Gegenstand der heutigen Besprechung von derartiger Bedeutung sei, daß dessen Erörterung in anderen Staaten wohl vor das Forum des Regierungskabinetts gehörte, er – der Führer – sähe aber gerade im Hinblick auf die Bedeutung der Materie davon ab, diese im Kreise des Reichskabinetts zum Gegenstand der Besprechung zu machen. Seine nachfolgenden Ausführungen seien das Ergebnis eingehender Überlegungen und der Erfahrungen seiner 4½jähr. Regierungszeit; er wolle den anwesenden Herren seine grundlegenden Gedanken über die Entwicklungsmöglichkeiten und -notwendigkeiten unserer außenpolitischen Lage auseinandersetzen, wobei er im Interesse einer auf weite Sicht eingestellten deutschen Politik seine Ausführungen als seine testamentarische Hinterlassenschaft für den Fall seines Ablebens anzusehen bitte.
Der Führer führte sodann aus:
Das Ziel der deutschen Politik sei die Sicherung und die Erhaltung der Volksmasse und deren Vermehrung. Somit handele es sich um das Problem des Raumes. Die deutsche Volksmasse verfüge über 85 Millionen Menschen, die nach der Anzahl der Menschen und der Geschlossenheit des Siedlungsraumes in Europa einen in sich so fest geschlossenen Rassekern darstellte, wie er in keinem anderen Land wieder anzutreffen sei, wie er andererseits das Anrecht auf größeren Lebensraum mehr als bei anderen Völkern in sich schlösse. Wenn kein dem deutschen Rassekern entsprechendes politisches Gebiet des Raumes vorläge, so sei das eine Folge mehrhundertjähriger historischer Entwicklung und bei Fortdauer dieses politischen Zustandes die größte Gefahr für die Erhaltung des deutschen Volkstums auf seiner jetzigen Höhe. [...]
Die einzige, uns vielleicht traumhafte erscheinende Abhilfe läge in der Gewinnung eines größeren Lebensraums, ein Streben, das zu allen Zeiten die Ursache der Staatenbildung und Völkerbewegung gewesen sei. Daß dieses Streben in Genf und bei den gesättigten Staaten keinem Interesse begegne, sei erklärlich. Wenn die Sicherheit unserer Ernährungslage im Vordergrund stünde, so könne der hierfür nötige Raum nur in Europa gesucht werden, nicht aber ausgehend von liberalistisch-kapitalistischen Auffassungen in der Ausbeutung von Kolonien. Es handelt sich nicht um die Gewinnung von Menschen, sondern von landwirtschaftlich nutzbarem Raum. Auch die Rohstoffgebiete seien zweckmäßiger im unmittelbaren Anschluß an das Reich in Europa und nicht in Übersee zu suchen, wobei die Lösung sich für ein bis zwei Generationen auswirken müsse. Was darüber hinaus in späteren Zeiten notwendig werden solle, müsse nachfolgenden Geschlechtern überlassen werden. Die Entwicklung großer Weltgebilde gehe nun einmal langsam vor sich, das deutsche Volk mit seinem starken Rassekern finde hierfür die günstigsten Voraussetzungen inmitten des europäischen Kontinents. [...]
Zur Lösung der deutschen Frage könne es nur den Weg der Gewalt geben, dieser werde niemals risikolos sein. Die Kämpfe Friedrichs d. Gr. um Schlesien und die Kriege Bismarcks gegen Österreich und Frankreich seien von unerhörtem Risiko gewesen, und die Schnelligkeit des preußischen Handelns 1870 habe Österreich vom Eintritt in den Krieg ferngehalten. Stelle man an die Spitze der nachfolgenden Ausfüh-

rungen den Entschluß zur Anwendung von Gewalt unter Risiko, dann bleibe noch die Beantwortung der Fragen „wann“ und „wie“.
Hierbei seien drei Fälle zu entscheiden:
Fall I: Zeitpunkt 1943–1945.
Nach dieser Zeit sei nur noch eine Veränderung zu unseren Ungunsten zu erwarten. Die Aufrüstung der Armee, Kriegsmarine, Luftwaffe sowie die Bildung des Offizierkorps seien annähernd beendet. Die materielle Ausstattung und Bewaffnung seien modern, bei weiterem Zuwarten läge die Gefahr ihrer Veralterung vor. Besonders der Geheimhaltungsschutz der „Sonderwaffen“ ließe sich nicht immer aufrechterhalten. Die Gewinnung von Reserven beschränke sich auf die laufenden Rekrutenjahrgänge, ein Zusatz aus älteren unausgebildeten Jahrgängen sei nicht mehr verfügbar. Im Verhältnis zu der bis dahin durchgeführten Aufrüstung der Umwelt nähmen wir an relativer Stärke ab. Wenn wir bis 1943/45 nicht handelten, könne infolge des Fehlens von Reserven jedes Jahr die Ernährungskrise bringen, zu deren Behebung ausreichende Devisen nicht verfügbar seien. Hierin sei ein „Schwächungsmoment des Regimes“ zu erblicken. Zudem erwarte die Welt unseren Schlag und treffe ihre Gegenmaßnahmen von Jahr zu Jahr mehr. Während die Umwelt sich abriegele, seien wir zur Offensive gezwungen. [...]
(Hofer, Dokumente. a.a.O., S. 193 ff.)

### T 5 Deutsch-sowjetischer Nichtangriffspakt vom 23. August 1939

Die Deutsche Reichsregierung und die Regierung der Union der Sozialistischen Sowjetrepubliken, geleitet von dem Wunsche, die Sache des Friedens zwischen Deutschland und der UdSSR zu festigen, und ausgehend von den grundlegenden Bestimmungen des Neutralitätsvertrages, der im April 1926 zwischen Deutschland und der UdSSR geschlossen wurde, sind zu nachstehender Vereinbarung gelangt:
Artikel I. Die beiden Vertragschließenden Teile verpflichten sich, sich jeden Gewaltakts, jeder aggressiven Handlung und jeden Angriffs gegeneinander, und zwar sowohl einzeln als auch gemeinsam mit anderen Mächten, zu enthalten.
Artikel II. Falls einer der Vertragschließenden Teile Gegenstand kriegerischer Handlungen seitens einer dritten Macht werden sollte, wird der andere Vertragschließende Teil in keiner Form diese dritte Macht unterstützen.
Artikel III. Die Regierungen der beiden Vertragschließenden Teile werden künftig fortlaufend zwecks Konsultation in Fühlung miteinander bleiben, um sich gegenseitig über Fragen zu informieren, die ihre gemeinsamen Interessen berühren.
Artikel IV. Keiner der beiden Vertragschließenden Teile wird sich an irgendeiner Mächtegruppierung beteiligen, die sich mittelbar oder unmittelbar gegen den anderen Teil richtet.
Artikel V. Falls Streitigkeiten oder Konflikte zwischen den Vertragschließenden Teilen über Fragen dieser oder jener Art entstehen sollten, werden beide Teile diese Streitigkeiten oder Konflikte ausschließlich auf dem Wege freundschaftlichen Meinungsaustausches oder nötigenfalls durch Einsetzung von Schlichtungskommissionen bereinigen.
[...]
*Geheimes Zusatzprotokoll*
Aus Anlaß der Unterzeichnung des Nichtangriffsvertrags zwischen dem Deutschen Reich und der Union der Sozialistischen Sowjetrepubliken haben die unterzeichneten Bevollmächtigten der beiden Teile in streng vertraulicher Aussprache die Frage der Abgrenzung der beiderseitigen Interessensphären in Osteuropa erörtert. Diese Aussprache hat zu folgendem Ergebnis geführt:
1. Für den Fall einer territorial-politischen Umgestaltung in den zu den baltischen Staaten (Finnland, Estland, Lettland, Litauen) gehörenden Gebieten bildet die nördliche Grenze Litauens zugleich die Grenze der Interessensphäre Deutschlands und der UdSSR. Hierbei wird das Interesse Litauens am Wilnaer Gebiet beiderseits anerkannt.
2. Für den Fall einer territorial-politischen Umgestaltung der zum polnischen Staate gehörenden Gebiete werden die Interessensphären Deutschlands und der UdSSR ungefähr durch die Linie der Flüsse Narew, Weichsel und San abgegrenzt.
Die Frage, ob die beiderseitigen Interessen die Erhaltung eines unabhängigen polnischen Staates erwünscht erscheinen lassen, und wie dieser Staat abzugrenzen wäre, kann endgültig erst im Laufe der weiteren politischen Entwicklung geklärt werden.
In jedem Falle werden beide Regierungen diese Frage im Wege einer freundschaftlichen Verständigung lösen.
3. Hinsichtlich des Südostens Europas wird von sowjetischer Seite das Interesse an Bessarabien betont. Von deutscher Seite wird das völlige politische Desinteressement an diesen Gebieten erklärt.
3. Dieses Protokoll wird von beiden Seiten streng geheim behandelt werden.
(Ebenda, S. 230 f.)

### Problem und Diskussion

**1** *Analysieren Sie die außenpolitischen Vorstellungen Hitlers (T 1) und diskutieren Sie, inwieweit Sie dieses Programm als Zeitgenosse für realistisch gehalten hätten.*
**2** *Kennzeichnen Sie mit Hilfe von T 2 und T 3 die Methoden der nationalsozialistischen Außenpolitik.*
**3** *Fassen Sie die wichtigsten Punkte der geheimen „Hoßbach-Niederschrift“ (T 4) zusammen und diskutieren Sie die Gründe für die Billigung dieser Politik durch die Reichswehrführung.*
**4** *Diskutieren Sie die Auswirkungen der NS-Außenpolitik auf die europäischen Staaten.*

# 8. Der Zweite Weltkrieg

## 8.1 Blitzkriege

Mit dem deutschen Überfall auf Polen begann am 1. September 1939 der Zweite Weltkrieg. Entsprechend ihren Garantien für Polen erklärten England und Frankreich am 3. September 1939 Deutschland den Krieg.
Aufgrund der technischen Überlegenheit, insbesondere des hohen Motorisierungsgrades, konnten die deutschen Truppen Polen in einem „Blitzfeldzug" innerhalb von fünf Wochen erobern. Entsprechend dem geheimen Zusatz zu dem deutsch-sowjetischen Abkommen vom August 1939 besetzten sowjetische Truppen den ihnen zugesprochenen Teil Polens und wirkten so an der Auflösung des polnischen Staates mit. Nach der Kapitulation Polens wurde in einem weiterem Vertrag Polen zwischen Deutschland und der Sowjetunion aufgeteilt. In dem Deutschland zugesprochenen Teil wurde das „Generalgouvernement" errichtet. Die SS und die Gestapo übten ihre Schreckensherrschaft über das besetzte Land aus.
Das deutsche Konzept, die Gegner in Blitzfeldzügen niederzuwerfen, schien zunächst aufzugehen. Die erfolgreiche Besetzung von Dänemark und Norwegen zur Sicherung der deutschen Rohstoffzufuhr (April 1940) und der unerwartet schnelle Sieg über die Niederlande, Belgien und Frankreich (1940) bestätigten diese Konzeption.
Mit dem Sieg über Frankreich stand Hitler innenpolitisch auf dem Höhepunkt seiner Macht und Popularität, bei der Bevölkerung und bei der Reichswehr. Zielstrebig ließ er nun den Überfall auf die Sowjetunion vorbereiten (22. Juni 1941), die in einem weiteren Blitzfeldzug erobert werden sollte, unabhängig davon, ob Großbritannien sich zu einem Separatfrieden bereit erklärte. Mit dem Angriff auf die Sowjetunion sollten das nationalsozialistische Rassenprogramm mit seinen Zielen der Vernichtung des Bolschewismus und des Judentums und das Lebensraumprogramm verwirklicht werden. Hitler hoffte, Großbritannien nach einem Sieg über die Sowjetunion zu einem Friedensschluß zwingen zu können, unter Anerkennung der Vormacht Deutschlands in Europa.
Trotz der Niederlage des britischen Expeditionskorps bei Dünkirchen 1940 organisierte Großbritannien unter seinem neuen Premier Winston Churchill einen energischen Widerstand gegen Deutschland in jeder Hinsicht. Dabei wurde es in immer stärkerem Maße von den Vereinigten Staaten von Amerika mit Waffen, Kriegsgerät und Lebensmitteln unterstützt. Die USA traten nach dem japanischen Überfall auf Pearl Harbour (7.12.1941) und der deutschen Kriegserklärung im Dezember 1941 in den sich zum Weltkrieg ausweitenden Krieg ein.
Noch vor dem Überfall auf die Sowjetunion wurden Jugoslawien und Griechenland von deutschen Truppen erobert, um dadurch einen Flankenangriff der westlichen Alliierten während des Rußland-Feldzuges zu verhindern und die rumänischen Ölvorkommen für Deutschland zu sichern.

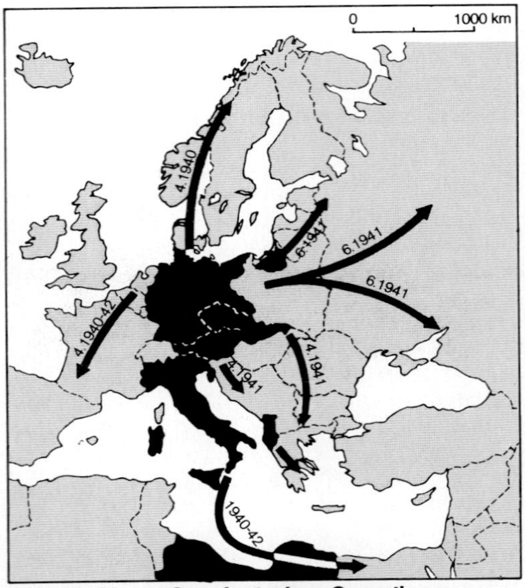


**Abb. 48 Die großen deutschen Operationen zu Beginn des Zweiten Weltkriegs**

## 8.2 Kriegswende und deutsche Besatzungspolitik

Nach großen Anfangserfolgen und erfolgreichen Schlachten gegen die Sowjetunion scheiterte der Blitzfeldzug gegen Rußland am hinhaltenden Widerstand der sowjetischen Soldaten und der mangelnden Vorbereitung der deutschen Truppen auf den russischen Winter. Die Niederlage der 6. Deutschen Armee in Stalingrad (Kapitulation am 31. Januar 1943) bedeutete den Wendepunkt des Weltkrieges. Auch an den anderen Fronten waren die Alliierten zum Gegenangriff übergegangen.

Im Seekrieg, der sogenannten Atlantikschlacht, gewannen die Alliierten 1943 durch Verbesserung ihrer Abwehr und durch die Entwicklung des Radars die Überlegenheit über die deutschen U-Boote. Deutschland mußte den gegen die Versorgung der britischen Inseln gerichteten Kampf weitgehend reduzieren. Auch die anfängliche Überlegenheit der deutschen Luftwaffe wurde durch die Alliierten gebrochen. Ab 1942 überzogen britische und amerikanische Bomberverbände in Nacht- und Tagesangriffen deutsche Städte mit Flächenbombardements. Auch hier war die Wende eingetreten.

Die materielle Überlegenheit der alliierten Truppen an allen Kriegsschauplätzen setzte sich stetig durch. Der Entschluß, Deutschland bis zur bedingungslosen Kapitulation niederzukämpfen, den der amerikanische Präsident Roosevelt und der britische Premier Churchill im Januar 1943 auf der Konferenz von Casablanca verkündet hatten, wurde schrittweise verwirklicht.

Die Landung amerikanischer Truppen in Italien (Juli 1943), die Niederlage des Afrikakorps unter General Rommel (Mai 1943), die erfolgreiche Landung der alliierten Invasionsarmee am 6. Juni 1944 an der Atlantikküste in Frankreich und der stete Vormarsch sowjetischer Truppen im Osten leiteten die deutsche Niederlage ein, die mit der bedingungslosen Kapitulation und der vollständigen Besetzung Deutschlands am 8./9. Mai 1945 besiegelt wurde.

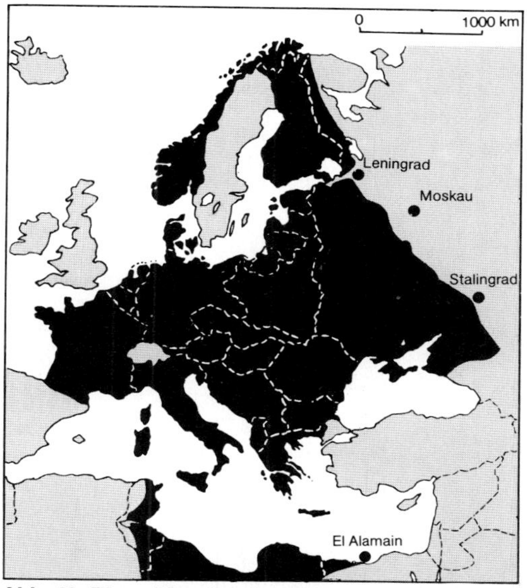


**Abb. 49 Die größte Ausdehnung des deutschen Machtbereichs im Zweiten Weltkrieg, 1942**

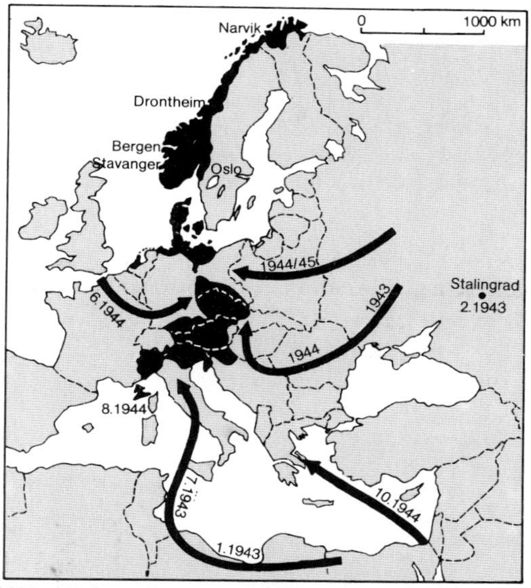


**Abb. 50 Invasionen und Offensiven der Alliierten seit 1943**

**Abb. 51 Die deutsche Wehrmacht – Propagandabilder einer hochtechnisierten Armee**

**Abb. 52 91 000 Soldaten ziehen nach der Katastrophe von Stalingrad in russische Gefangenschaft.** Nur wenige von ihnen haben Deutschland nach dem Krieg wiedergesehen.

Die deutsche Besatzungspolitik in den besetzten Gebieten im Osten zielte auf die totale Unterwerfung der Bevölkerung und auf die wirtschaftliche Ausbeutung der eroberten Gebiete ab. Die besetzten Gebiete in Osteuropa, die als künftiger deutscher Lebensraum angesehen wurden, sollten „germanisiert“ werden. Die physische Ausrottung der Führungsschichten in Polen und in der Sowjetunion, die Zusammenfassung von Juden in großen Gettos und die Massenmorde an Juden in Vernichtungslagern kennzeichneten die deutsche Besatzungspolitik im Osten. An ihr beteiligten sich nicht nur besondere Einsatzgruppen der SS und des SD, sondern auch reguläre Einheiten der Wehrmacht.

Es wird geschätzt, daß Einsatzgruppen der Sicherheitspolizei und des Sicherheitsdienstes der SS in den besetzten Teilen Rußlands mindestens eine Million Menschen töteten. Kriegsgefangene Kommissare der Roten Armee wurden ohne Verfahren erschossen (Kommissarbefehl). Von den 5,7 Millionen russischer Soldaten, die als Kriegsgefangene in deutschen Gewahrsam kamen, starben 3,3 Millionen. Arbeitsfähige Männer und Frauen aus den besetzten Gebieten rings um Deutschland wurden als Zwangsarbeiter nach Deutschland verschleppt und unter erbärmlichen Lebensbedingungen in der deutschen Rüstungsproduktion eingesetzt.

**Abb. 53 Deutsche Szene, April 1945.**

**Abb. 54 Ab Herbst 1944 flohen die Bewohner der deutschen Ostgebiete vor den Truppen der Sowjets.** Viele konnten nur Handgepäck mitnehmen, im Unterschied zu den organisierten Flüchtlingstrecks (unser Bild).

Der Krieg brachte für die Zivilbevölkerung in allen am Krieg beteiligten Ländern unsägliches Leid. In Deutschland selbst wurden die Auswirkungen des Krieges vor allem durch die Flächenbombardements der alliierten Luftstreitkräfte spürbar, die zunächst Wohngebiete in den westdeutschen Städten und das Ruhrgebiet, später alle Großstädte und Industriegebiete betrafen. Bei Großangriffen z. B. auf Hamburg im Juli 1943 starben 30000 Menschen, etwa 277000 Wohnungen wurden zerstört. Ähnlich verheerende Auswirkungen hatten Großangriffe auf Berlin und Dresden, wo noch kurz vor Kriegsende, Tausende von Menschen Opfer der Bomben wurden.
Im Herbst 1944 kam es im Osten Deutschlands zur ersten Massenflucht der deutschen Zivilbevölkerung, die vor den vorrückenden Sowjettruppen in weiter westlich gelegene Gebiete des Deutschen Reiches, völlig unzureichend ausgerüstet, flohen. Die katastrophalen Zustände wurden dadurch vergrößert, daß die Nationalsozialisten an einer sinnlosen Durchhaltepolitik festhielten und die Fluchtbewegung der Zivilbevölkerung nicht organisierten. Die Flucht aus den Ostgebieten im Winter 1944/45 führte zu großen Verlusten unter den etwa zehn Millionen zählenden Einwohnern der Gebiete östlich von Oder und Neiße. Es wird geschätzt, daß nur etwa sechs Millionen Menschen die westlichen Gebiete erreichten.
Die alliierten Truppen besetzten alliierten Vereinbarungen entsprechend das gesamte Reichsgebiet. Am 21. Oktober 1944 wurde Aachen als erste Großstadt von den Amerikanern erobert. Der Vormarsch im Westen wie im Osten war nicht mehr aufzuhalten. In den von den Alliierten besetzten deutschen Gebieten brach die nationalsozialistische Machtorganisation wie ein Kartenhaus in sich zusammen.
Mit dem Selbstmord Hitlers am 30. April 1945 und der bedingungslosen Kapitulation der Wehrmacht am 8./9. Mai 1945 endete die nationalsozialistische Herrschaft, die 1933 von der überwiegenden Mehrheit der Bevölkerung bejubelt worden war. Mit dem Untergang der nationalsozialistischen Herrschaft war auch die 1871 durch Bismarck hergestellte Einheit Deutschlands zerstört. Die auf einem stark verkleinerten Gebiet neu entstehenden beiden deutschen Staaten mußten das Erbe der zwölfjährigen nationalsozialistischen Herrschaft antreten.

**T 1 Richard von Weizäcker: Versöhnung ohne Erinnerung kann es nicht geben**

*Der Bundespräsident zum 40. Jahrestag der deutschen Kapitulation vor dem Deutschen Bundestag (Auszug):*

Der 8. Mai ist für uns Deutsche kein Tag zum Feiern. Die Menschen, die ihn bewußt erlebt haben, denken an ganz persönliche und damit ganz unterschiedliche Erfahrungen zurück. Der eine kehrte heim, der andere wurde heimatlos. Dieser wurde befreit, für jenen begann die Gefangenschaft. Viele waren einfach nur dafür dankbar, daß Bombennächte und Angst vorüber und sie mit dem Leben davongekommen waren. Andere empfanden vor allem Schmerz über die vollständige Niederlage des eigenen Vaterlandes. Verbittert standen Deutsche vor zerrissenen Illusionen, dankbar andere Deutsche für den geschenkten neuen Anfang.

Es war schwer, sich alsbald klar zu orientieren. Ungewißheit erfüllte das Land. Die militärische Kapitulation war bedingungslos. Unser Schicksal lag in der Hand der Feinde. Die Vergangenheit war furchtbar gewesen, zumal auch für viele dieser Feinde. Würden sie uns nun nicht vielfach entgelten lassen, was wir ihnen angetan hatten? Die meisten Deutschen hatten geglaubt, für die gute Sache des eigenen Landes zu kämpfen und zu leiden. Und nun sollte sich herausstellen: Das alles war nicht nur vergeblich und sinnlos, sondern es hatte den unmenschlichen Zielen einer verbrecherischen Führung gedient. Erschöpfung, Ratlosigkeit und neue Sorgen kennzeichneten die Gefühle der meisten. Würde man noch eigene Angehörige finden? Hatte ein Neuaufbau in diesen Ruinen überhaupt Sinn? Der Blick ging zurück in einen dunklen Abgrund der Vergangenheit und nach vorn in eine ungewisse dunkle Zukunft.

Und dennoch wurde von Tag zu Tag klarer, was es heute für uns alle gemeinsam zu sagen gilt: Der 8. Mai war ein Tag der Befreiung. Er hat uns alle befreit von dem menschenverachtenden System der nationalsozialistischen Gewaltherrschaft.

Niemand wird um dieser Befreiung willen vergessen, welche schweren Leiden für viele Menschen mit dem 8. Mai erst begannen und danach folgten. Aber wir dürfen nicht im Ende des Krieges die Ursache für Flucht, Vertreibung und Unfreiheit sehen. Sie liegt vielmehr in seinem Anfang und im Beginn jener Gewaltherrschaft, die zum Krieg führte. Wir dürfen den 8. Mai 1945 nicht vom 30. Januar 1933 trennen. Wir haben wahrlich keinen Grund, uns am heutigen Tag an Siegesfesten zu beteiligen. Aber wir haben allen Grund, den 8. Mai 1945 als das Ende eines Irrweges deutscher Geschichte zu erkennen, das den Keim der Hoffnung auf eine bessere Zukunft barg.

Der 8. Mai ist ein Tag der Erinnerung. Erinnern heißt, eines Geschehens so ehrlich und rein zu gedenken, daß es zu einem Teil des eigenen Innern wird. Das stellt große Anforderungen an unsere Wahrhaftigkeit. Wir gedenken heute in Trauer aller Toten des Krieges und der Gewaltherrschaft. Wir gedenken insbesondere der sechs Millionen Juden, die in deutschen Konzentrationslagern ermordet wurden. Wir gedenken aller Völker, die im Krieg gelitten haben, vor allem der unzählbar vielen Bürger der Sowjetunion und der Polen, die ihr Leben verloren haben. Als Deutsche gedenken wir in Trauer der eigenen Landsleute, die als Soldaten, bei den Fliegerangriffen in der Heimat, in Gefangenschaft und bei der Vertreibung ums Leben gekommen sind. Wir gedenken der ermordeten Sinti und Roma, der getöteten Homosexuellen, der umgebrachten Geisteskranken, der Menschen, die um ihrer religiösen oder politischen Überzeugung willen sterben mußten. Wir gedenken der erschossenen Geiseln. Wir denken an die Opfer des Widerstands in allen von uns besetzten Staaten. Als Deutsche ehren wir das Andenken der Opfer des deutschen Widerstands, des bürgerlichen, des militärischen und glaubensbegründeten, des Widerstands in der Arbeiterschaft und bei Gewerkschaften, des Widerstands der Kommunisten. Wir gedenken derer, die nicht aktiv Widerstand leisteten, aber eher den Tod hinnahmen, als ihr Gewissen zu beugen. [...]

Am Anfang der Gewaltherrschaft hatte der abgrundtiefe Haß Hitlers gegen unsere jüdischen Mitmenschen gestanden. Hitler hatte ihn nie vor der Öffentlichkeit verschwiegen, sondern das ganze Volk zum Werkzeug dieses Hasses gemacht. Noch am Tag vor seinem Ende, am 30. April 1945, hatte er sein sogenanntes Testament mit den Worten abgeschlossen: „Vor allem verpflichte ich die Führung der Nation und die Gefolgschaft zur peinlichen Einhaltung der Rassengesetze und zum unbarmherzigen Widerstand gegen den Weltvergifter aller Völker, dem internationalen Judentum." Es gibt kaum einen Staat, der in seiner Geschichte immer frei blieb von schuldhafter Verstrickung in Krieg und Gewalt. Der Völkermord an den Juden jedoch ist beispiellos in der Geschichte.

Die Ausführung des Verbrechens lag in der Hand weniger. Vor den Augen der Öffentlichkeit wurde es abgeschirmt. Aber jeder Deutsche konnte miterleben, was jüdische Mitbürger erleiden mußten, von kalter Gleichgültigkeit über versteckte Intoleranz bis zu offenem Haß. Wer konnte arglos bleiben nach den Bränden der Synagogen, den Plünderungen, der Stigmatisierung mit dem Judenstern, dem Rechtsentzug, den unaufhörlichen Schändungen der menschlichen Würde? Wer seine Ohren und Augen aufmachte, wer sich informieren wollte, dem konnte nicht entgehen, daß Deportationszüge rollten. Die Phantasie der Menschen mochte für Art und Ausmaß der Vernichtung nicht ausreichen. Aber in Wirklichkeit trat zu den Verbrechen selbst der Versuch allzu vieler, auch meiner Generation, die wir jung und an der Planung und Ausführung der Ereignisse unbeteiligt waren, nicht zur Kenntnis zu nehmen, was geschah. Es gab viele Formen, das Gewissen ablenken zu lassen, nicht zuständig zu sein, wegzuschauen, zu schweigen. Als dann am Ende des Krieges die ganze unsagbare Wahrheit des Holocaust herauskam, beriefen sich allzu viele von uns darauf, nichts gewußt oder auch nur geahnt zu haben. Schuld oder Unschuld eines ganzen Volkes gibt es nicht. Schuld ist, wie Unschuld, nicht kollektiv, sondern persönlich. Es gibt entdeckte und verborgengebliebene Schuld von Menschen. Es gibt Schuld, die sich Menschen eingestanden oder abgeleugnet haben. Jeder, der die Zeit mit vollem Bewußtsein erlebt hat, frage sich heute im stillen selbst nach seiner Verstrikkung.

Der ganz überwiegende Teil unserer heutigen Bevölkerung war zur damaligen Zeit entweder im Kindesalter oder noch gar nicht geboren. Sie können nicht eine eigene Schuld bekennen für Taten, die sie nicht begangen haben. Kein fühlender Mensch erwartet von ihnen, ein Büßerhemd zu tragen, nur weil sie Deutsche sind. Aber die Vorfahren haben ihnen eine schwere Erbschaft hinterlassen. Wir alle, ob schuldig oder nicht, ob alt oder jung, müssen die Vergangenheit annehmen. Wir alle sind von ihren Folgen betroffen und für sie in Haftung genommen. Jüngere und Ältere müssen und können sich gegenseitig helfen zu verstehen, warum es lebenswichtig ist, die Erinnerung wachzuhalten. Es geht nicht darum, Vergangenheit zu bewältigen. Das kann man gar nicht. Sie läßt sich ja nicht nachträglich ändern oder ungeschehen machen. Wer aber vor der Vergangenheit die Augen verschließt, wird blind für die Gegenwart. Wer sich der Unmenschlichkeit nicht erinnern will, der wird wieder anfällig für neue Ansteckungsgefahren.

Das jüdische Volk erinnert sich und wird sich immer erinnern. Wir suchen Versöhnung. Gerade deshalb müssen wir verstehen, daß es Versöhnung ohne Erinnerung gar nicht geben kann. Die Erfahrung millionenfachen Todes ist ein Teil des Innern jedes Juden in der Welt, nicht nur deshalb, weil Menschen ein solches Grauen nicht vergessen können. Sondern die Erinnerung gehört zum jüdischen Glauben.

„Das Vergessenwollen verlängert das Exil, und das Geheimnis der Erlösung heißt Erinnerung." Diese oft zitierte jüdische Weisheit will wohl besagen, daß der Glaube an Gott ein Glaube an sein Wirken in der Geschichte ist. Die Erinnerung ist die Erfahrung vom Wirken Gottes in der Geschichte. Sie ist die Quelle des Glaubens an die Erlösung. Diese Erfahrung schafft Hoffnung, schafft Glauben an Erlösung, an Wiedervereinigung des Getrennten, an Versöhnung. Wer sie vergißt, verliert den Glauben.

Würden wir unsererseits vergessen wollen, was geschehen ist, anstatt uns zu erinnern, dann wäre dies nicht nur unmenschlich. Sondern wir würden damit dem Glauben der überlebenden Juden zu nahe treten, und wir würden den Ansatz zur Versöhnung zerstören.

Für uns kommt es auf ein Mahnmal des Denkens und Fühlens in unserem eigenen Inneren an.

Der 8. Mai ist ein tiefer historischer Einschnitt, nicht nur in der deutschen, sondern auch in der europäischen Geschichte. Der europäische Bürgerkrieg war an sein Ende gelangt, die alte europäische Welt zu Bruch gegangen. „Europa hatte sich ausgekämpft" (M. Stürmer). Die Begegnung amerikanischer und sowjetrussischer Soldaten an der Elbe wurde zu einem Symbol für das vorläufige Ende einer europäischen Ära. [...]

Wir können des 8. Mai nicht gedenken, ohne uns bewußt zu machen, welche Überwindung die Bereitschaft zur Aussöhnung den ehemaligen Feinden abverlangte. Können wir uns wirklich in die Lage von Angehörigen der Opfer des Warschauer Gettos oder des Massakers von Lidice versetzen? Wie schwer mußte es aber auch einem Bürger in Rotterdam oder London fallen, den Wiederaufbau unseres Landes zu unterstützen, aus dem die Bomben stammten, die erst kurze Zeit zuvor auf seine Stadt gefallen waren. Dazu mußte allmählich eine Gewißheit wachsen, daß Deutsche nicht noch einmal versuchen würden, eine Niederlage mit Gewalt zu korrigieren.

Bei uns selbst wurde das Schwerste den Heimatvertriebenen abverlangt. Ihnen ist noch lange nach dem 8. Mai bitteres Leid und Unrecht widerfahren. Um ihrem schweren Schicksal mit Verständnis zu begegnen, fehlt uns Einheimischen oft die Phantasie und das offene Herz.

Aber es gab alsbald auch große Zeichen der Hilfsbereitschaft. Viele Millionen Flüchtlinge und Vertriebene wurden aufgenommen. Im Laufe der Jahre konnten sie neue Wurzeln schlagen. Ihre Kinder und Enkel bleiben auf vielfache Weise der Kultur und der Liebe zur Heimat ihrer Vorfahren verbunden. Das ist ein wertvoller Schatz in ihrem Leben. Sie haben aber selbst eine neue Heimat gefunden, in der sie mit den gleichaltrigen Einheimischen aufwachsen und zusammenwachsen, ihre Mundart sprechen und ihre Gewohnheiten teilen. Ihr junges Leben ist ein Beweis für die Fähigkeit zum inneren Frieden. Ihre Großeltern oder Eltern wurden einst vertrieben, sie jedoch sind jetzt zu Hause.

Früh und beispielhaft haben sich die Heimatvertriebenen zum Gewaltverzicht bekannt. Das war keine vergängliche Erklärung im anfänglichen Stadium der Machtlosigkeit, sondern ein Bekenntnis, das seine Gültigkeit behält. Gewaltverzicht bedeutet, allseits das Vertrauen wachsen zu lassen, daß auch ein wieder zu Kräften gekommenes Deutschland daran gebunden bleibt. Die eigene Heimat ist mittlerweile anderen zur Heimat geworden. Auf vielen alten Friedhöfen im Osten finden sich heute schon mehr polnische als deutsche Gräber. Der erzwungenen Wanderschaft von Millionen Deutschen nach Westen folgten Millionen Polen und ihnen wiederum Millionen Russen. Es sind alles Menschen, die nicht gefragt wurden, Menschen, die Unrecht erlitten haben, Menschen, die wehrlose Objekte der politischen Ereignisse wurden und denen keine Aufrechnung von Unrecht und keine Konfrontation von Ansprüchen wiedergutmachen kann, was ihnen angetan worden ist.

Gewaltverzicht heute heißt, den Menschen dort, wo sie das Schicksal nach dem 8. Mai hingetrieben hat und

wo sie nun seit Jahrzehnten leben, eine dauerhafte, politisch unangefochtene Sicherheit für ihre Zukunft zu geben. Es heißt, den widerstreitenden Rechtsansprüchen das Verständigungsgebot überzuordnen. Darin liegt der eigentliche, der menschliche Beitrag zu einer europäischen Friedensordnung, der von uns ausgehen kann [...]
Wir haben wahrlich keinen Grund zu Überheblichkeit und Selbstgerechtigkeit. Aber wir dürfen uns der Entwicklung dieser 40 Jahre dankbar erinnern, wenn wir das eigene historische Gedächtnis als Leitlinie für unser Verhalten in der Gegenwart nutzen.
– Wenn wir uns daran erinnern, daß Geisteskranke im Dritten Reich getötet wurden, werden wir die Zuwendung zu psychisch kranken Bürgern als eigene Aufgabe verstehen.
– Wenn wir uns erinnern, wie rassisch, religiös und politisch Verfolgte, die vom sicheren Tod bedroht waren, oft vor geschlossenen Grenzen anderer Staaten standen, werden wir vor denen, die heute wirklich verfolgt sind und bei uns Schutz suchen, die Tür nicht verschließen.
– Wenn wir uns der Verfolgung des freien Geistes während der Diktatur besinnen, werden wir die Freiheit jedes Gedankens und jeder Kritik schützen, so sehr sie sich auch gegen uns selbst richten mag.
– Wer über die Verhältnisse im Nahen Osten urteilt, der möge an das Schicksal denken, das Deutsche den jüdischen Mitmenschen bereiteten und das die Gründung des Staates Israel unter Bedingungen auslöste, die noch heute die Menschen in dieser Region belasten.
– Wenn wir daran denken, was unsere östlichen Nachbarn im Kriege erleiden mußten, werden wir besser verstehen, daß der Ausgleich und die friedliche Nachbarschaft mit diesen Ländern zentrale Aufgabe der deutschen Außenpolitik bleiben. Es gilt, daß beide Seiten sich erinnern und beide Seiten einander achten.
Der Generalsekretär der Kommunistischen Partei der Sowjetunion, Gorbatschow, hat verlautbart, es ginge der sowjetischen Führung beim 40. Jahrestag des Kriegsendes nicht darum, antideutsche Gefühle zu schüren. Die Sowjetunion trete für Freundschaft zwischen den Völkern ein. Gerade wenn wir Fragen auch an sowjetische Beiträge zur Verständigung zwischen Ost und West und zur Achtung von Menschenrechten in allen Teilen Europas haben, wollen wir dieses Zeichen aus Moskau nicht überhören. Wir wollen Freundschaft mit den Völkern der Sowjetunion. [...]
Wir Deutschen sind ein Volk und eine Nation. Wir fühlen uns zusammengehörig, weil wir dieselbe Geschichte durchlebt haben. Auch den 8. Mai 1945 haben wir als gemeinsames Schicksal unseres Volkes erlebt, das uns eint. Wir fühlen uns zusamnmengehörig in unserem Willen zum Frieden. Vom deutschen Boden in beiden Staaten sollen Frieden und gute Nachbarschaft mit allen Ländern ausgehen. Auch andere sollen ihn nicht zur Gefahr für den Frieden werden lassen. Die Menschen in Deutschland wollen gemeinsam einen Frieden, der Gerechtigkeit und Menschenrecht für alle Völker einschließt, auch für das unsrige. Nicht ein Europa der Mauern kann sich über Grenzen hinweg versöhnen, sondern ein Kontinent, der seinen Grenzen das Trennende nimmt. Gerade daran mahnt uns das Ende des Zweiten Weltkriegs. Wir haben die Zuversicht, daß der 8. Mai nicht das letzte Datum unserer Geschichte bleibt, das für alle Deutschen verbindlich ist. [...]
Bei uns ist eine neue Generation in die politische Verantwortung hereingewachsen. Die Jungen sind nicht verantwortlich für das, was damals geschah. Aber sie sind verantwortlich für das, was in der Geschichte daraus wird.
Wir Älteren schulden der Jugend nicht die Erfüllung von Träumen, sondern Aufrichtigkeit. Wir müsen den Jüngeren helfen zu verstehen, warum es lebenswichtig ist, die Erinnerung wachzuhalten. Wir wollen ihnen helfen, sich auf die geschichtliche Wahrheit nüchtern und ohne Einseitigkeit einzulassen, ohne Flucht in utopische Heilslehren, aber auch ohne moralische Überheblichkeit. Wir lernen aus unserer eigenen Geschichte, wozu der Mensch fähig ist. Deshalb dürfen wir uns nicht einbilden, wir seien nun als Menschen anders und besser geworden. Es gibt keine endgültig errungene moralische Vollkommenheit. Wir haben als Menschen gelernt, wir bleiben als Menschen gefährdet. Aber wir haben die Kraft, Gefährdungen immer von neuem zu überwinden.
Hitler hat stets damit gearbeitet, Vorurteile, Feindschaften und Haß zu schüren. Die Bitte an die jungen Menschen lautet: Lassen Sie sich nicht hineintreiben in Feindschaft und Haß gegen andere Menschen, gegen Russen oder Amerikaner, gegen Juden oder Türken, gegen Alternative oder gegen Konservative, gegen Schwarz oder gegen Weiß. Lernen Sie, miteinander zu leben, nicht gegeneinander. [...]
Ehren wir die Freiheit.
Arbeiten wir für den Frieden.
Halten wir uns an das Recht.
Dienen wir unseren inneren Maßstäben der Gerechtigkeit.
Schauen wir am heutigen 8. Mai, so gut wir es können, der Wahrheit ins Auge.
(Süddeutsche Zeitung, v. 9.5. 1985)

**Problem und Diskussion**

**1** *Erkundigen Sie sich über die Auswirkungen des Zweiten Weltkrieges auf Ihre Familie, Ihre Großeltern und weitere Angehörige.*

**2** *Untersuchen Sie die Auswirkungen des Zweiten Weltkrieges auf Ihre Heimatstadt mit Hilfe von alten Zeitungen und Berichten in Lokalchroniken.*

**3** *Versuchen Sie die Ergebnisse der nationalsozialistischen Herrschaft in Deutschland im Hinblick ihrer Auswirkungen auf die Gegenwart zu bewerten.*

# 9. Faschismus – Nationalsozialismus: Begriffsklärungen und Deutungen im Widerstreit

Seit dem Entstehen der ersten faschistischen Bewegung in Italien hat es Versuche gegeben, dieses Phänomen auch theoretisch zu verstehen und zu erklären. Dies gilt und galt besonders für die deutsche Variante einer faschistischen Bewegung, den Nationalsozialismus. Die Versuche, den Faschismus, insbesondere den deutschen Nationalsozialismus, theoretisch zu erklären, waren nicht zuletzt von dem Ziel geleitet, die Wiederholung eines solchen Herrschaftssystems in Deutschland frühzeitig zu verhindern. Mit den Theoriemodellen sollte aber auch versucht werden zu erklären, warum so viele Menschen sich von der NSDAP angezogen fühlten und bereit waren, sich für deren Ziele zu engagieren.

Die folgenden Auszüge aus der wissenschaftlichen Diskussion machen deutlich, daß die Auseinandersetzungen um den Begriff Faschismus bzw. Nationalsozialismus nicht zu einem Konsens geführt haben oder in absehbarer Zeit führen werden. Die Auseinandersetzung um den Faschismusbegriff ist wie bei jeder wissenschaftlichen Kontroverse, in besonderem Maße aber hier, von den politischen Grundannahmen der Forscher, von ihrem Erkenntnisinteresse und ihren Forschungsmethoden abhängig.

Aus sozialistischer Sicht wird der Faschismus als eine der radikalsten Formen bürgerlicher Herrschaft begriffen. Von daher untersuchen diese Forscher den Zusammenhang zwischen faschistischen Bewegungen und Kapital-/Industriegruppen mit dem Ziel, die gegenseitige Abhängigkeit bzw. die Vormachtstellung von politischer Bewegung oder Kapitalgruppen zu belegen. Historiker und Sozialwissenschaftler bürgerlicher Herkunft untersuchen den Faschismus/Nationalsozialismus als Sonderfall und nicht als eine Form von bürgerlicher Herrschaft. Der Faschismus wird als totalitäre Herrschaftsform angesehen, in der Menschenwürde und Menschenrechte, liberales Gedankengut und demokratische Regierungsformen mißachtet werden. Die faschistische Herrschaftsform wird mit sozialistischen Herrschaftssystemen unter dem Überbegriff des Totalitarismus verglichen. Bei der Untersuchung der faschistischen Herrschaftsformen betonen Historiker und Sozialwissenschaftler bürgerlicher Herkunft den Primat der Politik, die relativ große Autonomie der jeweiligen faschistischen bzw. nationalsozialistischen Bewegung gegenüber den Kapital- und Industriegruppen. Ein Abhängigkeitsverhältnis zwischen der Politik und den Kapital-/Industriegruppen wird bezweifelt oder als unbedeutend angesehen. Für „bürgerliche" Historiker spielt die Persönlichkeit Hitlers zudem eine entscheidende Rolle. Seine Ideologie und seine Fähigkeit, Menschen zur Nachfolge zu bewegen, werden als entscheidend bei der Beurteilung des Nationalsozialismus in Deutschland angesehen. Hitlers Rassenhaß wird als entscheidender Faktor für die Mordaktionen gegenüber den Juden hervorgehoben. Dagegen betonen „sozialistische" Historiker und Sozialwissenschaftler stärker die Interessen der Großindustrie und bezweifeln die Vorrangstellung der Ideologie; Hitler und die übrigen hohen Führer der NSDAP werden eher als Erfüllungsgehilfen der Industriegruppen gesehen.

In jüngster Zeit ist die Theoriediskussion zugunsten der genaueren Erforschung der lokalen Verhältnisse, aber auch der einzelnen nationalen faschistischen Bewegungen zurückgetreten, da es sich gezeigt hat, daß die globalen Theorien mit ihren grobmaschigen Aussagen nur schwer zu belegen sind. Zudem hat sich herausgestellt, daß der Erklärungswert solcher Theorien für die konkreten Ereignisse, z.B. für das komplexe und komplizierte Zusammenspiel verschiedener Faktoren, die zum Krieg oder zur Hinnahme der Judenpolitik führten, relativ gering ist.

**T 1 A. Thalheimer: Über den Faschismus (1930)**

*August Thalheimer, 1884–1948, wurde mit 20 Jahren Mitglied der SPD und betätigte sich bald als Redakteur radikaler Parteizeitungen. Er war Mitbegründer des Spartakusbundes und der KPD und galt als Theoretiker der Partei. 1929 wurde T. aus der KPD ausgeschlossen und gründete die Kommunistische Partei-Opposition (KPO). Ab 1933 lebte er in der Emigration in Frankreich, ab 1941 in Kuba.*

Kommen wir nun zur heutigen Form der offenen Diktatur der Bourgeoisie in Italien, dem faschistischen Staat. Unverkennbar sind wesentliche Züge gemeinsam mit der bonapartistischen Form der Diktatur: wieder die „Verselbständigung der Exekutivgewalt", die politische Unterwerfung aller Massen, einschließlich der Bourgeoisie selbst, unter die faschistische Staatsmacht bei sozialer Herrschaft der Großbourgeoisie und der Großgrundbesitzer. Gleichzeitig will der Faschismus, wie der Bonapartismus, der allgemeine Wohltäter aller Klassen sein: daher ständige Ausspielung einer Klasse gegen die andere, ständige Bewegung in Widersprüchen im Innern. Der Herrschaftsapparat trägt ebenfalls dieselben Züge. Die faschistische Partei ist ein Gegenstück zu der „Dezemberbande" Louis Bonapartes. Ihr sozialer Bestand: Deklassierte aller Klassen, des Adels, der Bourgeoisie, des städtischen Kleinbürgertums, der Bauernschaft, der Arbeiterschaft. Was die Arbeiterklasse anlangt, so hängen hier zwei entgegengesetzte Pole der Deklassierung zusammen: unten das Lumpenproletariat, „oben" Teile der Arbeiteraristokratie und -bürokratie, der reformistischen Gewerkschaften und Parteien. Die Verwandtschaft trifft auch zu auf die bewaffnete Macht. Die faschistische Miliz ist sozial das Gegenstück zur bonapartistischen Armee. Wie sie, ist sie Existenzquellle für deklassierte Elemente. Daneben besteht in Italien die Armee der allgemeinen Wehrpflicht. Sie findet kein Gegenstück in Frankreich. Der Existenz neben der faschistischen Miliz entspricht das Bedürfnis der Organisation der Wehrmacht unter imperialistischen Verhältnissen, das eine bloße Berufs- oder Söldnerarmee allein als ungenügend erscheinen läßt und Massenheere mit breitester Ausdehnung der Wehrpflicht fordert.

Ebenso findet sich Übereinstimmung in der Situation des Klassenkampfes, aus der hier die bonapartistische, dort die faschistische Form der Staatsmacht hervorging. Im Falle des italienischen Faschismus, wie in dem des Bonapartismus, ein gescheiterter Ansturm des Proletariats, darauffolgende Enttäuschung in der Arbeiterklasse, die Bourgeoisie erschöpft, zerfahren, energielos nach einem Retter ausschauend, der ihre soziale Macht befestigt. Übereinstimmung auch in der Ideologie: als Hauptmittel die „nationale" Idee, der Scheinkampf gegen parlamentarische und bürokratische Korruption, Theaterdonner gegen das Kapital usw. Verwandte Züge schließlich bei den „Helden" des Staatstreichs. [...]

Die inneren Widersprüche zwischen der materiellen und sozialen Stärkung der Bourgeoisie, bei ihrer politischen Niederhaltung. Der Schein der Beschützung der materiellen Interessen des Proletariats bei ihrer wirklichen Auslieferung an das Kapital. Der faschistische Staat als „Vermittler" zwischen Bourgeoisie und Arbeiterklasse, der sich als solcher ständig in praktischen Widersprüchen bewegen muß. Dasselbe in bezug auf die Bauern und Kleinbürger. Faschismus und Bonapartismus haben der bürgerlichen Gesellschaft „Ruhe und Sicherheit" versprochen. Aber um ihre Unentbehrlichkeit als permanente „Retter der Gesellschaft" zu erweisen, müssen sie die Gesellschaft ständig als bedroht erscheinen lassen: also beständige Unruhe und Unsicherheit.

Die materiellen Interessen der Bourgeoisie wie der Bauernschaft erfordern sparsame Staatswirtschaft, ein „Regime der Ökonomie". Das materielle Interesse der Parasitenbande, die die faschistische Parteiorganisation, die faschistischen Staats- und Gemeindebeamten, die faschistische Miliz zusammensetzen, erfordern umgekehrt die ständige Erweiterung und Bereicherung der faschistischen Staats- und Parteimaschine. Daher abwechselnde Verletzungen beider Interessen. Jede Zügelung der faschistischen Bande im Interesse der bürgerlichen „Ruhe und Ordnung" wie ihrer Ökonomie muß alsbald kompensiert werden durch eine neue Erlaubnis zu terroristischen Exzessen, Plünderungen usw.

Die inneren Widersprüche, wie die national-imperialistische Ideologie, treiben den Diktator zu Vorstößen nach außen. Schließlich zum Krieg. Aber hier stößt das italienische Gegenstück zum Louis Bonaparte nicht nur auf den alten Widerspruch, daß das militärische Herrschaftsinstrument im Innern, in diesem Falle die nationale Miliz, durch die innere Funktion wie ihre soziale Zusammensetzung untauglich gemacht wird als imperialistisches Eroberungswerkzeug gegen Staaten, die noch nicht genötigt waren, die „prostituierteste" aller Formen der bürgerlichen Staatsmacht sich anzulegen, sondern auch auf den weiteren Widerspruch zwischen der privilegierten faschistischen Truppe und der regulären Armee. [...]

Unter demselben äußeren Anstrich des Faschismus verbergen sich total verschiedene Klassenverhältnisse, Stufen des Klassenkampfes, Entwicklungsstufen der bürgerlichen Gesellschaft. Ohne die konkrete Klassenanalyse gerät man also hier theoretisch wie praktisch in die größten Irrtümer. [...]

Solche Strömungen sind vor allem sichtbar in solchen hochkapitalistischen Ländern wie England, Deutschland, Frankreich, die durch das Ergebnis des Krieges mehr oder weniger sozial und ökonomisch erschüttert worden sind. Das bewegt sich in der Richtung des Faschismus, es kann in kritischen Situationen zu Formen offener Diktatur des Kapitals führen. Aber diese müssen nicht identisch sein mit denen des Faschismus.

(Gegen den Strom, Organ der KPD [Opposition], Jg. 1930, Berlin. Zit. nach: Faschismus und Kapitalismus. Hrsg. von W. Abendroht. Frankfurt 1972, S. 31 ff.)

## T 2 Hans Buchheim: Totalitäre Herrschaft (1962)

Der Anspruch der totalitären Bewegung, über Mensch und Gesellschaft derart uneingeschränkt zu verfügen und ein von Grund auf neues soziales Leben zu schaffen, beruht auf ihrem Anspruch, den Sinn der Weltgeschichte zu kennen und deshalb in der Lage zu sein, deren Verlauf zu vollenden. Kommunismus und Nationalsozialismus entsprangen beide der Vorstellung, daß eine Klasse beziehungsweise ein Volk in seiner Existenz bedroht sei, und zwar nicht durch irgendwelche politischen Kräftekonstellationen, deren man nach Maßgabe der sich bietenden politischen Möglichkeiten hätte Herr werden können, sondern durch gewissermaßen welthistorische Gefahren: die Unterdrückung des Proletariats durch den Kapitalismus, die Zersetzung der „blutlichen" Kraft der nordischen Rasse durch das Judentum. Beide Bewegungen glaubten, im Angelpunkt der Weltgeschichte zu stehen, und hielten sich für berufen, durch politische Maßnahmen die fällige „Weltwende" herbeizuführen. [...]

Im Gegensatz zum Kommunismus wies der Nationalsozialismus jedoch der Ideologie nur eine untergeordnete Rolle zu, indem er sie in den Dienst des Willens stellte. Der Wille war nicht auf den von der Theorie gezogenen Rahmen beschränkt, sondern in seiner Gestaltung völlig frei. Die Ideologie schrieb ihm nichts vor, sondern hatte bloß die Aufgabe, ihm feste Grundlagen einer Überzeugung, eines Glaubens zu geben, aus dem er die seelischen Energien schöpfen konnte, die er brauchte, um sich durchzusetzen. Marxismus und Kommunismus wollen die Religion abschaffen und an ihren Platz die Wissenschaft stellen. Für die Nationalsozialisten war die Weltanschauung ein neuer Glaube, der besser als der „alte" christliche Glaube geeignet sei, dem Recht des Stärkeren zum Durchbruch zu verhelfen. [...]

Der totalitäre Verfügungsanspruch, der den Einzelnen nicht nur in seiner freien Entfaltung beschränkt, sondern ihn in das Schema einer geplanten Welt hineinpreßt und ihn dadurch überfremdet, führt jedoch seinem Wesen nach ein Angebot mit sich, das einer tief verwurzelten Sehnsucht des Menschen entspricht: nämlich ein geschlossenes, auf einfachen Grundsätzen aufgebautes Denksystem, das alles Dasein erklärt und die Garantie bietet mit dem Schicksal fertig zu werden. [...]

Das Wesen des Faschismus ist Rebellion gegen die Freiheit. Dieser Aufstand gegen die Freiheit konnte sich bis zum zynischen, inhumanen Freiheitshaß, zum Ekel vor der Freiheit steigern; er kennzeichnet alle Bewegungen, die zwischen den beiden Weltkriegen sich entweder selbst faschistisch nannten oder sachlich zu Recht so bezeichnet wurden. Unter ihren Anhängern gab es allerdings auch viele, die aufrichtig glaubten, auf die Freiheit verzichten zu müssen, weil ein freiheitlicher Staat der kommunistischen Gefahr nicht gewachsen sei, und andere, die für den Wert der Freiheit blind waren. Der Aufstand gegen die Freiheit richtete sich auch gegen alles, was mit ihr wesentlich verbunden ist, gegen die Ideen des Fortschritts und der Humanität, des Individualismus und der Demokratie. [...]

Will man Begriffspaare bilden, so gehören auf der einen Seite Marxismus und Faschismus als zwei politische Bewegungen zusammen, auf der anderen Seite das autoritäre und das totalitäre Regime als zwei Formen politischer Herrschaft. Nach dem ersten Einteilungsprinzip gehört der Nationalsozialismus auf die Seite des Faschismus und muß in seinem Gegensatz zum Marxismus gesehen werden; nach dem anderen Einteilungsprinzip stellen er und der Kommunismus die beiden Fälle ausgeprägt totalitärer Herrschaft dar, denen die in den Grenzen des Autoritären bleibenden anderen (meist faschistischen) Regime gegenüberstehen. Soll von den Einteilungsprinzipien das wesentlichere hervorgehoben werden, so liegt es bei formaler Betrachtung zwar nahe, der Unterscheidung der politischen Bewegungen größere Bedeutung beizumessen als der der Herrschaftsformen. Da aber der totalitäre Herrschaftsanspruch den Horizont politischer Problematik überschreitet und an die Wurzeln der menschlichen Existenz rührt, ist doch die Gemeinsamkeit dieses Anspruchs ohne Zweifel die gewichtigere. Es stehen sich auch tatsächlich Nationalsozialismus und Kommunismus in ihrem totalitären Entwurf und dessen Konsequenzen viel näher, als der Nationalsozialismus trotz gemeinsamer faschistischer Züge den Regimen Mussolinis und Francos ähnelt. Hat doch das kommunistische Regime trotz seines freiheitlich-humanitären Pathos die Freiheit genauso abgeschafft wie der Nationalsozialismus, während Mussolini und Franco sie trotz ihres faschistischen Pathos nur eingeengt haben.

Wo der totalitäre Verfügungsanspruch erhoben wird, entwickelt er eine überlegene Wirkungskraft, die der kommunistischen und der nationalsozialistischen Herrschaft weitgehend die gleiche Prägung gab, während die aus der marxistischen und faschistischen Herkunft stammenden Verschiedenheiten fast nur untergeordneten Einfluß behielten. Obgleich das marxistische Streben, die ganze Menschheit in einen Zustand endgültiger Freiheit und unwandelbarer Wohlfahrt zu führen, und der faschistische Freiheitshaß mit seiner Verherrlichung des Kampfes in denkbar krassem Gegensatz zu einander stehen, hat der totalitäre Machtanspruch doch in beiden Fällen die Freiheit zerstört.

(H. Buchheim, Totalitäre Herrschaft. München 1962, S. 18ff.)

## T 3 Reinhard Kühnl: Faschismus (1971)

Die Bestimmung des Begriffs Faschismus muß – unter Abgrenzung von Begriffen mit ähnlichem Inhalt (Diktatur, Terror, Autoritarismus, Totalitarismus) – präzis genug sein, um ein bestimmtes, unverwechselbares Phänomen in seiner Eigenart zu bezeichnen, und zugleich umfassend genug, um strukturelle Ähnlichkeiten zwischen vergangenen und gegenwärtigen und zwischen italienischen und anderen Bewegungen und Systemen erkennen zu helfen. Unter Berücksichtigung dieser Bedingungen ergeben sich für den Faschismus folgende Merkmale: 1) In einer bürgerlichen Demokratie bildet sich – meist in einer sozialökonomischen Krisenlage – eine militante, stark mittelständisch geprägte Protestbewegung, die die Abschaffung der Demokratie, die Niederwerfung der Linken und die Beschränkung der Macht des Großkapitals verlangt. Nach der Eroberung der politischen Macht wird sie zur staatlichen Monopolpartei, die durch ein System von Massenorganisationen eine möglichst totale Erfassung der Bevölkerung anstrebt. 2) Die Ideologie proklamiert die Volksgemeinschaft, verlangt das bedingungslose Zusammenstehen aller gegen innere und äußere Feinde und lenkt die Aggressionen der Massen auf Minderheiten und andere Völker. Sicherheit und Ordnung sollen durch ein straffes System von Befehl und Gehorsam gewährleistet werden, das alle Lebensbereiche durchdringt. 3) Die kapitalistischen Eigentumsverhältnisse und die damit verbundenen sozialen Privilegien der oberen Klassen werden gefestigt, indem der Staat Gewerkschaften und Arbeiterparteien auflöst und die Befehlsgewalt der Unternehmer im Betrieb garantiert, sich selbst aber Eingriffe in den Wirtschaftsprozeß vorbehält. 4) Durch terroristische Herrschaftsmethoden und ein staatliches Propaganda- und Informationsmonopol wird jede oppositionelle Regung unterdrückt und das Volk in die gewünschte Richtung gelenkt. – Jedes dieser vier Elemente gibt es als vereinzeltes auch in anderen Systemen. Was den Faschismus kennzeichnet ist die spezifische Kombination gerade dieser Elemente. [...]

(R. Kühnl, Faschismus. In: Lexikon zur Geschichte und Politik im 20. Jahrhundert. 2 Bde. Köln 1971, S. 239)

### T 4 Karl Dietrich Bracher: Rückblick auf den 30. Januar 1933 (1983)

Folgende Aspekte der Deutung möchte ich besonders hervorheben:

1. Es war weder einfach eine kapitalistische Verschwörung noch eine sozialistische Revolution, sondern der Machtwille eines radikalen Ideologen und einer populistischen, heilsversprechenden Sammelbewegung inmitten der resignierenden Parteien einer ungeliebten Demokratie und einer zutiefst verunsicherten Bevölkerung, der 1933 zur nationalsozialistischen Alleinherrschaft in Deutschland und wenige Jahre später zur Weltherrschafts- und Rassenvernichtungspolitik des Zweiten Weltkrieges geführt hat.

2. Der Mißbrauch und die Pervertierung demokratischer Mittel und Werte macht im Übergang zur modernen Diktatur bislang unerhörte Formen der Erfassung und Gleichschaltung, der Indoktrination und Zerstörung von ganzen Völkern möglich. Von der totalitären Versuchung bis zur totalitären Unterwerfung bietet die moderne Propaganda- und Gesellschaftstechnik durch Nutzung massenpsychologischer Erkenntnisse ungeahnte Möglichkeiten der Beherrschung von Menschen. Mittels ideologisch absoluter Zielsetzung können sie so motiviert werden, daß ihnen die schlimmsten Verbrechen als Tugend aufgeredet, suggeriert werden können. Ein moralisches Vakuum, entstanden aus geistig-religiösen Orientierungskrisen, wird gefüllt durch politische Religionen, die schließlich alle Taten und Untaten bis zu Völkerversklavung und Rassenmord rechtfertigen. Es war ein solcher Orientierungsverlust, der das Unrecht möglich machte, das wir anderen Völkern angetan haben. Die Millionenopfer der Judenverfolgung beweisen, was ein pseudowissenschaftlicher ideologischer Wahn vermag, wenn er an die Macht gelassen wird und totalitäre Herrschaftsmittel gewinnt.

3. Die Wechselwirkung von diktatorischer Innenpolitik und expansiver Außenpolitik bestimmt gerade auch die weltpolitischen Auswirkungen des Nationalsozialismus. Jede Diktatur, einmal etabliert, neigt dazu, innere Spannungen nach außen zu verlagern, die innere Herrschaft durch äußere Erfolge zu stärken – besonders dann, wenn dies noch durch eine absolut gesetzte Weltanschauung, wie bei den Nationalsozialisten die Lebensraum- und Rassenideologie, begründet und überhöht wird.

4. Auch die Leidensgeschichte der Vertreibungen und Spaltungen begann nicht erst 1945, sondern mit der nationalsozialistischen Verfolgungs-, Deportierungs- und Vernichtungspolitik, zuerst gegen die Juden in Deutschland und Österreich, dann gegen andere Völker zumal Osteuropas. Der Nationalsozialismus ging voran, teilweise in Anlehnung an stalinistische Methoden, und er hat jene Grenze nach Osten gewaltsam aufgerissen, über die dann die sowjetische Macht vordringen konnte. Er hat ihr nicht nur Mitteldeutschland, sondern ganz Osteuropa ausgeliefert. Dabei ist es bemerkenswert, daß Hitler nach der Zertrümmerung Polens zunächst den Westen überfallen hat, und zwar unter verständlicher Duldung Stalins, während er Stalin in Ostpolen, im Baltikum und Finnland freie Hand ließ. Hitler war also nicht, wie immer wieder behauptet, ein Bollwerk gegen den Kommunismus, sondern selbst der „größte Schrittmacher des Bolschewismus in Europa“, wie es der Schweizer Historiker Walther Hofer formuliert hat.

Was am 30. Januar 1933 begann, hatte drei große weltgeschichtliche Konsequenzen, die bis heute fortdauern: 1. den Aufstieg der beiden Supermächte USA und Sowjetunion, begleitet von einer weltweiten Konfrontation zwischen Liberalismus und Kollektivismus; 2. den Abstieg Europas und seine blockpolitische Aufteilung, aber auch die Renaissance freiheitlicher Demokratien und den Weg zu einer Einigung Westeuropas; und 3. schließlich die Emanzipation der „Dritten Welt“ als Folge der Zerschlagung und Auflösung

der Kolonialreiche durch und nach dem Zweiten Weltkrieg.
An diesem dreifachen Sinne waren die innen- und machtpolitischen Ereignisse, die vor dem Hintergrund der Krise der Demokratie und der autoritären und totalitären Machtergreifungen in Europa vor einem halben Jahrhundert zur „deutschen Diktatur" von 1933–45 geführt haben, von wahrhaft epochaler Bedeutung. Ihre Erfahrungen und Lehren gelten bis heute: es ist einmal die Warnung vor der Anfälligkeit moderner Gesellschaften für totalitäre Verführungen, und es ist positiv die Einsicht in die Bedeutung übernationaler Kooperation zur Abwehr nationalimperialer und diktatorischer Machtpolitik – aus welcher ideologischen Richtung sie nun inspiriert sein mag.
(K. D. Bracher, Zeitgeschichtliche Kontroversen. München $^{5}$1984, S. 115 f.)

### T 5 Jürgen Kocka: Eine sozialgeschichtliche Erklärung (1980)

[...] Will man die Massenbasis und damit die Aufstiegsmöglichkeit des deutschen Faschismus sozialgeschichtlich erklären, dann kann man sicherlich nicht übersehen, daß es die krisenhaften Erscheinungen oder auch einfach die immer weiter fortschreitende Entwicklung des industriekapitalistischen Wirtschafts- und bürgerlichen Gesellschaftssystems waren, die zu Spannungen und Konflikten führten, welche unter bestimmten Bedingungen die rechtsradikale Protestbewegung speisten. Doch ebenso wichtig ist dies: Die sozioökonomischen Krisenerscheinungen und Modernisierungsfolgen wurden zur Quelle solch vehementen Protests nur, weil sie mit fortwirkenden Traditionen vorkapitalistischer und vorbürgerlicher Herkunft zusammenprallten. Die Krise des privatwirtschaftlichen Wirtschafts- und bürgerlichen Gesellschaftssystems endete in Deutschland deshalb in der Katastrophe, weil sich aufgrund eines spezifischen Weges der deutschen Modernisierung mehr als in den anderen westlichen Ländern vorkapitalistische und vorbürgerliche, obrigkeitsstaatliche, feudale und ständische Überbleibsel erhalten hatten. Man könnte fast sagen: Weil die deutsche Gesellschaft nie wahrhaft eine bürgerliche Gesellschaft gewesen war, schlug deren Krise, als sie in den zwanziger Jahren auftrat, in das nachbürgerliche, anti-bürgerliche System des Faschismus um. Der Zwittercharakter des deutschen Nationalsozialismus – zugleich antimodern und dynamisch, antikapitalistisch und antisozialistisch, reaktionär und revolutionär zu sein – erklärt sich aus diesem Zusammenhang. [...]
Diese These, die die Anfangshypothese vom Zusammenhang zwischen Kapitalismus und Faschismus deutlich modifiziert, habe ich hier an den Angestellten exemplifiziert. Sie wäre leicht an anderen Gruppen und Institutionen zu demonstrieren. Nur ganz kurz: Es ist ja allgemein bekannt, daß die Machtergreifung erst möglich wurde, als es der neuen nationalsozialistischen Rechten gelang, sich mit der alten Rechten, Teilen der konservativen Eliten in Industrie, Großlandwirtschaft, Militär und Bürokratie zu verbünden. Sichtbare Stationen auf dem Weg zu dieser Allianz waren 1929 die Zusammenarbeit der NSDAP und konservativer Gruppen wie „Stahlhelm" und „Landbund" auf der gemeinsamen Plattform der „nationalen Opposition" gegen die Annahme des Young-Plans, der die Reparationsfrage neu regelte und den die Regierung mangels besserer Alternativen unterstützte; die „Harzburger Front" von 1931; die Unterstützung, die Hitlers Kanzlerkandidatur seit den letzten Monaten des Jahres 1932 seitens konservativer Partei- und Interessenvertreter, hoher Offiziere und Beamten erfuhr; und schließlich das erste Kabinett Hitler/Hugenberg, dem bekanntlich nur drei Nationalsozialisten, aber acht Konservative, mit enger Verbindung zu Großindustrie, Großlandwirtschaft, DNVP und Reichswehr angehörten. Emphatische Demonstration dieses Bündnisses, in dem Hitler seine konservativen Partner dann allerdings schnell ausmanövrierte, war der „Tag von Potsdam" am 21. März 1933. Über diese wichtige Rolle gewichtiger Teile der konservativen Führungsschichten bei der „Machtergreifung" Hitlers – auf der Seite der Arbeiterbewegung gab es bis zur „Machtergreifung" nichts Vergleichbares – darf die Betonung der mittelständischen Massenbasis des Nationalsozialismus nicht hinwegtäuschen. Die „Mittelstandsthese" darf keine falsche Entlastungsfunktion haben.
Die [...] Gründe und Motive hinter der zunächst sehr zögernden, zuletzt aber entscheidenden Unterstützung für Hitler in Teilen der deutschen Führungsschichten [...] waren vielfältig. Im Zusammenhang der hier vertretenen Argumentation aber ist besonders wichtig, daß sich in Teilen der deutschen Führungsschichten eine eigenartige Mischung zwischen Modernität und Rückständigkeit erhalten hatte: Produkt einer Entwicklung, in der schnellste ökonomische Modernisierung zum Industriestaat ohne gleichzeitige soziopolitische Radikalreform stattgefunden hatte. Die große Macht der Junker im industriellen Deutschland, die Feudalisierungstendenzen im Großbürgertum; die außerordentliche Macht von Bürokratie und Militär in einem Staat, der nie eine erfolgreiche bürgerliche Revolution erlebt hatte und der von oben geeinigt worden war; die soziale und politische Allianz von aufsteigendem Bürgertum und sich immer noch haltendem Agraradel gegen ein dadurch scharf ausgegrenztes Proletariat; die dadurch bedingte antiparlamentarische, antidemokratische und antiliberale Ausrichtung großer Teile der deutschen Führungsschichten – all das fiel in der Wirtschafts- und Sozialkrise um 1930 verhängnisvoll ins Gewicht. Die große Rolle der Agrarier in der Endphase der Weimarer Republik ist in diesem Zusammenhang besonders aufschlußreich. Der deutsche Weg der ökonomischen Modernisierung ohne gründliche soziale Liberalisierung und politische Demokratisierung rächte sich jetzt.

Dies wäre auch an den politischen Institutionen, an der politischen Kultur und an den herrschenden Ideologien zu zeigen. Der bis 1918 abgeblockte Parlamentarismus, dessen Geburt in Deutschland mit dem Kainszeichen der nationalen Niederlage versehen war, war weder eingeübt noch akzeptiert genug, um von den anschwellenden sozialen Konflikten nicht gesprengt zu werden. Die Parteien waren nach Struktur und Ideologie aufgrund langer Traditionen für die Kunst des parlamentarischen Interessenausgleichs schlecht geeignet, sie stahlen sich denn auch bald aus der Verantwortung, versagten beim Kompromiß und überließen die Macht dem Reichspräsidenten. Kleine starke Interessengruppen hinter den Kulissen und die fanatisierte Politik der Straße füllten das so entstehende Vakuum aus. Die lange obrigkeitsstaatliche Blockierung einer liberal-demokratischen Verfassungsentwicklung rächte sich hier.

Und was die politische Kultur angeht: Bürgerliche Tugenden wie individuelle Verantwortung, Bereitschaft zum Risiko und zum rationalen Interessenausgleich, Toleranz und Einsatz für individuelle und kollektive Freiheiten – all das war in Deutschland jedenfalls traditionell weniger entwickelt als in Westeuropa und USA. Die antiliberalen Ideologien der Zwischenkriegszeit fanden hier einen guten Nährboden. [...]

Die in diesem Artikel zusammengefaßten Forschungsergebnisse sprechen eindeutig dagegen, Nationalsozialismus und Sozialismus als nah benachbart zu sehen. Zweifellos gab es in der Ideologie – und zum kleineren Teil auch in der Praxis – des Nationalsozialismus gewichtige egalisierende, antikapitalistische, antibürgerliche und antikonservative Elemente. Sie wurden oben als „populistisch" bezeichnet und als wichtige Bedingung der Massenwirksamkeit des Nationalsozialismus gewertet. Ihre Einordnung als „sozialistisch" verbietet sich. Zu eindeutig waren sie nämlich von völkisch-rassistischen, antisemitischen Komponenten durchsetzt und aus den freiheitlich-demokratischen und aufklärerischen Traditionen herausgelöst, in denen der demokratische Sozialismus – im Unterschied zum Stalinismus und zur kommunistischen Diktatur überhaupt – steht. Was die soziale Basis der nationalsozialistischen Bewegung betrifft, so gab es zwar schon vor 1933 keine soziale Gruppe, die unter den Wählern und Mitgliedern der NSDAP gar nicht vertreten gewesen wäre, und keine politische Partei, die nicht Stimmen an die NSDAP verloren hätte. Aber es ist eindeutig, daß Arbeiter sehr viel weniger NS-anfällig waren als Bürger, Bauern und Führungsschichten, obwohl sich die Propaganda der „Nationalsozialistischen Arbeiter-Partei" zunächst vor allem auf sie gerichtet hatte; dies hing damit zusammen, daß sich der Sozialismus und der Kommunismus länger als resistent gegenüber der ideologischen und propagandistischen Sogkraft des Nationalsozialismus erwiesen als die verschiedenen liberalen und konservativen Strömungen. Es war insofern ganz symptomatisch, daß nicht die liberalen, konservativen und christlichen Parteien im März 1933 gegen Hitlers „Ermächtigungsgesetz" stimmten, sondern nur die SPD; die KPD war schon verboten.

Blickt man weg von der „Bewegungsphase" und hin auf die „Systemphase", also auf der Nationalsozialismus nach seiner Machtergreifung, dann sieht man, daß von einer sozialistischen Praxis keineswegs zu sprechen ist. Es gab zwar viel Gleichschaltung, aber mehr Chancengleichheit für die breite Bevölkerung gab es nicht. Die Grundprinzipien der kapitalistischen Wirtschaftsordnung wurden von den Nazis nicht angetastet, aber Sozialisten und Kommunisten wurden verfolgt. Aus all diesen Gründen: Wer von den Nazis als „nationalen Sozialisten" spricht und damit Nationalsozialismus und Sozialismus nahe zusammenrückt, fällt nachträglich auf die propagandistische Selbstdarstellung der NSDAP herein und verwischt einen fundamentalen Unterschied. [...]

Die vorstehende Zusammenfassung einiger Forschungsergebnisse zur Entstehung des Nationalsozialismus hat sich sowohl des Begriffs „faschistisch" wie des Begriffs „totalitär" bedient, in der Meinung, daß sie bei der Analyse des Nationalsozialismus durchaus miteinander verknüpft werden können und sollen. Ein sinnvoll definierter Totalitarismus-Begriff betont am Nationalsozialismus dessen diktatorische Negation liberal-demokratischer Verfassungsprinzipien wie den Verzicht auf Minderheitenschutz, die systematische Verletzung von Menschen- und Bürgerrechten bis hin zum Terror, die Aufhebung der Gewaltenteilung und die Zerstörung der Mehr-Parteienkonkurrenz. Er betont seine institutionalisierte Ideologie mit Ausschließlichkeits- und Totalitätsanspruch wie auch seine Tendenz zur Mediatisierung gesellschaftlicher Gruppen und zur allumfassenden, gleichschaltenden Massenmobilisierung. Dadurch wird am Nationalsozialismus das betont, was er in der Tat mit anderen – eben, so definiert, totalitären – Systemen, z. B. mit der stalinistischen Sowjetunion, gemeinsam hatte. Damit wird eine wichtige Erfahrung dieses Jahrhunderts auf den Begriff gebracht: die doppelte Bedrohung liberaler Demokratie – soweit sie überhaupt bisher mühsam und überall unvollkommen durchgesetzt worden ist – durch moderne Antidemokraten von links und rechts. Doch der Hauptnachteil dieses Ansatzes besteht darin, daß er Systeme zusammenrückt, die sich nach sozialökonomischen Entstehungsbedingungen, Klassenbasis und sozialen Folgen scharf unterscheiden, ohne diese Unterschiede genügend thematisieren zu können.

Wie im Fall von „Totalitarismus" wird der Begriff des „Faschismus" in verschiedenen Bedeutungen und oft sehr vage gebraucht. Der Begriff des Faschismus, wie er hier verwandt wurde, hebt am Nationalsozialismus zwar auch dessen anti-liberaldemokratische, totalitärdiktatorische Elemente hervor. Zugleich aber betont er dessen sozialgeschichtliche Bedingungen, Inhalte und Funktionen, vor allem seine Bedingtheit durch Krisenerscheinungen kapitalistisch-bürgerlicher Sy-

steme seit dem Ersten Weltkrieg, seine in Klassen- und Schichtungskategorien beschreibbare „soziale Basis“, in der unter Druck geratene Mittelschichten vorwiegen, die Abhängigkeit seines Durchbruchs von der Hilfestellung bzw. Koalition bisheriger, sich durch Parlamentarisierung, Demokratisierung oder soziale Reformen in Frage gestellt sehender Führungsgruppen (trotz seiner populistisch-revolutionären Elemente), seine antisozialistische, antikommunistische Stoßrichtung in Entstehungs- und Systemphase sowie seinen jedenfalls kurz- und mittelfristig unbestreitbaren Beitrag zur Stabilisierung kapitalistischer Grundprinzipien. Dadurch wird das betont, was „linke“ und „rechte“ Diktaturen unterscheidet und den Nationalsozialismus mit dem italienischen fascismo und – der Tendenz nach – mit anderen Faschismen jedenfalls der Zwischenkriegszeit verbindet.
Ein so gefaßter Begriff von Faschismus teilt nicht die fatale Schwäche manches anderen Faschismusbegriffs, keine scharfe Abgrenzung faschistischer Bewegungen und Systeme von liberaldemokratischen Bewegungen und Systemen zu geben. Er nimmt die wichtigsten Bestimmungen des Totalitarismusbegriffs in sich auf. Er ist [...] durchaus in der Lage, die Rolle vorindustrieller, vorkapitalistischer, anti-bürgerlicher Elemente zu thematisieren, und er regt zur Frage nach den sozialgeschichtlichen Eigenarten der deutschen Entwicklung an. Er stellt sich der Frage, warum der Faschismus in Deutschland durchbrach, aber nicht in den westlichen Demokratien. Insofern entzieht er sich der berechtigten Kritik, die an anderen Faschismusbegriffen geübt werden mag. [...]
(J. Kocka, Ursachen des Nationalsozialismus. In: Aus Politik und Zeitgeschichte 25/1980, S. 11–15)

### T 6 K. D. Bracher: Umstrittene Begriffe (1983)

Die Bestimmung des geschichtlichen Orts des Nationalsozialismus hängt von dem gewählten historisch-politischen Bezugssystem ab. Einerseits steht der Nationalsozialismus im Rahmen einer allgemeineren europäischen Entwicklungs- und Machtproblematik; das fordert Vergleiche zwischen den jeweiligen nationalen Traditionen, zumal im Übergang zum 20. Jahrhundert und im Blick auf die Demokratie- und Modernisierungsfrage. Vor dem Hintergrund einer älteren antiwestlichen Tradition heben sich nach dem Ersten Weltkrieg andererseits die spezifisch deutschen Ansatzpunkte deutlich ab; sie werden als antiliberale Ideologie zugespitzt und in eine politische Bewegung umgesetzt, welche die deutsche Diktatur dann auch dezidiert vom Faschismus und von anderen autoritären Regimen unterscheidet: als „nationaler Sozialismus“ mit rassistischen Vorzeichen und totalitärem Anspruch.
Die politische Begriffsbildung, für die Interpretation von großer Bedeutung, kreist vor allem um drei umstrittene Begriffe. Im Faschismusbegriff (1) wird das jeweils Nationale generalisiert, wobei häufig Faschismus und Nationalsozialismus gleichgesetzt statt wissenschaftlich verglichen werden: die Vernachlässigung fundamentaler Verschiedenheiten führt heute wieder (wie damals) zur Unterschätzung des Nationalsozialismus, der mehr war als eine autoritäre reaktionäre Abart bürgerlich-kapitalistischer Herrschaft. Der tagespolemische Mißbrauch des Faschismusbegriffs, marxistisch oder nicht, übersieht gerade auch den Unterschied zwischen den beiden Hauptformen: dem totalen Staatsgedanken (des Faschismus) und dem totalen Rassegedanken (des Nationalsozialismus).
Umfassender und politischer bezeichnet (2) der Totalitarismusbegriff den ideologischen Anspruch und die Machtstruktur der umfassenden Diktatur im 20. Jahrhundert. Er ist durchaus differenzierbar: nach seinen verschiedenen Stadien und Zielsetzungen, als kommunistischer oder nationalsozialistischer Totalitarismus; auch von autoritären oder totalitären Faschismen könnte gesprochen werden. Unverzichtbar bleibt jedoch der Vergleich mit kommunistischen Diktaturen – der eigentliche Grund für die heutige Tabuisierung des Totalitarismusbegriffs in weiten Kreisen auch der Wissenschaft. Es gibt links- und rechtstotalitäre Regime und Bewegungen, die bei allen Unterschieden der ideologischen oder sozialen Herkunft bezeichnend ähnliche, für die betroffenen Menschen gleichermaßen gravierende Züge aufweisen.
Wollte man der Theoriemode vergleichender Systemforschung folgen, so könnte man übrigens auch eine Skala von Totalitarismen aufstellen: vom Proto-, Prä- oder Frühtotalitarismus über Machtergreifungs-, Konsolidierungs- und Kriegstotalitarismus, etablierten (DDR) oder dekadenten (Polen) zum Spät- und Neo-Totalitarismus. Auch nationalistische oder sozialistische, ideologische oder bürokratische Totalitarismen wären begriffliche Varianten, die dem Bedürfnis nach einer historisch-dynamischen oder politisch-ideologischen Differenzierung entgegenkämen und zugleich dem Abstraktionstrend unserer Zeit Genüge täten. Sie wären nicht fragwürdiger als der generelle Einwand, der Totalitarismusbegriff sei zu grob, statisch und daher überholt oder gar eine Beleidigung des kommunistischen Sozialismus. [...]
Das größte Hindernis einer sachgerechten Klärung liegt seit je vor allem in dem so vieldeutigen Begriff des „Sozialismus“ selbst. Wie andere politisch-ideologische Schlüsselwörter ist er seit seiner vormarxistischen Prägung im Verlauf der letzten 150 Jahre grenzenlos ausgedehnt und widersprüchlich verwendet, zu einer fast beliebig manipulierbaren politischen Glaubensformel geworden. Bereits mit dem Aufstieg der Arbeiterbewegung im frühen 19. Jahrhundert beginnt auch schon der Streit zwischen internationalen und nationalen Versionen des Sozialismus und vor allem die Auseinandersetzung zwischen seinen demokratischen und diktatorischen Richtungen. Der Marxismus, selbst vielfach gespalten, ist nur eine unter ihnen, freilich die dogmatisch anspruchsvollste von Anbeginn; er tritt

denn auch mit dem seither charakteristischen Alleinanspruch auf, den authentischen Sozialismus zu verkünden, der schon von Marx praktisch mit dem Kommunismus gleichgesetzt wurde.
Der pauschale Begriff des Sozialismus, wie er auch heute wieder gängig ist, verwischt den grundlegenden Unterschied zwischen einer diktatorisch-totalitären Konzeption und einem reformistisch-demokratischen Verständnis. Seit der Revolution Lenins (1917) und der Spaltung zwischen Sozialdemokratie und Kommunismus nach dem Ersten Weltkrieg erlangt jener Unterschied dann eine globale Bedeutung. Zum selben Zeitpunkt entstehen nationalistisch-diktatorische Gegenbewegungen, die unter den Parolen des „nationalen Sozialismus" und des Faschismus ebenfalls an die kollektivistische und totalitäre sowie an die antikapitalistische und antibürgerliche Stoßrichtung des revolutionären Sozialismus anknüpfen. Was die beiden totalitären Versionen verbindet, ist die antiliberale und antiparlamentarische Grundauffassung von Politik; was sie trennt, ist die konträre Einstellung zu Klassenkampf und Diktatur des Proletariats. Aber es läßt sich nicht leugnen, daß die tiefen Unterschiede der ideologischen Herkunft – aus einer sozialen, übernationalen Emanzipationsbewegung einerseits, aus dem sozial-imperialen, völkisch-rassistischen Nationalismus andererseits – sich weitgehend verwischen, wenn im radikalen Machtkampf und in der monokratischen Machtbefestigung alsbald die diktatorischen Tendenzen und totalitären Herrschaftsmittel durchschlagen: „klassisch" geschah dies im Nebeneinander (und zeitweiligen Miteinander) von Stalinismus und Hitlerismus.
Die Sozialdemokratie kann sich zwischen jenen beiden totalitären Versionen nur behaupten, wenn sie den Sozialismusbegriff allenfalls in einer betont demokratisch qualifizierten Weise verwendet und immer wieder klar gegen kommunistische und totalitäre Versionen abgrenzt. Das fällt freilich schwer, wenn der Begriff wie eine Glaubensformel aufgefaßt wird, welcher zumal die Jugend in ihrem Verlangen nach umfassenden Lösungen immer wieder zuneigt und auch ein Großteil der sozialistischen Parteien im freien Europa zugetan bleibt. [...]
So verschieden die Richtungen und die Erscheinungsformen „des" Sozialismus in aller Welt sein mögen, und so gewiß sich der Nationalsozialismus als Gegenprinzip zum Marxismus verstand, so verwandt war er doch in seinen totalitären, antiliberalen Zügen und in der Tendenz, den Menschen zu organisieren und zu reglementieren, die dann in der Herrschaftspraxis des Dritten Reiches voll wirksam wurde. Gewiß ist die „linke" Komponente dieses nationalen Sozialismus großteils im Führerabsolutismus Hitlers untergegangen; aber Ähnliches geschah auch dem revolutionären Sozialismus unter Stalin. Und die antibürgerliche Radikalität wurde im Kriegs- und Vernichtungsregime Hitlers ebenso sichtbar, wie sie auch in der extremen Schlußphase des italienischen Faschismus (Repubblica Sociale 1943–1945) wieder erschien: im Rückgriff des ehedem radikalen Sozialisten Mussolini auf die revolutionären Anfänge.
Die nivellierend egalisierenden, quasi-sozialistischen Wirkungen solcher totalitären Bewegungen und Regime sind nicht zu verkennen. Wenn es sich nach Mode der alten und neuen Faschismustheorien durchsetzte, daß nur vom „deutschen Faschismus" gesprochen wird, dann hieße dies den Begriff Nationalsozialismus nicht ernst nehmen oder ihn gar tabuisieren, weil er das für viele so positive, ja geheiligte Wort Sozialismus enthält. Dieser Lesart folgen, verständlicherweise, vor allem die Kommunisten. Alle anderen aber, nicht zuletzt auch Sozialdemokraten, sollten dieser Tendenz widerstehen und darauf sehen, den Sozialismusbegriff wieder klarer (und rarer) zu verwenden, gerade wenn sie gegenwärtig eine europäische Nostalgie zur Wiedervereinigung aller linken Sozialismen drängt. Ohne freiheitlich-demokratische Qualifizierung bleibt „Sozialismus" ein Wort, an dem allzu viele Ideologen von links bis rechts ihre Sehnsüchte, Täuschungen und Ambitionen festmachen.
Jedenfalls war gerade für den Nationalsozialismus der Rückgriff auf die nationale und die totalitäre Komponente des Sozialismusbegriffs ein wichtiges Mittel zur Erreichung seiner Doppelwirkung als umfassende Synthese der beiden großen Zeittendenzen, die er in seiner deutschen Selbstbezeichnung propagierte. Die weite Anziehungskraft des Hitlerismus lag nicht zuletzt im Gebrauch der Doppelformel des Nationalen und des Sozialen, ohne die das Phänomen jener autoritär-revolutionären Massenbewegung und das totalitäre Ausmaß der furchtbarsten Diktatur unserer Geschichte undenkbar erscheint.
(K. D. Bracher, Die totalitäre Verführung. Probleme der Nationalismusdeutung. In: ders., Zeitgeschichtliche Kontroversen. a.a.O., S. 134–138)

### T 7 Wolfgang Wippermann: Europäischer Faschismus im Vergleich (1983)

Die eingangs gestellte Frage, ob man an einem allgemeinen Faschismusbegriff festhalten kann, ist, wie der vorliegende Überblick über die Geschichte und Struktur der verschiedenen Faschismen gezeigt hat, mit einem allerdings eingeschränkten Ja zu beantworten. Im Hinblick auf ihr Erscheinungsbild, ihre Ideologie, Zielsetzung und politische Taktik gibt es große Übereinstimmungen.
Die analysierten faschistischen Parteien wiesen ein vergleichbares Erscheinungsbild auf. Sie waren hierarchisch nach dem Führerprinzip gegliedert, verfügten über uniformierte und bewaffnete Abteilungen und wandten einen damals neuartigen und spezifischen politischen Stil an. Dies gilt für die Massenkundgebungen, die Massenaufmärsche, die Betonung des männlichen und jugendlichen Charakters der Partei, die Formen einer gewissen säkularisierten Religiosität, wie sie bei Fahnenweihen, Totenehrungen, bei Lie-

dern und Festen zum Ausdruck kam, und dies gilt schließlich und nicht zuletzt für die kompromißlose Bejahung und Praktizierung der Gewalt in der politischen Auseinandersetzung, im Wahlkampf im wörtlichen Sinne.

Faschistische Parteien verfolgten eine vergleichbare Ideologie und Ziele, die durch eine grundlegende Ambivalenz gekennzeichnet sind. Die faschistische Ideologie, die mehr war als bloß verschleiernde und instrumentalisierende Propaganda und Manipulation, weist antisozialistische und antikapitalistische, antimodernistische und spezifisch moderne, extrem nationalistische und tendenziell transnationale Momente auf. Dieses ambivalente Verhältnis ist aber nicht bei allen Faschismen in der gleichen Form anzutreffen. Es gibt quantitative, aber keine qualitativen Unterschiede zwischen den einzelnen Faschismen und innerhalb der Geschichte einer faschistischen Partei. [...]

Alle faschistischen Parteien waren schließlich extrem nationalistisch und orientierten sich meist an bestimmten „glorreichen" Perioden der jeweiligen Nationalgeschichte. Dennoch mußten gerade die kleineren faschistischen Bewegungen, ob sie wollten oder nicht, gewisse Rücksichten auf die nationalen Interessen anderer faschistischer Bewegungen und vor allen Dingen der faschistischen Regime nehmen. Gerade wegen ihrer Orientierung an einem ausländischen, nämlich faschistischen Vorbild wurden diese Parteien nicht nur von den Linken, sondern auch von den extrem national orientierten rechten Kräften bekämpft. Dadurch wurde ihr Aufstieg wesentlich erschwert. Dies gilt vor allen Dingen für die kleineren faschistischen Parteien, die zu einem Zeitpunkt entstanden, als sich die faschistischen Regime in Italien und Deutschland schon konsolidiert hatten und eine primär nationale Politik betrieben, durch die die Solidarität mit den faschistischen „Bruderparteien" stark beeinträchtigt wurde. Generell kann gesagt werden, daß das Spannungsverhältnis zwischen der nationalen und der tendenziell transnationalen (faschistischen) Orientierung und Bindung der faschistischen Parteien nicht aufgelöst wurde. Es war keineswegs zufällig, daß die Bestrebungen, nach dem Muster der kommunistischen Weltbewegung eine „faschistische Internationale" ins Leben zu rufen, nahezu bedeutungslos blieben. Andererseits hat es gerade das Dritte Reich verstanden, seinen Kampf gegen den Bolschewismus als eine transnationale Aufgabe darzustellen. Viele Faschisten aus ganz Europa haben sich in den Reihen der SS am Vernichtungskampf gegen die Sowjetunion beteiligt. Auch die gerade vom Nationalsozialismus intensiv betonte rassistische Komponente wies eine gewisse transnationale Färbung auf, die dazu führte, daß einige Faschisten aus Frankreich, Belgien, Holland und den skandinavischen Ländern die Zielsetzung des Dritten Reiches unterstützten, um eine Neuordnung Europas nach rassischen Kriterien durchzuführen. Dennoch konnte durch die propagandistische Betonung der „europäischen Aufgabe" des Dritten Reiches die Tatsache nicht verdeckt werden, daß der im Zeichen des Antikommunismus und des transnationalen Rassismus geführte Kampf im Grunde den Zielen des deutschen Imperialismus diente.

Alle faschistischen Parteien weisen ferner einen dezidierten und kompromißlosen Vernichtungswillen gegenüber politischen Gegnern und – teilweise willkürlich ausgewählten – Minderheiten auf. Die Gegner in den kommunistischen, sozialdemokratischen, liberalen und konservativen Parteien wurden erbarmungslos bekämpft und gleichzeitig – auch dies ein erneutes Zeichen für die grundlegende Ambivalenz des Faschismus – umworben. Fast alle faschistischen Parteien haben sich besonders intensiv gegen die jeweilige jüdische Minderheit gewandt. Dieser Antisemitismus wurde mit religiösen, sozialen und vor allem mit rassischen Momenten „begründet". [...]

[Die von Faschismustheoretikern] immer wieder erhobene Behauptung, daß faschistische Parteien von Anfang an von einflußreichen Kreisen der Industrie finanziert und geleitet worden sein sollen, wird durch die bisherige Forschung eher wiederlegt als bestätigt. Allerdings sind die Forschungslücken gerade bei diesem Problem besonders groß. [...] Wichtiger als die finanzielle war schließlich die politische Unterstützung, die der [italienische] PNF und die NSDAP von den industriellen und agrarischen Eliten sowie von den konservativen politischen Kräften erhalten haben. Doch während es in Italien und Deutschland zu einem ‚Bündnis' zwischen der faschistischen Partei und den industriellen, agrarischen und konservativen politischen Kräften kam, war dies in allen anderen Ländern, in denen es faschistische Parteien gab, die über eine Massenbasis verfügten, nicht der Fall.

Während sich die bisherige Forschung vor allem auf das Problem konzentiert hat, welche sozialen und wirtschaftlichen Faktoren dem Aufstieg der faschistischen Parteien zugrunde lagen, ist die Tatsache, daß nahezu alle faschistischen Parteien eine besonders große Anziehungskraft auf relativ junge Männer ausgeübt haben, zwar konstatiert, aber bisher in einer nur sehr unzureichenden Weise erklärt worden. Eine vergleichende sozialpsychologische Erforschung der Faschismen gibt es nur in Ansätzen. Ob und in welchem Umfang die überwiegend jugendlichen und fast ausschließlich männlichen Anhänger des Faschismus in Europa durch bestimmte psychische Merkmale wie Angst, Aggression und andere autoritäre Charakterzüge gekennzeichnet waren, weiß man bisher nicht.

Dagegen konnte die von fast allen Faschismustheoretikern vertretene These, wonach faschistische Parteien in der Situation einer Krise entstehen und aufsteigen können, bestätigt werden. Allerdings kommt es nicht nur auf das Ausmaß der ökonomischen Krise, sondern vor allem darauf an, ob die wirtschaftliche zu einer Krise im sozialen und politischen Bereich führte. Hier gibt es verschiedene hemmende und fördernde Faktoren. Beim gegenwärtigen Stand der Forschung ist es jedoch noch nicht möglich, feste Korrelationen

zwischen der Schwere und dem Ausmaß der wirtschaftlichen Krise und anderen politischen und sozialen Faktoren herzustellen.
Als besonders wichtig für den Bestand der Demokratie und die Abwehr des Faschismus erwies sich vor allem die Kompromißbereitschaft zwischen bürgerlichen, agrarischen und sozialdemokratischen Parteien. Gerade in Schweden und Norwegen hat das von den Konservativen und Liberalen tolerierte Bündnis zwischen der Sozialdemokratie und der jeweiligen Bauernpartei wesentlich dazu geführt, daß die schwedischen und norwegischen faschistischen Parteien einflußlose Sekten blieben. Das Beispiel Hollands zeigt, daß die Existenz eines festgefügten katholischen, sozialdemokratischen und protestantischen Milieus oder ‚Lagers' ebenfalls dazu führte, daß der Aufstieg des Faschismus verhindert wurde. Als ähnlich resistent hat sich auch die katholische und – in geringerem Maße – auch sozialdemokratische Wählerschaft der Weimarer Republik erwiesen. Die Existenz von nationalen und religiösen Minderheiten hat dagegen meist zur Polarisierung des demokratischen Systems und damit zum Aufstieg des Faschismus geführt. Die Schweiz stellt in dieser Hinsicht eine Ausnahme dar, da hier die Sprachen- und Minderheitenfrage in vorbildlicher Weise gelöst war und nicht von der Agitation der faschistischen Partei ausgenutzt werden konnte. [...]
(W. Wippermann, Europäischer Faschismus im Vergleich, 1922–1982. Frankfurt 1983, S. 197–205)

**Problem und Diskussion**

**1** *Erarbeiten Sie sich in Gruppenarbeit die unterschiedlichen theoretischen Ansätze, die das Phänomen Faschismus zu erklären versuchen.*

**2** *Bestimmen Sie die Grenzen der verschiedenen Erklärungsmodelle für das Phänomen Faschismus.*

**3** *Diskutieren Sie die Frage, ob es zulässig ist, sozialistische Herrschaftssysteme mit dem Herrschaftssystem des Nationalsozialismus gleichzusetzen.*

## Zeittafel

| | | |
|---|---|---|
| 1933 | 30. 1. | Ernennung Hitlers zum Reichskanzler |
| | 27. 2. | Reichstagsbrand |
| | 28. 2. | Verordnung des Reichspräsidenten „Zum Schutze von Volk und Staat" |
| | 5. 3. | Reichstagswahlen |
| | 23. 3. | Ermächtigungsgesetz |
| | 20. 7. | Konkordat mit dem Vatikan |
| | 14. 10. | Austritt aus dem Völkerbund |
| | 12. 11. | Reichstagswahlen (NSDAP: 92%) |
| 1934 | 26. 1. | Nichtangriffspakt mit Polen |
| | 30. 6. | Röhm-Aktion |
| | 2. 8. | Hindenburg gestorben; Hitler vereinigt Amt des Reichskanzlers und des Reichspräsidenten in seiner Hand |
| 1935 | 16. 3. | Wiedereinführung der allgemeinen Wehrpflicht |
| | 18. 6. | Deutsch-englisches Flottenabkommen |
| | 15. 9. | „Nürnberger Gesetze" |
| 1936 | 7. 3. | Besetzung des Rheinlandes durch die Wehrmacht |
| | 9. 9. | Verkündigung des Vierjahresplans |
| 1938 | 13. 3. | Besetzung Österreichs |
| | 29. 9. | Konferenz von München |
| | 1. 10. | Einmarsch in die sudetendeutschen Gebiete der Tschechoslowakei |
| | 9. 11. | Judenpogrom („Kristallnacht") |
| 1939 | 15. 3. | Besetzung der Tschechoslowakei |
| | 23. 3. | Besetzung des Memellandes |
| | 23. 8. | Deutsch-sowjetischer Nichtangriffspakt |
| | 1. 9. | Angriff auf Polen |
| | 3. 9. | Kriegserklärung Englands und Frankreichs |
| | 27. 9. | Kapitulation Polens |
| 1940 | 9. 4. | Besetzung Dänemarks und Norwegens |
| | 10. 5. | Beginn des Westfeldzuges gegen Frankreich, Belgien, Holland |
| | 10. 6. | Kriegseintritt Italiens |
| | 22. 6. | Waffenstillstand mit Frankreich |
| | 27. 9. | Pakt Deutschland–Italien–Japan |
| 1941 | 6. 4. | Angriff auf Jugoslawien und Griechenland |
| | 22. 6. | Angriff auf die Sowjetunion |
| | 7. 12. | Japanischer Angriff auf Pearl Harbour |
| | 11. 12. | Kriegserklärung Deutschlands und Italiens an die USA |
| | 19. 12. | Hitler übernimmt das Oberkommando des Heeres |
| | Dez. | Beginn der Massenvernichtung von Juden |
| 1942 | 20. 1. | Wannsee-Konferenz |
| | Juni | Beginn der Massenvergasung |
| | 7. 11. | Landung amerikanischer und englischer Truppen in Nordafrika |
| 1943 | 2. 2. | Kapitulation der 6. Armee in Stalingrad |
| | 18. 2. | Goebbels proklamiert den „totalen Krieg" |
| 1944 | 6. 6. | Alliierte Invasion in Frankreich |
| | 20. 7. | Attentat auf Hitler |
| 1945 | 25. 4. | Begegnung der amerikanischen und sowjetischen Truppen an der Elbe |
| | 30. 4. | Selbstmord Hitlers |
| | 2. 5. | Besetzung Berlins durch die Rote Armee |
| | 8./9. 5. | Bedingungslose Kapitulation |
| | 23. 5. | Alliierte übernehmen Regierungsgewalt |

# Literaturhinweise


**Zitierte Literatur**

Deuerlein, Ernst: Der Aufstieg der NSDAP in Augenzeugenberichten. München: DTV, [4]1980

Hildebrand, Klaus: Das Dritte Reich. München: Oldenbourg, 1980

Mason, Timothy W.: Zur Lage der Frauen in Deutschland 1930–1940. In: Gesellschaft, Beiträge zur Marxschen Theorie 6. Frankfurt: Suhrkamp, 1976

Niedhard, Gottfried: Die ungeliebte Republik. München: DTV, 1983

Volkmann, Hans-Erich: Die NS-Wirtschaft in Vorbereitung des Krieges. In: Das Deutsche Reich und der Zweite Weltkrieg, Bd. 1. Stuttgart: DVA, 1979

*Bibliographie – Quellensammlungen*

Hüttenberger, Peter: Bibliographie zum Nationalsozialismus. Göttingen: Vandenhoeck, 1980

Hofer, Walther: Der Nationalsozialismus. Dokumente. Frankfurt/M.: Fischer, 1979

Kühnl, Reinhard: Der deutsche Faschismus in Quellen und Dokumenten. Köln: Pahl-Rugenstein, [5]1980

Schönbrunn, Günter: Weltkrieg und Revolutionen 1914–1945. Geschichte in Quellen. München: Bayer. Schulbuchverlag, 1979

**Übersichtsdarstellungen**

Bracher, Karl Dietrich: Die deutsche Diktatur. Berlin: Ullstein, 1979

Broszat, Martin: Der Staat Hitlers. München: DTV, 1979

Broszat, Martin (Hrsg.): Das Dritte Reich. Ursprünge, Ereignisse, Wirkungen. Freiburg: Ploetz, 1983

Bracher, K. D./Funke, Manfred/Jacobsen, Hans-Adolf (Hrsg.): Nationalsozialistische Diktatur 1933–1945. Eine Bilanz. Düsseldorf: Droste, 1983

Hildebrand, Klaus: Das Dritte Reich. München: Oldenbourg 1980

Wippermann, Wolfgang: Europäischer Faschismus im Vergleich 1922–1982. Frankfurt/M.: Suhrkamp, 1983

**Einzelne Probleme**

*Alltag*

Focke, Harald/Reimer, Uwe: Alltag unter dem Hakenkreuz. Reinbek: Rowohlt, 1980

Focke, H./Reimer, U.: Alltag der Entrechteten. Reinbek: Rowohlt, 1980

Focke, H./Skrocka: Alltag der Gleichgeschalteten, Reinbek: Rowohlt, 1985

Beck, Johannes (Hrsg.): Terror und Hoffnung in Deutschland 1933–1945. Reinbek: Rowohlt, 1980

Berger, Thomas: Lebenssituationen unter der Herrschaft des Nationalsozialismus. Frankfurt/M.: Hirschgraben, 1981

Schmid, Heinz Dieter: Die nationalsozialistische Machtergreifung in einer Kreisstadt. Frankfurt/M.: Hirschgraben, 1979

Niethammer, Lutz: Die Jahre weiß man nicht, wo man sie heute hinsetzen soll. Faschismuserfahrungen im Ruhrgebiet. Bonn: Dietz, 1983

*Kirchen*

Denzler, Georg/Fabricius, Volker: Die Kirchen im Dritten Reich. 2 Bde. Frankfurt/M.: Fischer, 1984

Meier, Kurt: Der evangelische Kirchenkampf. 3 Bde. Göttingen: Vandenhoeck, 1981ff.

Scholder, Klaus: Die Kirchen und das Dritte Reich. Bd. 1 1918–1934. Berlin: Propyläen, 1977, Bd. 2 1985.

*Sozialstruktur – Arbeiter – Bauern*

Schönbaum, David: Die braune Revolution. München: DTV, [2]1980

Broszat, M. (Hrsg.): Bayern in der NS-Zeit. Bde. 1–6. München: Oldenbourg, 1967–1983

Mason, Timothy W.: Sozialpolitik im Dritten Reich. Opladen: Westdeutscher Vlg., 1977

Grundmann, Friedrich: Agrarpolitik im Dritten Reich. Hamburg: Hoffmann & Campe, 1979

*Frauen*

Klinksiek, Dorothee: Die Frau im NS-Staat. Stuttgart: DVA, 1982

Winkler, Dörte: Frauenarbeit im Dritten Reich. Hamburg: Hoffmann &Campe, 1977

Kuhn, Annette/Rothe, Valentine (Hrsg.): Frauen im deutschen Faschismus. 2 Bde. Kommentierte Quellenslg. Düsseldorf: Schwann, 1983

Schmitt, M./Dietz, G.: Frauen unter dem Hakenkreuz. München: DTV 1985

Thalmann, R.: Frausein im 3. Reich. München: Hanser 1984

*Jugend und Schule*

Arbeitsgruppe pädagogisches Museum (Hrsg.): Heil Hitler, Herr Lehrer. Volksschule 1933–1945. Reinbek: Rowohlt, 1983

Klönne, Arno: Jugendprotest und Jugendopposition. Von der HJ-Erziehung zum Cliquen-Wesen der Kriegszeit. In: Broszat: Bayern in der NS-Zeit (s. oben), Bd. 4.

Flessau, Kurt-Ingo: Schule und Diktatur. Frankfurt/M.: Fischer, 1979

Heinemann, Manfred u. a.: Erziehung und Schule im Dritten Reich. Stuttgart: Klett, 1980

*Vernichtungspolitik*

Adam, Uwe D.: Judenpolitik im Dritten Reich. Königstein: Athenäum, [2]1979

Klee, Ernst: Euthanasie im NS-Staat. Die Vernichtung lebensunwerten Lebens. Frankfurt/M.: Fischer, 1983

Klee, Ernst: Euthanasie im NS-Staat. Dokumente. Frankfurt/M.: Fischer, 1985

Kogon, Eugen/Langbein, Hermann/Rückerl, Adalbert (Hrsg.): Nationalsozialistische Massentötungen durch Giftgas. Frankfurt/M.: Fischer, 1983

*Widerstand*

Hoffmann, Peter: Widerstand, Staatsstreich, Attentat. Berlin: Ullstein, [2]1974

Löwenthal, Richard: Widerstand und Verweigerung in Deutschland 1933–1945. Bonn: Dietz, 1984

Graml, Hermann (Hrsg.): Widerstand im Dritten Reich. Frankfurt/M.: Fischer, 1984

Markmann, Heinz J.: Der deutsche Widerstand gegen den Nationalsozialismus 1933–1945. Modelle für den Unterricht. Mainz: Hase & Koehler, 1984

v. Roon, Ger.: Widerstand im Dritten Reich. München: Beck, 1979

Peukert, Detlef: Die Edelweißpiraten. Protestbewegung jugendlicher Arbeiter im Dritten Reich. Köln: Bund-Verlag, [2]1983

Scheurig, Bodo: Deutscher Widerstand 1938–1944. Fortschritt oder Reaktion. München: DTV, [2]1984

*Weltkrieg*

Hillgruber, Andreas: Der Zweite Weltkrieg 1939–1945. Stuttgart: Kohlhammer, [3]1984

Militärgeschichtliches Forschungsamt (Hrsg.): Das Deutsche Reich und der Zweite Weltkrieg. Bde. 1, 2, 4. Stuttgart: DVA, 1979ff.

# Register